세상의 속도를
따라잡고 싶다면

Do
it!

누구나 이 책으로 파이썬 레벨 업!

게임 10개
만들며 배우는
파이썬

단어 채우기 게임, 주사위 게임부터
텍스트 RPG 게임, 톱다운 뷰 레이싱 게임까지

벤 포터, 쉬무엘 포터 지음 | 안동현 옮김

세상의 속도를
따라잡고 싶다면

Do
it!

Do it! 게임 10개 만들며 배우는 파이썬
Captain Code: Unleash Your Coding Superpower with Python

초판 발행 • 2022년 12월 15일
초판 2쇄 • 2023년 3월 31일

지은이 • 벤 포터, 쉬무엘 포터
옮긴이 • 안동현
펴낸이 • 이지연
펴낸곳 • 이지스퍼블리싱(주)
출판사 등록번호 • 제313-2010-123호
주소 • 서울시 마포구 잔다리로 109 이지스빌딩 4층
대표전화 • 02-325-1722 | **팩스** • 02-326-1723
홈페이지 • www.easyspub.co.kr | **페이스북** • www.facebook.com/easyspub
Do it! 스터디룸 카페 • cafe.naver.com/doitstudyroom | **인스타그램** • instagram.com/easyspub_it

총괄 • 최윤미 | **기획 및 편집** • 신지윤, 안동현 | **IT 2팀** • 한승우, 신지윤
교정교열 • 박명희 | **표지 및 본문 디자인** • 박세진 | **인쇄** • SJ프린팅
마케팅 • 박정현, 한송이, 이나리 | **독자지원** • 박애림, 오경신
영업 및 교재 문의 • 이주동, 김요한(support@easyspub.co.kr)

ISBN 979-11-6303-423-0 13000
가격 22,000원

"이 책으로 먼저 앞서 나간 사람들이 여러분께 이렇게 추천합니다!"

이 책의 예제와 본문 그리고 도전 문제까지 누구나 쉽게 따라 할 수 있습니다. 코딩을 시작하려는 남녀노소 모두에게 이 책을 강력히 추천합니다. 지금까지 읽은 최고의 코딩 책으로 자신 있게 손꼽을 수 있어요.

– 30년 경력의 프로그래머 M. Hintze

교육 경험과 코딩 경험이 많은 사람들이 만든 책이라는 생각이 들 정도로 이 해하기 쉽고 빠르게 읽을 수 있도록 구성되었습니다. 코드를 한 번도 써본 적 이 없는 사람들을 위해 프로그램 하나를 완성해 나가는 과정을 매끄럽게 안내 합니다. 게임을 주제로 해서 가벼워 보일 수도 있지만 코딩에 도전하는 사람 이라면 누구나 이 책이 딱 맞을 것입니다.

– 1년 넘게 파이썬을 배우고 있는 Ray

이 책은 전통적인 학습법이나 지루한 코딩 지식을 다루지 않습니다. '진짜' 프로 그래머가 되는 방법을 알려 줍니다. 우리에게 익숙한 게임을 컴퓨터로 만들어도 보고, 이를 발전시켜 텍스트 기반 어드벤처 게임과 레이싱 게임을 마치 게임 전 문 프로그래머처럼 제작해 봅니다. 파이썬 프로그래밍을 시작한다면 이만큼 실 용적인 책은 없을 것입니다.

– 프로그래밍을 배우고 있는 Avi

파이썬을 사용하면서 그동안 궁금했던 부분의 답을 이 책에서 찾을 수 있었습 니다. 누군가를 가르쳐 본 경험이 없는 사람들이 쓴 코딩 입문서가 쏟아져 나 오는 요즘, 코딩 교육 방법을 제대로 아는 사람들이 집필해서 학생과 교사 모 두에게 꼭 필요한 책입니다. 어떤 교실에서든 비치해야 하는 필독서라고 생각 합니다. 저는 집에 하나, 그리고 교실에 몇 권 더 준비해 두려고 합니다.

– 파이썬을 가르치는 Nicholas

"단순히 코딩하는 방법만 알려 주지 않아요.
멋진 해결책을 발견하는 방법까지 배울 수 있도록 도와드립니다!"

Q 이제 막 파이썬에 관심을 갖기 시작했어요!
이 책으로 파이썬을 시작해도 괜찮을까요?

A 물론이죠! 이 책의 **첫째마당**에서는 파이썬 개발 도구 설치부터 시작해 프로그래밍의 기초부터 살펴볼 거예요. 주요 코딩 개념을 익히고 프로그램을 만들 때 꼭 알아야 하는 기본 지식을 배울 수 있습니다. 좀 더 자세히 알려 드릴게요! 간단한 게임을 만들어 보며 코딩 개념을 소개합니다. 그리고 코드를 직접 작성하고 고치며 프로그래밍도 해볼 수 있습니다.

Q 파이썬의 기초를 배웠어요! 하지만 아직 프로그램을 만드는 게 익숙하지 않아요.
이 책으로 실력을 한 단계 올릴 수 있을까요?

A 파이썬의 기초를 안다면 이제 프로그래머가 될 준비를 마치셨겠네요! 짝짝!

실력을 확인하듯 첫째마당을 빠르게 훑은 후, 둘째마당으로 넘어가세요. **둘째마당**에서는 이런 분들을 위해 그동안 배운 파이썬의 개념과 핵심 기능, 문법 등을 바탕으로 자신만의 어드벤처 게임을 만들 거예요. 어렵다고 느껴지더라도 걱정 마세요. 여러분을 위한 예제 파일도 준비되어 있으니까요.

이어서 **셋째마당**에서는 규모가 큰 게임을 만들어 볼 거예요. 그래픽, 게임 캐릭터의 움직임, 사용자와의 상호 작용, 점수 매기기 등을 넣어 더 생동감 있는 게임을 만듭니다. 이전에 프로그램을 만들 때 배운 것보다 실력을 훨씬 더 향상할 수 있을 것입니다.

눈 덮인 산

첫째마당
개발 도구 설치부터
간단한 게임 만들기

둘째마당
텍스트로 전개되는
파이썬 게임
완성하기

셋째마당
그래픽을 활용한
파이썬 게임
완성하기

첫째마당에서는 …

- **1장:** 파이썬 개발 도구를 설치하고 준비하는 방법을 배웁니다.
- **2~7장:** 간단한 게임 등을 만듭니다. 코딩 개념을 익히고 코드를 직접 수정하며 프로그래밍합니다.
- **8~10장:** 그동안 배운 내용을 응용해 좀 더 복잡한 게임을 만들어 봅니다.

둘째마당에서는 …

- **11장:** 나만의 게임을 만들기에 앞서 함수 만드는 방법을 배웁니다.
- **12~17장:** 게임을 만들면서 기능과 정교함을 더해 갑니다.
- **18장:** 게임을 업그레이드하는 데 도움이 되는 다양한 아이디어를 살펴봅니다.

셋째마당에서는 …

- **19장:** 게임 엔진이 무엇인지 살펴보고 이를 이용해 그래픽 게임 만들기를 시작합니다.
- **20~23장:** 하나의 완전한 게임을 만듭니다.
- **24장:** 이 게임에 적용할 다양한 아이디어를 살펴보며 마무리합니다.

"스스로 자신의 코딩 파워를 발견하고 프로그래머로 변신하세요!"

"전설에 따르면 그들은 전 세계에 흩어진 것들에 생명력을 불어넣는 '코딩 파워'를 지녔다. 다양한 프로그래밍 언어로 기계들을 원하는 대로 움직일 수 있다. 그들이 바로 프로그래머이다!"

너무 거창한가요? 그러나 실제로 프로그래머는 '강력한' 사람입니다. 프로그래머는 마치 엘사 여왕, 토니 스타크처럼 프로그래밍 언어를 마스터하고 슈퍼 '코딩' 파워를 발휘하여 기계에 명령을 내리는 능력자라고 할 수 있습니다.

여러분은 이 책을 통해 슈퍼 '코딩' 파워를 가질 수 있습니다. 즉, 진정한 프로그래머가 되는 법을 배울 겁니다.

프로그래밍은 한 번 배웠다고 끝이 아닙니다!

코딩은 왜 배워야 할까요? 주변에 물어보거나 인터넷을 검색해 보면 흔히 '프로그래밍을 할 줄 알면 취업에 도움이 되기 때문'이라고 합니다. 하지만 이것이 코딩을 배워야 하는 가장 큰 이유가 될 순 없습니다. 왜냐하면 취업에 성공해서도, 즉 프로그래머가 되어서도 끊임없이 공부해야 하기 때문이죠. 다른 분야도 마찬가지겠지만 특히 IT 분야는 계속 달라질 것입니다. **따라서 지금 코딩을 배웠다고 하더라도, 배움을 멈추지 않고 자신의 능력을 개발하며 새로운 기술을 공부하는 사람이 최고의 프로그래머가 될 수 있습니다.**

이 책은 여러분에게 프로그래밍 기초를 다질 뿐만 아니라 프로그래밍 공부를 습관화할 수 있도록 도와 줄 것입니다. 프로그래밍은 한 번 배웠다고 끝이 아닙니다. 발전을 게을리하지 말아야 합니다.

프로그래밍에서 미래보다 즐거움을 찾으세요!

미래에 대한 전망 때문에 프로그래밍을 배우려 한다면 즐거움보다는 '일'이라는 생각이 듭니다. 결국 즐기지 못할 것이므로 끈기 있게 배우기도 어렵고, 동기 부여도 생기지 않을 것입니다.

이 책을 통해 프로그래밍에서 재미를 찾아보세요! 미래와 별개로 프로그래밍을 배우라고 이야기하는 것이 아닙니다. 취업만이 프로그래머가 될 유일한 이유가 아니라는 뜻입니다.

필자는 자신의 미래와 관계없다 하더라도 프로그래밍은 모두가 배워야 한다고 생각합니다. 그림이나 악기를 배우거나 요리를 할 수 있어야 하듯이 말이죠. 그림을 그리거나 연주를 하는 것은 창조적인 활동으로, 엄청난 성취감을 가져다줍니다. 또한, 내가 창조한 것(예를 들어, 유튜브 영상이나 SNS 콘텐츠 등)을 다른 사람이 소비하고 활용하는 것만큼 즐거움과 만족감을 주는 것은 없습니다.

코딩도 연주나 영상 제작하는 활동과 같습니다. 코딩을 배우면 성취감이나 즐거움 이외에도 계획 수립 능력, 문제 해결력, 의사소통 능력, 논리력, 공감 능력, 주의력, 인내심, 회복력, 끈기, 창조성 등을 키울 수 있습니다. 특히 문제 해결력과 창조성은 프로그래머뿐만 아니라 다른 직업에도 꼭 필요한 것이기도 합니다. 그러므로 코딩을 배우면 프로그래머가 아니더라도 앞으로 살아가는 데 도움이 될 것입니다.

프로그램을 직접 만들어 보면서 자신의 코딩 파워를 발견하세요!

무엇부터 시작해야 할까요? 책, 동영상, 강의 등에서 코딩 교육을 하는 걸 보면 문법이나 특정 언어에서만 쓰는 코딩 기법 등을 너무 강조합니다. 하나의 프로그래밍 언어에만 지나치게 집중하는 느낌이 듭니다. 또한 프로그램을 직접 만들고 개발 도구를 가지고 놀기보다는 주입식으로 공부하는 느낌입니다. 이런 식의 코딩 공부법은 처음 시작할 때의 열정이 사라지게 하고 지치게 만듭니다. 또한 이러한 공부법은 마치 우리가 사전이나 문법책으로 영어를 수년 동안 배우고 실제 대화하거나 글을 쓸 때는 무슨 말로 시작해야 할지 쉽게 떠올리지 못하는 것처럼, 실전에서 코딩을 어떻게 시작해야 할지 당황하게 만듭니다.

필자는 오랫동안 코딩을 가르쳤습니다. 여러분과 같은 사람들이 프로그래머가 될 수 있도록 도움과 용기를 주고자 합니다. 그리고 직접 코딩을 배운 경험을 통해 어떻게 하면 프로그래밍을 잘할 수 있는지를 알고 있으므로 코딩을 배우는 것뿐 아니라 무엇보다도 여러분 스스로 자신의 코딩 파워를 발견하고 프로그래머로 변신할 수 있도록 도와줄 것입니다. 바로 이것이 이 책을 쓴 이유입니다!

벤 포터 & 쉬무엘 포터

"누구나 프로그래밍하는 시대!
파이썬으로 여러분이 원하는 것을 구현하세요!"

날이 갈수록 소프트웨어가 삶의 중심이 되는 요즘입니다. 스마트폰으로 대표되는 IT 기기는 어느새 우리 일상을 지배했습니다. 그럼에도 이러한 소프트웨어를 개발할 인력은 항상 부족합니다. 이런 상황이다 보니 자연스럽게 프로그래밍 또는 코딩 교육을 강조합니다.

처음부터 자유자재로 컴퓨터와 대화하며 소프트웨어를 개발하기란 무척 어렵습니다. C나 자바와 같이 번역기를 거쳐 상대적으로 이해하기 쉬운 언어가 등장하긴 했지만, 여전히 다루기도 어렵고 배우기도 쉽지 않습니다.

코딩은 더 이상 전문가의 영역이 아닙니다

이 책에서 다룰 파이썬은 모든 명령을 컴퓨터가 이해할 수 있는 코드로 바꾼 후 한 번에 실행하는 이전 언어와 달리 명령을 내리자마자 바로 실행하고 결과를 확인합니다. 그리고 어렵고 복잡한 기능은 누군가가 개발한 라이브러리를 이용하여 간단하게 해결합니다. **이제 코딩은 오랜 시간 교육과 훈련을 거듭한 전문가의 영역이 아닙니다.** 누구나 자유자재로 프로그래밍을 할 수 있는 시대가 되었습니다. 라이브러리와 간단한 명령어만으로도 바라는 바를 구현합니다. 고도의 지식이 필요했던 언어와 달리 파이썬은 약간의 문법 지식과 상상력만 있다면 원하는 것을 쉽게 이룰 수 있습니다.

코딩은 기술이 아닌 상상력의 문제입니다

이 책은 기초 문법을 배운 후 고전 텍스트 게임과 간단한 그래픽 게임을 만들어 보며 프로그래밍의 궁극적인 목적인 문제 해결 능력과 상상력을 배우도록 돕습니다. **이 책을 끝낼 즈음에는 '프로그래밍이 이렇게 쉬운 것이었나?'라는 생각과 함께 왜 그렇게 많은 사람이 파이썬을 선호하는지도 알 수 있을 겁니다.**

모자란 옮긴이를 믿고 번역을 맡겨 주신 박현규 님과 부족한 번역임에도 한 권의 책이 되도록 온 정성을 기울이신 신지윤 님에게 이 자리를 빌려 고마움의 말을 전합니다. 저자의 뜻과 의도를 정확하고 올바르게 옮기고자 했으나 그러지 못한 부분이 있다면 이는 모두 옮긴이 탓입니다.

안동현

"다음과 같이 소개한 공부법과 채널을 통해 파이썬을 정복해 보세요!"

활용 팁 01 예제 파일 내려받기

이 책을 처음부터 차근차근 따라 해보세요. 물론 막히는 부분이 있을 겁니다. 해결하기 어려운 문제를 만나거나 힌트가 필요하다면 이지스퍼블리싱 홈페이지에서 제공하는 예제 파일을 내려받아 도움을 받으세요.

> • 이지스퍼블리싱 홈페이지: www.easyspub.co.kr → 자료실 → 책 제목 검색

활용 팁 02 인터넷 검색하기

대부분의 프로그래머들은 모르거나 막히는 부분이 있으면 주로 인터넷 검색을 이용합니다. 알고 싶은 내용을 구체적으로 입력하고 검색해 보세요. 내가 찾지 못한 답을 다른 사람이 해결해 공유할 수도 있고, 검색한 많은 정보 사이에서 힌트를 얻을 수도 있습니다.

활용 팁 03 저자에게 문의하기

이 책을 읽다가 이해하기 어려운 부분이 있다면 여러분의 영어 실력을 발휘하여 이 분야의 전문가인 저자들에게 질문해 보세요. 생각지도 못한 아이디어나 조언을 얻을 수 있습니다.

> • 홈페이지: https://forta.com/
> • 벤 포터(Ben Forta): ben@forta.com
> • 쉬무엘 포터(Shmuel Forta): shmuel@forta.com

활용 팁 04 Do it! 스터디룸 활용하기

네이버 카페 'Do it! 스터디룸'에서 같은 고민을 하는 친구들과 함께 공부해 보세요. 질문을 하거나 질문에 답변을 하고, 서로서로 코드와 개념 리뷰를 하며 훌륭한 개발자로 성장해 보세요. 친구와 함께 아래 주소로 방문하여 공부하고 책 선물도 받아 가세요.

> • Do it! 스터디룸: cafe.naver.com/doitstudyroom

둘째마당 파이썬으로 레트로 게임 만들기

셋째마당 그래픽을 이용한 파이썬 게임 만들기

♥ ♥ ♥
부록

이 책의 프로그래밍 기능과 문법 한눈에 보기

장	주제	핵심 기능과 문법
1	개발 도구 설치하고 설정하기	문법, 프로그래밍 언어, 사람 언어 파이썬, VS 코드 설치하고 설정하기
2	단어 채우기 게임 만들기	함수와 변수 이해하기 print() 함수
3	주사위 던지기 게임 만들기	random 라이브러리 코드에 주석 달기 수학 연산자
4	날짜 계산하기	datetime 라이브러리 메서드, 속성 if문, =와 == 연산자
5	가위바위보 게임 만들기	문자열 출력하기, 문자열 클래스 if문, elif문, 중첩 if문
6	비밀 코드 풀기	리스트, 리스트 만들기, 리스트 초기화 len() 함수 하드 코딩 루프, 반복 암호화와 복호화
7	숫자 맞히기 게임 만들기	while 조건 루프 무한 루프 not 부정
8	프로그래머가 되자!	사용자 경험 디자인(UX) 단위 테스트, 버그, 디버깅 게임 기획하기
9	단어 맞히기 게임 만들기	〈행맨〉 게임 게임 완성하기 한 줄 if문 이스케이프 문자
10	생일 계산 프로그램 만들기 팁 계산기 만들기 비밀번호 생성기 만들기	애플리케이션 아이디어 상수, string 라이브러리
11	함수 만들기	나만의 함수 만들기
12	게임 구상하기	텍스트 기반 어드벤처 게임 게임 만들고 테스트하기
13	코드 정리하기	코드 최적화하기 다른 곳으로 문자열 옮기기(외부화하기)

장	주제	핵심 기능과 문법
14	코드 줄이기 다시 사용하기 리팩터링하기	리팩터링하기 사용자 선택 구성 요소 만들기 재사용 구성 요소 설계하기 import문 합치기
15	아이템 사용하기	인벤토리 시스템(아이템 저장과 꺼내기) 딕셔너리 다루기
16	클래스로 정리하기	플레이어 시스템 클래스 만들기 속성 정의하기
17	색 입히기	서드파티 라이브러리 설치하기 컬러라마(Colorama) 설치하고 사용하기
18	게임 아이디어 떠올리기	플레이어 라이프 제도 아이템 구매하기 무작위 이벤트 적 물리치기 게임 저장하기, 불러오기
19	크레이지 드라이버 게임 준비하기	파이게임(Pygame) 설치하고 사용하기 게임 루프
20	화면에 이미지 표시하기	게임 배경 설정하기 자동차 배치하기 스프라이트 만들기
21	적과 플레이어 움직이기	적 움직이기 플레이어 움직이기 적 피하기
22	게임답게 만들기	충돌 처리하기 점수 기록하기 게임을 점점 어렵게 만들기
23	게임 완성도 높이기	게임 종료 메시지 표시하기 게임 일시 정지하기 다양한 적 등장시키기
24	게임 업그레이드하기	게임 시작 스플래시 화면 만들기 점수와 최고 득점 표시하기 기름에 미끄러지기, 여러 적을 한꺼번에 등장시키기 새로운 아이디어 더하기
부록	코드 테스트하기 디버깅하기 이후 공부할 내용	인터프리터 살펴보기 상호작용 디버거 다루어 보기 웹 개발, 앱 개발, 게임 개발

첫째마당

파이썬으로 재미있는 게임 만들기

이번 마당에서는 주요 코딩 개념을 익히고 프로그램을 만들 때 필요한 기본 지식을 배웁니다. 먼저 개발 도구를 설치하고 준비하는 방법부터 알아보고 복잡한 게임과 다양한 프로그램을 만들어 봅니다.

모든 내용과 예제를 직접 실행해 보면서 코드를 이렇게 저렇게 바꿔 보고 프로그램에 무슨 일이 일어나는지 확인해 봅시다. 혹시 망치지 않을까 염려하지 않아도 됩니다. 여기서 배울 내용은 앞으로 자주 사용할 것이므로 이 책은 물론, 다른 프로젝트를 진행할 때도 활용하세요!

📂 01장
파이썬 시작하기

환영해요! 여러분이 코딩을 좋아할 수 있도록 지루한 강의나 어려운 설명 없이 코딩을 공부할 수 있도록 도우려고 합니다. '슈퍼 코딩' 능력을 개발하기 전에 코딩이 무엇인지 정도는 알고 넘어가야겠죠?

이 장에서는 프로그램이란 무엇인지, 프로그래머는 어떤 일을 하는지, 파이썬은 무엇인지 등을 알아봅니다. 또한 파이썬과 비주얼 스튜디오 코드를 설치하고 사용 방법을 살펴보면서 첫 번째 프로그램을 간단히 만들어 봅니다.

컴퓨터 프로그래밍이란?

컴퓨터 프로그래밍이 무엇인지 알아봅시다. 그러려면 먼저 컴퓨터가 무엇인지부터 알아야겠죠?

컴퓨터란?

우리 주위에는 다양한 컴퓨터가 있는데 기본 구성은 비슷합니다. 모니터, 키보드, 마우스 또는 터치 패드가 있고 어떤 것은 노트처럼 반으로 접을 수도 있습니다. 그러나 여러분이 실제로 일상생활에서 사용하는 컴퓨터는 대부분 이런 모습과 다릅니다.

예를 들어 게임기 콘솔도 컴퓨터입니다. 스마트폰, 스마트워치, 스마트 TV 역시 마찬가지입니다. 청소 로봇, 보일러 온도 조절기, 차 안에 설치된 내비게이션도 컴퓨터입니다. 드론은 프로펠러가 달린 컴퓨터이고 자율 주행 자동차 역시 좌석과 핸들을 설치한 컴퓨터입니다. 나사(NASA)가 화성에 보낸 탐사용 차도 컴퓨터입니다. 현금 인출기(ATM)도, 마트의 셀프 계산대도 모두 컴퓨터입니다.

이처럼 형태는 다르지만 세상에는 수많은 종류의 컴퓨터가 있습니다. 그런데 이 모든 기기를 컴퓨터라고 하는 까닭은 무엇일까요? 바로 기기의 두뇌 기능을 담당하는 마이크로프로세서가 그 안에 들었기 때문입니다. 마이크로프로세서는 해당 기기에 설치된 모든 장치의 작동을 제어합니다. 즉, 하나 이상의 마이크로프로세서로 디스플레이, 모터, 입력, 센서, 스피커 등을 컨트롤합니다.

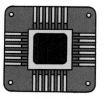

마이크로프로세서

이제 컴퓨터가 무엇인지 알았으므로 다음 질문에 답해 봅시다. 컴퓨터는 똑똑할까요? 여러분의 스마트폰이나 태블릿은 어떤가요? 이 질문의 답은 '아니요.'입니다. 사실 컴퓨터는 그리 똑똑하지 않습니다. '스마트'라고 표현하지만 실제로는 그 반대입니다. 그 이유는 무엇일까요? 스스로 아무것도 할 수 없기 때문입니다. 혼자서는 동영상을 플레이할 수도 없고 마우스나 조이스틱 컨트롤러에 반응하지도 않습니다. 또한 인터넷에 스스로 연결할 수도 없고 여러분이 입력한 내용을 이해하지도 못합니다.

그러나 컴퓨터는 다양하고 놀라운 일을 합니다. 어떻게 된 걸까요? 누군가가 아주 특수한 명령을 내려서 우리가 바라는 일을 하도록 가르친 것입니다. 진짜 똑똑한 존재는 이 명령을 만든 사람, 즉 컴퓨터 프로그래머입니다. 프로그래머는 여러 가지 명령을 만들어서 컴퓨터에 실행하도록 지시하기 때문입니다.

> **알아 두면 좋아요!**
>
> **프로그래머를 가리키는 다양한 표현**
>
> 컴퓨터 프로그래머를 코더(coder), 소프트웨어 엔지니어, 애플리케이션 개발자, 소프트웨어 개발자라고도 합니다. 표현은 다양하지만 컴퓨터에 명령을 한다는 점에서는 모두 같은 일을 한다고 볼 수 있습니다.

컴퓨터와 어떻게 대화하나요?

우리는 언어로 의사소통하므로 상대방이 하는 말을 이해할 수 있습니다. 컴퓨터와 의사소통하는 것도 마찬가지입니다. 컴퓨터에 명령을 내릴 때에는 컴퓨터가 이해할 수 있는 언어를 사용해야 합니다. 사람과 마찬가지로 컴퓨터 프로그래밍 언어에도 단어와 이를 사용하는 규칙이 있습니다. 이 규칙을 **문법**(syntax)이라고 합니다.

컴퓨터 언어는 무척 다양합니다. 어떤 언어에는 아주 특수한 사용법이 있고 또 어떤 언어에는 보편적인 목적이 있습니다. 그리고 프로그래머 역시 대부분 여러 가지 프로그래밍 언어를 배우고 사용합니다. 이렇게 하면 특별한 상황에 딱 맞는 언어를 고를 수 있기 때문입니다. 사람의 언어와 프로그래밍 언어의 차이점을 알아봅시다.

사람의 언어	프로그래밍 언어
• 국가나 지역마다 사용하는 단어와 규칙이 다르며 익숙해지는 데 오래 걸립니다.	• 가짓수가 적으며 빠르게 익힐 수 있습니다.
• 언어마다 일일이 외워야 합니다.	• 하나만 제대로 익히면 다른 언어도 쉽게 배울 수 있으며 외울 필요가 없습니다. • 특정 언어에서 특정 기능을 사용하는 방법을 알고 싶다면 검색하여 다른 전문 프로그래머가 하는 대로 따라 하는 방법을 권합니다.
• 메일이나 메시지를 보낼 때 단어 철자가 조금 틀리거나 마침표를 빼먹더라도 이해하는 데 어렵지 않습니다.	• 코드를 잘못 입력하면 컴퓨터는 무엇을 어떻게 해야 할지 몰라 당황스러워 합니다. 하지만 편집기가 대부분 해결해 주므로 어려움 없이 프로그래밍할 수 있습니다.

> 📃 여기서 말하는 편집기(editor)는 코딩할 때 사용하는 도구로, 01-2절에서 자세히 알아봅니다.

지금까지 프로그래밍 언어가 무엇인지, 사람의 언어와 어떤 차이점이 있는지 알아보았습니다. 이제는 컴퓨터 프로그래밍이 무엇인지, 프로그래머는 어떤 일을 하는지를 알아봅시다.

단어를 많이 안다고 해서 베스트셀러 작가가 될 수 없듯이, 프로그래밍 언어를 많이 안다 하더라도 경험과 실력을 겸비한 프로그래머가 되려면 언어를 활용하여 문제를 창조적으로 풀 수 있어야 합니다. 이 기술을 배우려면 많은 시간과 연습이 필요합니다.

의사소통 방법이 다양하듯이 프로그래밍 언어를 이용하는 방법도 마찬가지입니다. 코딩으로 문제를 해결하는 방법은 프로그래머 수만큼이나 다양합니다.

이 책을 통해 다양한 기법과 해결 방법을 살펴보고 프로그래밍 언어를 자유롭게 사용해 봅시다. 얼마 지나지 않아 전문 프로그래머처럼 자신만의 문제 해결 방법을 찾을 수 있을 겁니다. 코딩 자체가 창의적인 문제 해결 방법이니까요!

파이썬이란?

지금까지 살펴본 내용을 바탕으로 파이썬을 자세히 알아봅시다. 파이썬은 프로그래밍 언어이고 이를 이용하여 컴퓨터에 명령을 내립니다. 30년 동안 사용해 왔으므로 그 자체는 새로운 언어가 아닙니다. 현재 프로그래밍 언어 가운데 가장 인기 있으며, 여러분이 좋아하는 사이트나 모바일 앱에서 사용하기도 합니다. 그렇다면 파이썬의 인기 비결은 무엇일까요?

파이썬 님, 인기 비결은 무엇인가요?

- 사용하기 쉽고, 복잡한 도구가 필요하지 않죠.
- 다른 언어에 비해 읽기 쉬워요.
- 문법 규칙 수가 적어 배우기도 쉬워요.
- 가장 큰 장점은 라이브러리가 다양하다는 것이죠.

라이브러리를 이용하면 애플리케이션에 지도를 넣거나 게임에서 장애물에 부딪힌 차를 감지하는 등 복잡한 작업이 훨씬 간단해집니다. 라이브러리는 다른 프로그래머가 우리를 위해 만든 코드 세트이며, 내려받아 사용하면 된다는 정도만 이해하면 됩니다. 03-1절에서 자세히 살펴봅니다.

이 같은 이유로 우리는 이제부터 함께 파이썬 여행을 떠날 것입니다. 이 책으로 파이썬을 배우다면 아마 모든 프로그래밍 언어를 배우는 데 필요한 개념과 기술 또한 자연스럽게 알게 될 것입니다.

프로그래밍 언어와 사용법

프로그래밍 언어에는 나름의 사용법이 있습니다. 파이썬은 일반적인 목적으로 사용하는 데도 좋고 다양한 웹 사이트를 만들 때에도 강력한 힘을 발휘합니다. 그러나 모바일 애플리케이션을 만들 때에는 파이썬보다 자바나 스위프트와 같은 언어를 사용하는 것이 좋습니다. 물론 파이썬을 배우면서 익힌 기술은 안드로이드나 iOS 애플리케이션을 만들 때에도 도움이 됩니다.

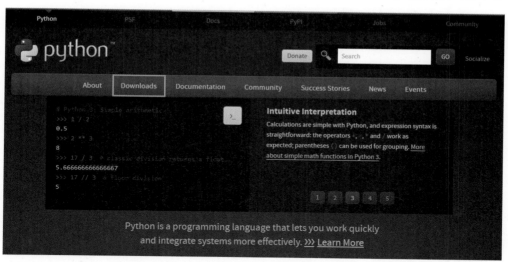

01-2
코딩 준비하기

먼저 코딩을 시작하기 전에 파이썬 언어와 편집기 이렇게 2가지를 준비합시다. 몇 단계를 거쳐야 하지만 어렵지는 않습니다.

파이썬 설치하기

윈도우에서 파이썬을 설치하는 방법을 알아보겠습니다. 다른 운영체제를 사용한다면 파이썬 홈페이지를 참고하세요.

1. 파이썬 공식 홈페이지(https://python.org)에 접속하고 나서 [Downloads] 메뉴를 클릭합니다.

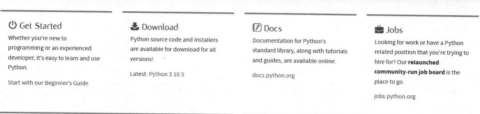

2. 윈도우와 macOS 등에 사용할 수 있는 설치 파일이 표시되므로 자신의 운영체제에 맞는 최신 버전을 선택합니다.

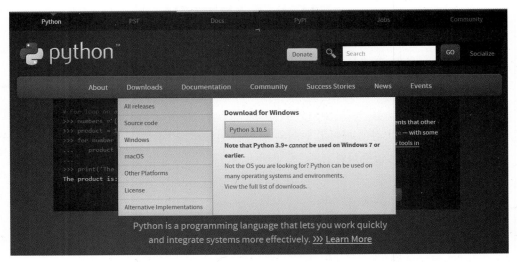

📋 이 책에서는 윈도우용 파이썬 3.10.5를 내려받아 사용했습니다.

3. 설치 창이 나타납니다. [Install Now] 클릭하면 파이썬 설치를 시작합니다.

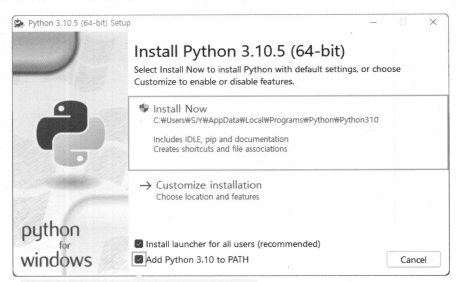

실습 시 오류가 발생할 수 있으니 꼭 체크하세요!

📋 [Add Python 3.10. to PATH]는 '파이썬을 시스템 환경 변수 PATH에 추가한다.' 라는 뜻입니다. 이 옵션을 선택하면 어느 곳에서든지 파이썬을 실행할 수 있습니다. 파이썬이 설치되는 경로와 PATH에 대한 지식이 있다면 이 옵션은 선택하지 않아도 돼요.

4. 완료되면 [Close]를 클릭하여 종료합니다.

5. 제대로 설치되면 다음과 같이 프로그램 메뉴에서 확인할 수 있습니다.

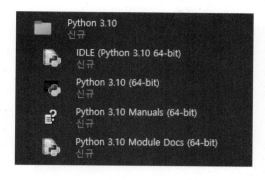

📋 [시작 → 모든 앱 → Python 3.10] 순서로
클릭하여 확인해 보세요.

설치가 끝났으므로 이제부터 파이썬을 사용할 수 있습니다. 그런데 코딩을 본격적으로 시작하려면 비주얼 스튜디오 코드를 설치하고 확장 기능을 설정하는 두 단계를 더 거쳐야 합니다. 이제부터 이 두 단계를 살펴봅니다.

비주얼 스튜디오 코드 설치하기

문서를 작성하려면 한글이나 워드 같은 프로그램이 필요하듯 코딩도 마찬가지입니다. 코드를 작성하고 편집하려면 '편집기'를 준비해야 합니다. 프로그래머 대부분은 특별한 편집기를 사용하는데, 이런 편집기를 IDE(integrated development environments)라고 합니다. IDE에는 코드를 작성하고 저장할 뿐 아니라 코드의 오류를 표시하고 알아보기 쉽도록 색으로 구분하는 기능이 있습니다.

📋 편집기는 프로그래머 사이에서 에디터라고도 불립니다. 이 책에서는 '편집기'라고 일컫겠습니다.

파이썬 역시 IDLE라는 내장 IDE를 제공하지만, IDLE보다는 마이크로소프트의 비주얼 스튜디오 코드(이하 VS 코드)를 사용하는 것이 좋습니다. 작업이 **빠르다**는 장점이 있기 때문입니다. 그리고 도움말이 풍부하고 다양한 문법 지원을 받을 수 있으며, 여러 가지 프로그래밍 언어를 지원한다는 특징이 있습니다. 다음 과정을 따라 하며 VS 코드를 설치합시다.

📋 VS 코드는 비주얼 스튜디오 제품군의 막내 버전이라 할 수 있습니다.

1. VS 코드 공식 홈페이지(https://code.visualstudio.com/)에 접속해서 설치 파일을 내려받습니다. 자신의 운영체제(여기서는 윈도우)에 맞는 내려받기 링크를 자동으로 만들어 주므로 [Download for Windows(Stable Build)]를 클릭하면 됩니다.

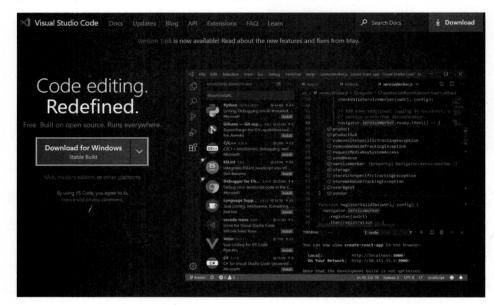

알아 두면
좋아요!

다른 운영체제로 선택하고 싶다면?

윈도우가 아닌 다른 운영체제를 사용한다면 [Download for Windows] 오른쪽에 있는 [∨] 를 클릭하여 운영체제에 맞는 파일을 직접 선택할 수 있습니다.

2. 이후 과정에서 따로 설정할 필요가 없으므로 진행 순서에 따라 [다음]과 [설치]를 클릭합니다. 그리고 [종료]를 클릭하여 VS 코드를 실행합니다.

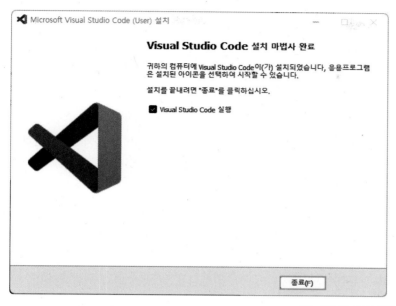

🖳 설치 중 〈추가 작업 선택〉 단계에서 '바탕 화면에 바로가기 만들기'를 선택하면 실습할 때 좀 더 편리하게 실행할 수 있습니다.

> **알아 두면 좋아요!**
>
> 메뉴를 한글로 표시하려면?
>
> 한글 메뉴를 이용하려면 VS 코드를 실행한 후 오른쪽 아래 알림으로 표시되는 메시지를 통해 한글 언어를 설치하고 표시 언어를 한글로 바꿉니다. 또는 [확장] 패널에서 'Korean'을 검색하여 설치할 수도 있습니다.
>
>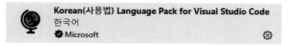

확장 기능 설치하기

이제 VS 코드의 확장 기능을 설치해 봅시다. VS 코드는 다양한 프로그래밍 언어를 지원하므로 파이썬을 사용한다고 알려야 합니다. VS 코드가 파이썬을 사용한다는 것을 알면 이를 지원하는 소프트웨어를 모두 설치할 것입니다. 다음 과정을 따라 하며 VS 코드에 파이썬 확장 기능을 설치해 보겠습니다.

🖳 여기서 '확장'이란 VS 코드에 설치할 수 있는 추가 소프트웨어를 말합니다.

1. VS 코드를 실행하면 환영 메시지와 함께 튜토리얼, 파일 등의 링크를 표시합니다. 화면 왼쪽 위에 있는 아이콘 중 가장 밑에 있는 [확장] 아이콘을 클릭해 봅시다.

2. [확장] 아이콘을 클릭하면 [확장] 패널이 나타납니다. 검색창에 'python'을 입력하면 다음과 같은 목록이 등장합니다. Python 항목의 [설치] 버튼을 클릭합니다.

🖥️ [확장] 패널은 사용자의 운영체제나 버전에 따라 다르게 보일 수 있습니다.

3. Python이 설치되었다면 [설치됨] 목록에 다음과 같이 [Python]이 표시됩니다.

◉01-3
나의 첫 파이썬 프로그램 만들기

지금까지 설치한 프로그램 모두 제대로 작동하는지 확인하고자 파이썬으로 아주 간단한 프로그램을 만들어 보겠습니다. 먼저 폴더를 만들고 작업 폴더로 지정하여 간단한 코드를 작성합니다.

> 📖 프로그램과 애플리케이션은 같은 뜻으로, 응용 소프트웨어(application software)를 애플리케이션(application) 또는 앱(app)이라 줄여 부르곤 합니다. 여기서는 두 용어 모두 사용하였습니다.

작업 폴더 만들기

프로그래머는 작성한 코드를 폴더로 정리합니다. 일반적으로 모든 프로젝트를 저장하는 주 폴더를 만들고 그 아래에 하위 폴더를 두어 개별 프로젝트나 애플리케이션을 저장합니다. 그럼 앞으로 사용할 폴더를 만들어 봅시다.

1. 윈도우 아래 창문 모양의 [시작] 버튼 ⊞을 클릭하여 '문서'를 검색합니다. 그리고 [문서]를 클릭합니다.

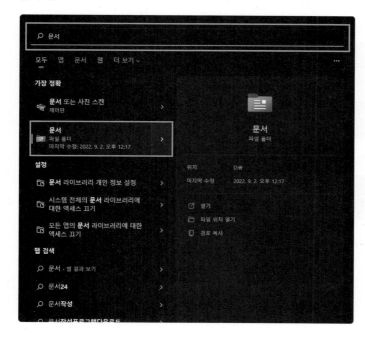

> 📖 사용자의 운영체제나 버전에 따라 [문서] 폴더의 경로가 다를 수 있습니다.

2. 문서 폴더에서 [새로 만들기 → 폴더]를 클릭하여 새 폴더를 만듭니다. 폴더 이름은 Python으로 합니다.

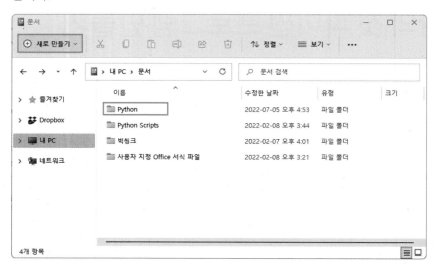

macOS에서 작업 폴더 만들기

macOS를 사용한다면 마찬가지로 [문서] 폴더에 작업한 파일을 저장합니다. 작업 과정을 살펴 봅시다.

1. macOS 바탕화면 아래쪽에서 파인더 ▦를 찾습니다.

2. [이동] 메뉴에서 [문서]를 선택해 폴더를 엽니다.

3. [문서] 폴더가 열리면 [파일] 메뉴에서 [새로운 폴더]를 선택해 폴더를 만듭니다.

4. 폴더 이름을 Python으로 변경합니다.

작업 폴더 선택하기

앞서 이야기했듯이 프로그래머는 코드를 폴더로 정리합니다. 조금 전에 여러분이 만든 폴더를 VS 코드의 작업 폴더로 지정합시다.

1. VS 코드 화면 왼쪽 위에 있는 아이콘 중 [탐색기] 아이콘을 클릭해 [탐색기] 패널을 열어 봅시다.

2. [탐색기] 패널에서 [폴더 열기] 버튼을 클릭하고 앞서 만들었던 **Python** 폴더를 찾아 선택합니다.

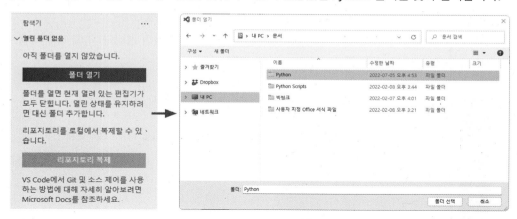

🖼 [탐색기] 패널에서는 작성한 파일을 모두 볼 수 있습니다. 아직 VS 코드에 작업 폴더를 지정하지 않았으므로 현재는 [열린 폴더 없음]이 표시됩니다.

3. 다음과 같이 아직 아무런 파일도 없는 폴더가 열립니다. 이로써 코딩한 파일을 저장할 작업 폴더를
VS 코드에 지정했습니다.

코딩 시작하기

지금부터는 본격적으로 파일을 만들고 코드를 입력해 봅시다. 새로운 파일 만드는 과정을 잘
익혀 두어 앞으로도 계속 활용해 봅시다.

1. [탐색기] 패널에서 [PYTHON] 위로 마우스 포인터를 올리면 오른쪽에 아이콘 4개가 등장합니다.
그중 첫 번째에 있는 [새 파일] 아이콘을 클릭하여 새 파일을 만들어 봅니다. 이때 파일 이름으로
`Hello.py`를 입력하고 `Enter`를 눌러 파일을 저장합니다.

> 확장자 `.py`를 입력할 때 주의하세요. 앞으로 만들
> 파이썬 파일의 확장자는 반드시 `.py`여야 합니다.

[탐색기] 패널에 'Hello.py' 파일이 표시돼요!

2. 이제 가장 중요한 IDE 화면을 살펴봅시다. IDE는 여러분이 코드를 입력할 때 사용할 편집 영역으로, 화면 왼쪽 위에 파일 이름을 표시합니다. 이곳에 방금 새로 만든 파일이 열리고 여러분이 코딩하기를 기다립니다.

📋 [탐색기] 패널에서 파일 이름을 클릭해도 `Hello.py` 파일을 열 수 있습니다. 이 부분에 파일을 여러 개 열어 둘 수도 있습니다.

3. 편집 영역에 코드를 입력하여 첫 번째 파이썬 프로그램 코딩을 시작합시다.

4. 코드 편집 영역 오른쪽 위에 있는 [실행] 아이콘을 살펴봅시다. [실행] 아이콘 위로 마우스 포인터를 올리면 'Python 파일 실행'이라는 메시지를 표시합니다.

📋 VS 코드에서는 아이콘에 마우스 포인터를 올리면 아이콘이 어떤 기능인지를 알 수 있습니다.

**알아 두면
좋아요!**

코딩할 때는 IDE의 기능을 활용하세요!

VS 코드는 입력한 코드를 읽기 쉽도록 색으로 구분하여 표시합니다. 또한 입력한 구문에 오류가 있다면 자동으로 표시해 줍니다. 예를 들어 닫는 큰따옴표를 빠트렸다면 다음과 같이 빨간색 물결로 표시하여 오류가 발생한 부분을 알려 줍니다.

파일 이름도 빨간색으로 표시하여 오류가 있다는 것을 알립니다. 여러분도 이것저것 시도해 보면서 화면에 어떻게 표시되는지 직접 확인하기 바랍니다.

5. [실행] 아이콘을 누르면 파이썬이 여러분이 작성한 코드를 실행합니다. 결과는 어디에 표시될까요? 바로 편집 영역 아래에 있는 [터미널] 창에 나타납니다. 앞에서 특정 텍스트를 출력하라고 지시한 대로 다음과 같이 터미널 창에 결과를 표시합니다.

이 텍스트가 터미널 창에 출력되었다는 것은 설치한 파이썬이 올바르게 작동하고 VS 코드도 설치한 파이썬과 정상으로 의사소통할 수 있는 것을 뜻합니다.

02장
단어 채우기 게임 만들기

이제 본격적인 코딩을 시작해 봅시다! 먼저 프로그램을 작성할 때 빼놓을 수 없는 중요한 주제로 변수와 함수가 있습니다. 이 장에서는 변수란 무엇인지 알아보고 사용 방법도 살펴봅니다. 또한 텍스트를 출력하는 print() 함수, 사용자가 입력하기를 기다리는 input() 함수도 살펴봅니다. 그리고 변수와 함수를 활용하여 간단한 게임을 만들어 보겠습니다.

이 장을 마스터한다면 여러분은 당당한 프로그래머로 한 걸음 내디딘 것입니다!

◎ 02-1
함수 이해하기

프로그래밍 언어에서 **함수**(function)란 특정한 일을 수행하는 코드 모음을 말합니다. 사실 함수는 이미 본 적이 있습니다. 바로 1장에서 사용한 **print()**로, 말 그대로 텍스트를 화면에 출력(표시)하는 함수입니다. 다른 프로그래밍 언어와 마찬가지로 파이썬에서도 함수 이름 뒤에 괄호를 붙여 사용합니다. 그리고 함수를 사용하는 것을 '**함수를 호출한다.**'라고 합니다. 1장에서는 다음과 같이 print() 함수를 호출했습니다.

print("출력할 텍스트입니다.")

　　함수 이름　　　　　　　　인수

print()에 지정한 텍스트를 **인수**(argument)라고 합니다. 이때 인수는 항상 (와) 사이에 있어야 하며 이를 **인수 전달**이라고 표현합니다. 그렇다면 함수에는 몇 개의 인수를 전달해야 할까요? 함수마다 다릅니다. 어떤 함수는 인수가 없어도 되지만 인수가 1개 이상 필요한 함수는 호출할 때 인수를 전달해야 합니다. 그리고 인수가 있든 없든 괄호는 꼭 사용해야 합니다.

그러면 함수에 인수를 여러 개 전달하는 모습을 살펴봅시다. VS 코드에서 새 파일을 만듭니다. Hello.py 파일은 이미 있으므로 이번에는 Hello2.py라고 지정합니다. Hello2.py 파일이 열리면 다음과 같이 입력합니다.

print("출력할 텍스트입니다.", "이 텍스트를 출력합니다.")

　　함수 이름　　　　　　　　　　　　인수

📄 파일 만드는 방법이 생각나지 않는다면 01-3절을 참고하세요.

입력이 끝났다면 [파일 → 저장](단축키 [Ctrl]+[S])으로 파일을 저장하고 코드 편집 창 오른쪽 위에서 [실행] 아이콘을 클릭해 실행합니다. 그러면 결과를 편집 영역 아래 터미널 창에 표시합니다.

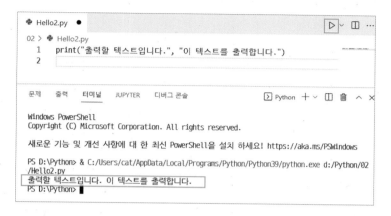

방금 사용했던 print() 함수를 한번 봅시다. 이번에는 인수가 2개이므로 터미널 창에 모두 출력합니다. 다음과 같이 간단히 입력해도 같은 결과를 표시합니다.

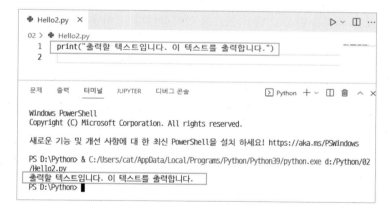

앞에서 큰따옴표와 쉼표를 이용하여 코드를 입력한 것은 중요한 내용 하나를 설명하고 싶었기 때문입니다. 즉, 함수에 인수를 2개 이상 전달할 때는 인수마다 쉼표로 구분해야 한다는 사실입니다. 요컨대 함수를 사용하려면 이를 **호출**하고 필요한 **인수**를 **전달**하면 됩니다. 그리고 인수가 여러 개라면 쉼표로 구분합니다.

02-2
변수 사용하기

이번에는 변수를 알아봅시다. 무척 중요한 내용이므로 이 장이 끝날 때까지 변수를 중심으로 설명합니다.

책상 위에 여러 과제와 관련된 수많은 자료가 있다고 합시다. 이를 과목별로 분류하여 각각의 보관함에 넣으면 나중에 찾기 쉬울 겁니다. 이것이 바로 변수가 작동하는 원리입니다. 이름을 붙인 변수에 정보를 저장하고 필요할 때 꺼내 쓰는 것입니다.

변수 만들기

Hello3.py라는 이름으로 새로운 파일을 만들고 다음 코드를 입력합니다. 큰따옴표 안에는 여러분 이름을 넣어 보세요. 여기에서는 필자의 이름을 넣었습니다.

```
firstName = "쉬무엘"
```

이 코드는 firstName이라는 변수를 만들고 이곳에 지정한 이름을 저장합니다.

변수 이해하기

위에서 변수 firstName을 만들었습니다. 이번에는 변수에 저장된 내용을 확인해 봅시다. 다음과 같이 코드를 입력해 보세요.

```
print(firstName)
```

입력이 끝났다면 저장하고 실행해 보세요. 터미널 창에 무엇이 출력되나요?

```
Hello3.py  ×
02 >  Hello3.py > ...
 1   firstName="쉬무엘"
 2   print(firstName)
```

문제   출력   터미널   JUPYTER   디버그 콘솔   ▶ Python + ∨ ⬚ 🗑 ∧ ✕

Windows PowerShell
Copyright (C) Microsoft Corporation. All rights reserved.

새로운 기능 및 개선 사항에 대 한 최신 PowerShell을 설치 하세요! https://aka.ms/PSWindows

PS D:\Python> & C:/Users/cat/AppData/Local/Programs/Python/Python39/python.exe d:/Python/02
/Hello3.py
쉬무엘
PS D:\Python> ▮

이번에는 좀 더 재미있게 만들어 봅시다. 다음과 같이 코드를 업데이트하고 저장한 뒤 실행합니다. 이번에는 '쉬무엘'이 아닌 여러분의 이름을 넣어 보세요.

Do it! 코딩해 보세요   📄 파일 이름: 02/Hello3.py

```
firstName = "쉬무엘"


print("안녕하세요, 저는", firstName, "이며 프로그래머랍니다!")
```

여기에서 몇 가지 중요한 내용을 살펴봅시다. print() 함수에 인수를 몇 개 전달했나요? 모두 3개입니다. 첫 번째와 마지막 인수는 직접 입력한 텍스트입니다. 가운데 인수는 firstName 변수로, 파이썬은 firstName 변수에 저장한 정보를 출력합니다.

> **알아두면 좋아요!**
>
> **화이트스페이스**
> 변수를 만든 줄과 print() 함수를 사용한 줄 사이에 빈 줄이 있습니다. 이렇게 추가한 빈 줄을 **화이트스페이스**(whitespace)라고 합니다. 이렇게 하면 코드를 읽기가 더 편합니다. print() 함수에서 쉼표 사이에 있는 공백도 화이트스페이스입니다. 화이트스페이스는 사용하든 사용하지 않든 출력에는 아무런 영향을 끼치지 않습니다.

1장에서 설명한 것처럼 VS 코드는 색으로 코드를 구분하여 표시합니다. 원래 코드는 단순한 텍스트이며 색을 사용하지 않습니다. 그러나 색으로 구분하면 초보자도 코드를 쉽게 읽을 수 있습니다. 더 중요한 점은 모든 함수와 텍스트, 변수를 서로 다른 색으로 표현하므로 잘못 입력한 부분이 생기면 재빠르게 알아챌 수 있다는 것입니다.

중요한 변수 규칙 알아보기

파이썬에서 변수를 만들 때 알아야 할 규칙을 살펴보겠습니다.

- 변수 이름은 알파벳과 숫자로 구성하되 숫자로 시작해서는 안 됩니다. 예를 들어 pet1은 괜찮지만 1pet은 사용할 수 없습니다.
- 변수 이름에는 공백을 넣을 수 없습니다. 단어를 여러 개 사용해서 변수 이름을 짓고 싶다면 firstName처럼 대소 문자를 섞어서 사용하거나 밑줄(예: first_name)로 연결합니다.
- 가장 중요한 규칙은 변수 이름은 대소 문자를 구분한다는 것입니다. 무슨 뜻일까요? 예를 들어 변수 이름을 firstName으로 지었다면 firstname이라는 이름으로는 이를 참조할 수 없다는 뜻입니다. 한쪽에는 대문자를 포함하고 다른 한쪽은 대문자가 없기 때문입니다. print() 함수를 수정하여 firstName 대신 firstname을 참조하도록 해보세요. 그러면 VS 코드는 다음과 같이 firstname에 물결선을 표시합니다.

이외에는 사용자가 원하는 대로 구체적으로 변수 이름을 지으면 됩니다. 그러므로 뜻이 분명한 firstName은 변수 이름으로 안성맞춤입니다. 만약 변수 이름을 fn이라고 하면 어떨까요? fn이 free nachos를 뜻하는지, fortnite를 뜻하는지 알 수 없으므로 적당하지 않습니다. 명확하고 구체적으로 짓는 것도 실력입니다. 실력 있는 개발자가 되고 싶다면 다른 사람이 지은 변수 이름을 한번 살펴보세요.

알아 두면 좋아요!

변수 이름을 정할 때는 대소 문자에 주의하세요!

변수 이름은 알파벳 대소 문자를 구분해서 사용하므로 다음처럼 다양하게 만들 수 있습니다.

```
FirstName = "쉬무엘"
firstName = "벤"
```

그러나 이 예처럼 대문자와 소문자로 구별하는 것은 바람직하지 않습니다. 이렇게 하면 잘못된 곳을 찾느라 몇 시간을 허비할 수도 있습니다. 변수 이름은 항상 간결하게, 그리고 잘 구분할 수 있도록 지으세요.

변수, 변수, 변수

다음 코드를 한번 보세요. 이 코드는 어떻게 작동할까요?

```
firstName = "쉬무엘"
firstName = "벤"


print("안녕하세요, 저는", firstName, "이며 프로그래머랍니다!")
```

실제로 Hello3.py 파일을 수정하여 firstName을 2번 정의해 보세요. 그리고 코드를 저장하고 실행하면 터미널 창에 무엇이 출력되나요? 바라던 대로 나왔나요?

첫 번째 줄 firstName = "쉬무엘"에서는 firstName이라는 변수를 만들고 쉬무엘이라는 이름을 넣었습니다. 두 번째 줄 firstName = "벤"에서는 새로 만들지 않고 기존 변수에 벤을 넣었습니다. 즉, 첫 번째 값 "쉬무엘"을 "벤"으로 교체한 것입니다.

예제를 하나 더 살펴봅시다. 새로운 파일 이름은 Hello4.py라고 하겠습니다.

Do it! 코딩해 보세요 　　　　　　　　　　　　　　　📁 파일 이름: 02/Hello4.py

```
firstName = "쉬무엘"
lastName = "포터"
fullName = firstName + " " + lastName    + 연산자로 문자열을 연결합니다.


print("안녕하세요, 저는", fullName, "이며 프로그래머랍니다!")
```

코드를 저장하고 실행해 보세요. 이번에는 어떻게 될까요? 파이썬은 코드를 한 번에 한 줄씩 처리합니다. 그러므로 가장 먼저 firstName이라는 변수를 만들고 여기에 값을 저장합니다. 그다음 줄은 파이썬에 lastName이라는 변수를 만들고 값을 저장하라고 지시합니다.

세 번째 줄이 재미있는 부분입니다. 여기서는 fullName이라는 새로운 변수를 만들고 값을 저장합니다. 이 값은 세 부분으로 이루어지며 + 기호(연산자)를 이용해 연결합니다. 즉, firstName에 공백(" ")을 붙이고 lastName을 마지막에 붙입니다. firstName이 "쉬무엘"이고 lastName이 "포터"이므로 fullName은 "쉬무엘 포터"가 됩니다. 그리고 이를 print() 함수의 두 번째 인수로 사용합니다.

사용자가 값 입력하기

이제 print() 함수에 익숙해졌나요? 이번에는 input() 함수를 알아봅시다. input() 함수는 이름에서 짐작할 수 있듯이 사용자가 무언가를 입력하도록 할 때 사용합니다.

Hello5.py라는 이름으로 파일을 만들고 다음 코드를 입력합니다.

Do it! 코딩해 보세요　　　　　　　　　📩 파일 이름: 02/Hello5.py

```
name = input("이름이 무엇인가요? ")
print("안녕하세요,", name, " 님. 만나서 반갑습니다!")
```

이 파일을 저장하고 실행하면 이름을 묻는 **이름이 무엇인가요?**라는 메시지를 터미널 창에 출력하고 여러분이 입력하기를 기다립니다. 이름 입력을 끝내고 Enter 를 누르면 print() 함수가 여러분의 이름을 출력합니다.

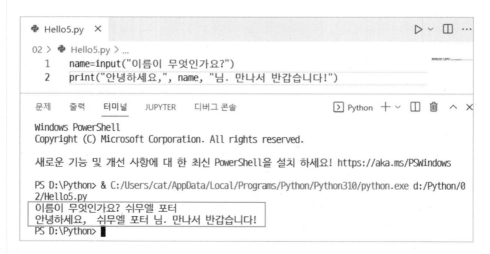

input() 함수 역시 print() 함수처럼 출력할 텍스트를 인수로 지정하지만, input() 함수는 사용자가 입력한 값을 반환합니다. 파이썬은 코드를 한 줄씩 실행한다고 앞에서 설명한 것 기억나죠? 그러므로 input() 함수를 만나면 사용자가 무언가를 입력할 때까지 실행을 멈춥니다. 그리고 사용자가 프롬프트에 입력한 내용을 다음 과정으로 넘깁니다. 이를 **값을 반환한다**라고 표현하는데, 여기서 보듯이 함수가 반환하는 값은 변수에 저장합니다.

> input() 프롬프트에 입력할 때는 먼저 터미널 창을 클릭한 다음에 해야 합니다. 그렇지 않으면 커서가 편집 창에 있으므로 실수로 코드를 수정할 수 있습니다.

알아두면 좋아요!

값을 저장할 곳이 없다면?

다음 코드를 한번 보세요. 뭐가 잘못되었을까요?

```
input("이름이 무엇인가요? ")
```

코드 자체는 유효하므로 실행하면 입력 프롬프트를 표시할 겁니다. 그러나 이 input()에는 사용자가 입력한 내용을 저장할 곳을 지정하지 않았습니다. 그러므로 name = input() 형식으로 작성하여 반환할 값을 name 변수에 저장하도록 파이썬에 알려야 합니다. print() 함수는 아무것도 반환하지 않으므로 변수를 지정하지 않습니다.

도전해 보세요

이름을 입력해 보세요   📖 Challenge 2.1.py

Hello4.py에서는 firstName과 lastName이라는 변수 2개를 연결하여 새로운 변수 fullName에 저장했습니다. 이번에는 값을 미리 입력하지 말고 사용자가 성과 이름을 입력할 수 있도록 수정해 봅시다.

각 줄이 input() 함수를 사용하여 앞 두 줄만 수정하면 됩니다. 해결 방법이 머릿속에 떠오르나요?

◉ 02-3
단어 채우기 게임 프로그래밍하기

단어 채우기 게임이란 빈칸을 채운 단어에 따라 이야기 흐름이 달라지는 놀이입니다. 빈칸이 있는 문장에 동사, 명사, 형용사 등의 단어를 채워 이 야기를 재미있게 만들면 됩니다.

📖 우리가 만들 단어 채우기 게임은 〈매드 립스(Mad Libs)〉 게임을 흉내 낸 것입니다. Mad Libs®는 펭귄 랜덤 하우스 LLC (Penguin Random House LLC)의 등록 상표입니다.

이야기 만들기

이제는 익숙한 print() 함수를 이용하여 간단한 이야기부터 만듭시다. 여기서 만든 이야기를 이용해도 되고 새로 구성해도 됩니다. 될 수 있으면 창의성을 발휘하여 나만의 이야기를 만들어 보세요.

Story.py라는 이름으로 파일을 만들고 print() 함수를 이용하여 다음처럼 이야기를 작성합니다. 그런 다음 파일을 실행합니다. 터미널 창에 무엇이 출력됐나요?

```
print("저의 반려동물은 이구아나이며 이름은 스파이크입니다.")
print("길고 초록색이며 느릿느릿합니다.")
print("스파이크는 나뭇잎, 꽃, 과일을 먹습니다.")
print("가장 좋아하는 장난감은 작은 노란색 공입니다.")
```

변수 추가하기

이번에는 좀 더 재미있게 고쳐 봅시다. 다음과 같이 단어 하나를 변수로 바꿔 보겠습니다.

```
animal = "이구아나"
print("저의 반려동물은", animal, "이며 이름은 스파이크입니다.")
print("길고 초록색이며 느릿느릿합니다.")
print("스파이크는 나뭇잎, 꽃, 과일을 먹습니다.")
print("가장 좋아하는 장난감은 작은 노란색 공입니다.")
```

첫 번째 print() 함수를 수정하여 동물 이름을 직접 입력하는 대신 변수를 사용하여 출력하도록 했습니다. 저장하고 코드를 실행하면 출력 내용은 앞서 본 결과와 같습니다.

그럼 한 걸음 더 나아가 봅시다. 직접 입력한 단어 대신 변수를 사용하도록 여러 곳을 수정해 보겠습니다.

```
animal = "이구아나"
name = "스파이크"
adjective1 = "길"
color1 = "초록색"
adjective2 = "느릿느릿"
noun1 = "나뭇잎"
noun2 = "꽃"
noun3 = "과일"
adjective3 = "작은"
color2 = "노란색"
noun4 = "공"
print("저의 반려동물은", animal, "이며 이름은", name, "입니다.")
print(adjective1, "고", color1, "이며", adjective2, "합니다.")
print(name, "는", noun1, ",", noun2, ",", noun3, "을 먹습니다.")
print("가장 좋아하는 장난감은", adjective3, color2, noun4, "입니다.")
```

📋 '길', '느릿느릿'은 각각 형용사로, '길다', '느릿느릿하다'를 뜻합니다.

실행 결과를 보면 이전과 크게 달라진 곳이 없습니다. 한 가지 재미있는 점은 이야기 안에서 **name** 변수를 2번 사용했다는 것입니다. 이처럼 변수는 한 번 만들어 두면 필요한 곳에서 몇 번이든 사용할 수 있습니다.

알아 두면 좋아요!

따옴표와 쉼표를 사용할 때 조심하세요!
텍스트를 감쌀 때는 따옴표를 쓰지만, 변수 이름에 따옴표를 사용하면 안 됩니다. 그리고 인수는 쉼표로 구분해야 합니다. VS 코드가 표시하는 색을 참고하면 편리합니다. 색이 올바르게 표시되지 않는다면 따옴표나 쉼표를 잘못 쓴 곳이 어딘가 있다는 뜻입니다.

사용자가 입력한 값 얻기

이야기에 변수를 사용했으므로 사용자가 입력한 텍스트를 표시하도록 수정하기는 쉽습니다.
앞에서 살펴본 것처럼 input() 함수를 이용하여 변수를 각각 수정하기만 하면 됩니다.

Do it! 코딩해 보세요　　　　　　　　　　　　　　　　📄 파일 이름: 02/Story.py

```python
print("안녕하세요! 다음 질문에 답하고 이야기를 완성하세요.")
print()    # 빈 줄을 출력합니다.
animal = input("동물을 입력하세요: ")
name = input("이름을 입력하세요: ")
adjective1 = input("형용사를 입력하세요(OO(이)고): ")
color1 = input("색을 입력하세요(OO색): ")
adjective2 = input("형용사를 입력하세요(OOO니다): ")
noun1 = input("명사를 입력하세요: ")
noun2 = input("명사를 입력하세요: ")
noun3 = input("명사를 입력하세요: ")
adjective3 = input("형용사를 입력하세요(OO은): ")
color2 = input("색을 입력하세요: ")
noun4 = input("명사를 입력하세요: ")


print("다음은 여러분이 만든 이야기입니다.")
print()
print("저의 반려동물은", animal, "이며 이름은", name, "입니다.")
print(adjective1, "(이)고", color1, "이며", adjective2, "니다.")
print(name, "은(는)", noun1, ",", noun2, ",", noun3, "을(를) 먹습니다.")
print("가장 좋아하는 장난감은", adjective3, color2, noun4, "입니다.")
```

코드 맨 위에 print() 함수를 이용하여 설명을 추가했습니다. 그리고 보기 좋도록 인수 없는
print() 함수를 이용하여 빈 줄도 출력했습니다. 코드를 저장하고 실행하면 입력을 기다리는
프롬프트가 표시되고, 입력한 내용에 따라 새로운 이야기가 만들어집니다.

```
문제    출력    터미널    JUPYTER    디버그 콘솔                    ▷ Python  + ∨  ▢  🗑  ∧  ✕

안녕하세요! 다음 질문에 답하고 이야기를 완성하세요.

동물을 입력하세요: 고양이
이름을 입력하세요: 나비
형용사를 입력하세요(00(이)고): 귀엽
색을 입력하세요(00색): 노란색                    파이썬은 print() 함수의 인수와
형용사를 입력하세요(000니다): 활발합              인수 사이에 자동으로 공백을 추가합니다.
명사를 입력하세요: 참치                          공백을 없애고 싶다면 + 연산자로
명사를 입력하세요: 닭 가슴                        문자열을 연결하면 됩니다.
명사를 입력하세요: 사료
형용사를 입력하세요(00은): 커다란
색을 입력하세요: 흰색
명사를 입력하세요: 캣휠
다음은 여러분이 만든 이야기입니다.

저의 반려동물은 고양이 이며 이름은 나비 입니다.
귀엽 (이)고 노란색 이며 활발합 니다.
나비 은(는)  참치 , 닭 가슴 , 사료 을(를) 먹습니다.
가장 좋아하는 장난감은 커다란 흰색 캣휠 입니다.
```

코드 테스트가 끝났다면 친구나 가족에게도 소개해 보세요. 아마 여러분의 코딩 실력에 놀랄
겁니다.

도전해 보세요

단어 채우기 게임을 수정해 보세요   📄 Challenge 2.2.py

이번에는 적어도 서로 다른 단어 15개를 입력하도록 단어 채우기 게임을 수정해 보세요. 그리고 좀
더 친근함을 느끼도록 맨 처음 설명을 출력할 때 이름을 묻고 이를 이야기에 넣어 보세요.

📂 03장
주사위 던지기 게임 만들기

이 장에서는 random 라이브러리와 제공하는 함수 2개를 이용하여 라이브러리 사용법을 알아봅니다. 이를 통해 무작위 숫자 생성 방법을 이해하고 재미있는 프로그램을 만들어 보겠습니다. 이와 더불어 자료형과 주석도 함께 배워 봅시다.

🎯 03-1
라이브러리 사용하기

1장에서도 잠시 살펴본 것처럼 코드 집합을 라이브러리라고 생각하면 됩니다. 이미 사용해 본 print() 함수나 input() 함수처럼 말이죠. 라이브러리는 쉽게 사용할 수 있습니다. 사용할 라이브러리가 무엇인지 파이썬에 알리고 이에 포함된 함수를 사용하면 됩니다. 간단하죠?

파이썬에는 수많은 라이브러리가 있습니다. 예를 들어 datetime은 날짜와 관련한 다양한 함수를 제공합니다. math는 수학 계산에 사용합니다. 그 밖에도 여러분의 컴퓨터에 있는 파일을 다루는 라이브러리, 인터넷 웹 사이트에 접속하는 라이브러리, 암호화와 관련된 라이브러리 등이 있습니다. 앞으로 살펴보겠지만, 라이브러리에는 함수보다 더 많은 기능이 들었습니다. 원하는 라이브러리가 없다면 인터넷에서 검색해 내 려받으면 됩니다.

📖 파이썬이 아닌 회사나 개인이 제공하는 라이브러리를 사용하는 방법은 17-1절을 참고하세요.

random 라이브러리 활용하기

첫 번째로 살펴볼 라이브러리는 random으로, 이름에서 알 수 있듯이 무작위 숫자가 필요할 때 사용합니다. 1과 100 사이의 무작위 숫자가 필요한가요? 그럼 random을 사용하세요. 게임을 만들 때 무작위 순서로 무작위 체력을 가진 적이 등장하도록 하고 싶나요? 이럴 때도 random 을 사용하세요. 이뿐만 아니라 동전 던지기 시뮬레이션을 하고 싶을 때도 사용하면 됩니다.

알아 두면 좋아요!

무작위의 진실

컴퓨터는 무작위를 모릅니다. 사람과 달리 컴퓨터는 주어진 지시를 체계적으로 따를 뿐, 의미 없거나 순서가 없는 일은 어떻게 하는지 모릅니다. 컴퓨터는 복잡한 알고리즘이나 날짜·시간 과 같이 끊임없이 변하는 인수를 이용하여 무작위를 만듭니다. 이런 알고리즘이나 인수는 직접 만들기 어려우므로 random 라이브러리를 사용합니다. 함수를 사용하기만 하면 나머지는 라이브러리에 있는 코드가 처리합니다.

그럼 사용하고 싶은 라이브러리를 파이썬에 알리려면 어떻게 해야 할까요? 바로 import문을 사용하면 됩니다. 한번 해볼까요? Random1.py라는 이름 으로 새로운 파일을 만들고 다음과 같이 입력합니다.

📖 PyPI (Python Package Index)는 30만 개가 넘는 라이브러리를 저장한 파이썬 공식 라이브러리 저장소입니다.

```
import random
```

이 코드는 파이썬에 random 라이브러리를 불러오라고 지시합니다. 입력한 내용을 실행해 봅시다. 화면에는 아무 일도 일어나지 않은 것 같지만, 사실은 무언가 큰일이 일어났습니다. 파이썬은 여러분이 입력한 코드를 한 번에 한 줄씩 실행한다고 했습니다. 그러므로 import문을 만나면 random 라이브러리를 찾아 불러오고 사용할 준비를 합니다. 준비가 끝났으니 이제 사용해 볼까요?

무작위 숫자 생성하기

다음과 같이 코드 두 줄을 추가하고 다시 실행합니다.

Do it! 코딩해 보세요　　　　　　　　　　　　　　🗂 파일 이름: 03/Random1.py

```python
import random

num = random.randrange(1, 11)
print("무작위 숫자:", num)
```

프로그램을 실행할 때마다 무작위 숫자를 출력할 겁니다. 코드가 어떻게 움직이는지 한번 살펴봅시다. import random은 random 라이브러리를 불러오는 구문입니다. 그리고 텍스트와 함께 무작위 숫자를 출력하는 마지막 줄도 어렵지 않습니다.

> 📋 import문은 코드 맨 위 한 곳에 모아 두는 것이 좋습니다. 이렇게 하면 어떤 라이브러리를 불러왔는지 한눈에 알 수 있습니다.

가운데 줄을 봅시다. 범위를 지정하는 두 수를 인수로 하여 randrange()라는 이름의 함수를 호출합니다. 이렇게 하면 두 수 사이에서 무작위로 숫자 하나를 고릅니다. 그리고 이렇게 만든 숫자를 num 변수에 저장합니다. 이 코드는 input() 함수의 사용 방법과 비슷합니다. 함수에 필요한 인수를 전달하고 반환한 값을 변수에 저장합니다. 그러나 이번에는 한 가지 중요한 차이가 있습니다.

함수를 호출할 때 randrange()라는 함수 이름 앞에 라이브러리 이름도 함께 사용했습니다. random.randrange()는 random 라이브러리 안에 있는 randrange() 함수를 사용하겠다고 파이썬에 알립니다. 이 부분이 중요합니다. 라이브러리 이름이 없으면 randrange() 함수가 어디에 있는지 파이썬은 모릅니다.

이번에는 import random을 지우고 실행해 보세요. 그러면 VS 코드는 randrange() 함수에 물결선을 표시하는데, 이곳에 마우스 포인터를 올리면 randrange()를 정의하지 않았다는 뜻의 "randrange" is not defined 메시지를 출력할 겁니다.

무작위로 요소 고르기

지금까지 무작위 숫자 만드는 방법을 알아보았습니다. 그러면 동전 던지기와 같은 무작위를 만들려면 어떻게 해야 할까요? 이번에는 숫자가 아니라 동전의 앞면과 뒷면이 무작위로 나와야 하므로 randrange() 함수는 어울리지 않습니다. 이럴 때는 random 라이브러리에 있는 다른 함수를 사용하면 됩니다. 여기에서는 choice() 함수를 사용합니다.

Random2.py라는 이름으로 파일을 만들고 다음과 같이 입력합니다.

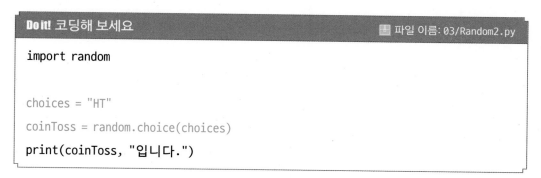

Do it! 코딩해 보세요　　　　　　　　　📄 파일 이름: 03/Random2.py

```python
import random


choices = "HT"
coinToss = random.choice(choices)
print(coinToss, "입니다.")
```

실행할 때마다 터미널 창에 H 또는 T가 출력되는 것을 볼 수 있습니다. 그럼 코드를 살펴볼까요? 첫 번째 줄은 이미 배운 내용입니다. choices = "HT"는 choices라는 변수를 만들고 이곳에 "HT"라는 문자열을 저장합니다.

그다음 줄은 H 또는 T 가운데 하나를 무작위로 고릅니다. 여기서는 random 라이브러리에 있는 또 다른 함수인 choice()를 사용했습니다. 인수로 숫자 범위를 지정하는 randrange() 함수와 달리 choice() 함수에는 선택할 항목 목록을 하나의 인수로 전달합니다. "HT"를 저장한 choices 변수를 인수로 전달했으므로 choice() 함수는 H나 T 가운데 하나를 반환합니다.

그럼 H나 T 대신 **앞면**이나 **뒷면**을 출력하고 싶을 때는 어떻게 해야 할까요? 다음처럼

choices 변수에 **앞면**과 **뒷면**을 연결한 문자열을 전달해서는 안 됩니다.

```
choices = "앞면뒷면"    이것은 잘못된 코드입니다.
coinToss = random.choice(choices)
```

이렇게 코드를 작성하면 choice() 함수는 **앞**, **면**, **뒷**, **면** 4글자 중에 하나를 선택합니다.

앞면 또는 **뒷면**을 출력하는 방법은 몇 가지 있습니다. 앞서 2장에서 값을 여러 개 저장할 수 있는 방법이 있다고 했습니다. 자세한 내용은 나중에 살펴보기로 하고, 문제부터 해결합시다. **앞면** 또는 **뒷면**을 출력하려면 '특별한 변수'를 사용하면 됩니다.

코드를 다음과 같이 수정합니다.

```
choices = "HT"
```
→
```
choices = ["앞면", "뒷면"]
```

실행하면 **앞면**이나 **뒷면**을 출력합니다. 파이썬에서는 [와] 문자를 이용하여 리스트(목록)를 만듭니다. 리스트는 말 그대로 요소 목록입니다. [10, 20, 30]은 숫자 3개로 이루어진 리스트를 만듭니다. 마찬가지로 ["개미", "박쥐", "고양이", "개", "장어"]는 요소가 5개인 동물 리스트를 만듭니다.

📖 앞으로 다양한 리스트를 살펴볼 텐데, 지금은 요소 여러 개를 쉼표로 구분하여 저장하는 것이 리스트라는 정도만 알아 두세요.

다시 코드로 되돌아갑시다. choices = ["앞면", "뒷면"]은 **앞면**과 **뒷면**이라는 요소 2개로 구성한 리스트를 만듭니다. 그다음은 random.choice() 함수가 알아서 처리하므로 더 이상 손댈 곳은 없습니다. 파이썬은 문자열을 전달하면 이 문자 중에서 무작위로 고르려고 한다는 것으로 이해합니다. 그러나 리스트를 전달하면 이 리스트 가운데 무작위로 요소 하나를 고르려고 한다는 것으로 이해합니다.

알아 두면 좋아요!

변수 없이 사용하려면?

choices 변수가 없어도 똑같이 작동하는 코드를 작성할 수 있습니다. 다음과 같이 "HT" 문자열을 choice() 함수에 바로 전달하면 됩니다.

```
coinToss = random.choice("HT")
```

이 예제의 결과는 앞서 본 코드 결과와 똑같습니다.

나만의 동물 리스트를 만들어요

challenge 3.1.py

이번에는 좀 어렵지만 여러분이라면 문제없을 겁니다.

여기에서는 리스트를 2개 만듭니다. 5가지 동물로 구성한 리스트가 보이나요? 자신만의 동물 리스트를 만들되 종류는 5가지가 넘어도 됩니다. 동물 종류는 많을수록 좋습니다.

```
animals = ["개미", "박쥐", "고양이", "개", "장어"]
```

그리고 나서 큰, 작은, 냄새나는, 귀여운 등 형용사로 이루어진 리스트를 만드세요. 형용사도 역시 많을수록 좋고, 두 리스트의 요소 개수가 달라도 됩니다. 그리고 무작위로 동물과 형용사를 하나씩 골라 변수에 각각 저장합니다. 동물에 사용할 변수와 형용사에 사용할 변수 2개가 필요합니다. 마지막으로 저에게는 귀여운 장어가 있습니다.처럼 무작위 선택 단어로 조합한 문장을 print() 함수로 출력합니다. 프로그램을 실행할 때마다 조합이 달라지는 것을 볼 수 있을 겁니다.

◎ 03-2

"3"은 3이 아니다!

중요한 주제 하나를 살펴보고 넘어갑시다. 변수에 값을 입력할 때 차이가 있다는 점을 눈치챘나요? 다음 코드 조각을 봅시다.

```
lastName = "포터"
fullName = firstName + " " + lastName
name = input("이름이 무엇인가요? ")
num = random.randrange(1, 11)    숫자는 따옴표로 묶지 않습니다.
choices = ["앞면", "뒷면"]
```

어떤 때는 따옴표로 값을 묶고 어떤 때는 묶지 않습니다. 그 이유는 무엇일까요? **문자열** (string)은 따옴표로 묶어 하나의 덩어리로 만들어야 하기 때문입니다. 이와 달리 숫자는 따옴표가 필요 없습니다. 파이썬은 1과 11이 숫자라는 것을 명확히 알기 때문입니다.

📖 큰따옴표("앞면")와 작은따옴표('앞면') 모두 사용할 수 있습니다.

그러면 `lastName`은 어떨까요? 이 변수에 저장할 값은 숫자일 수도, 문자일 수도, 심지어는 함수일 수도 있으므로 프로그래머가 지정해야 합니다. 그러므로 문자를 저장하고 이를 단순 문자열로 다루려면 따옴표로 감싸야 합니다.

지금까지 살펴본 내용을 요약해 보겠습니다.

- 변수 이름은 따옴표로 감싸지 않습니다.
- 숫자는 따옴표로 감싸지 않습니다.
- 문자열은 항상 따옴표로 감싸야 합니다.

한 가지 더 살펴봅시다. "3"은 숫자일까요, 문자일까요? 그리고 "3"에 5를 곱할 수 있을까요? 사람이 볼 때 "3"은 숫자이므로 5를 곱하면 15가 됩니다. 그러나 "3"처럼 숫자를 따옴표로 감싸면 파이썬은 숫자가 아니라 문자라고 생각합니다. 파이썬에 "3"과 5를 곱하라고 하면 놀랍게도 "33333"을 반환합니다. 문자에 있는 숫자를 곱하는 것이 아니라 문자 자체를 5번 반복하기 때문입니다.

이것으로 잠시 **자료형**(data type)을 살펴보았습니다. 이 밖에도 수많은 자료형이 있으나 가장 많이 사용하는 것은 문자열과 숫자입니다. num = 11은 num이라는 이름의 숫자 자료형 변수를 만들고, lastName = 포터는 lastName이라는 이름의 문자열 자료형 변수를 만듭니다.

그럼 "3"과 3은 같을까요? 다시 한번 강조하지만 "3"은 문자열이고 3은 숫자입니다. 얼핏 같아 보이지만 각각의 자료형은 전혀 다릅니다.

📖 문자열을 숫자로 데이터 형태(또는 자료형)를 바꾸는 방법은 04-3절에서 다룹니다.

◉ 03-3
코드에 설명 달기

3장 마지막 예제를 살펴보기 전에 마지막으로 짚고 가야 할 중요한 주제가 있습니다.

지금까지 입력해 본 코드는 모두 몇 줄 정도로 간단했습니다. 그러나 앞으로 10줄, 심지어 100줄이 넘는 코드를 작성할 수도 있습니다. 이러한 코드를 쉽게 읽고 이해하려면 코드에 설명, 즉 **주석**(comment)을 달아야 합니다. 주석은 어떻게 달까요? 다음은 앞서 살펴본 예제에 주석을 추가한 코드입니다.

```python
# 필요한 라이브러리 불러오기
import random


# choices 정의하기
choices = ["앞면", "뒷면"]
# 무작위로 고르기
coinToss = random.choice(choices)


# 고른 것을 출력하기
print(coinToss, "입니다.")
```

파이썬에서는 주석을 입력할 때 앞에 # 기호를 사용합니다. 그리고 VS 코드는 알아보기 쉽도록 녹색으로 주석을 표시합니다. 파이썬은 주석을 완전히 무시하므로 주석을 다는 게 시간 낭비처럼 느껴질 수도 있습니다. 그러나 주석은 정말 중요하며 좋은 프로그래머일수록 주석 다는 시간을 아까워하지 않습니다. 그 이유는 무엇일까요?

- 작성한 코드를 읽는 데 도움이 됩니다.
- 입력할 당시에 무엇을 왜 했는지 떠올리게 해줍니다.
- 여러분이 작성한 코드를 다른 사람이 쉽게 이해할 수 있게 해줍니다.
- 코드가 어떻게 작동하는지 다른 프로그래머가 쉽게 이해할 수 있게 합니다.
- 여러분의 코드가 작동하는 데 필요한 내용을 설명합니다.

이와 함께 주석에는 중요한 목적이 있습니다. 코드를 숨길 때도 사용할 수 있습니다. 예를 들어 앞서 살펴본 코드에서 choices = "HT"를 choices = ["앞면", "뒷면"]으로 수정한 적이 있습니다. 지금은 간단한 수정이라 기억하기 쉽지만, 복잡한 코드라면 수정하기 전 코드를 기억하지 못할 수도 있습니다. 이럴 때는 주석을 사용하여 다음과 같이 수정하기 전 코드는 숨겨둡니다.

```python
# 필요한 라이브러리 불러오기
import random


# choices 정의하기
# choices = "HT"          실행하지 않을 코드는 주석 처리합니다.
choices = ["앞면", "뒷면"]


# 무작위로 고르기
coinToss = random.choice(choices)


# 고른 것을 출력하기
print(coinToss, "입니다.")
```

choices = "HT"를 수정하거나 삭제하는 대신 앞에 # 기호를 두었습니다. 그러면 이 줄은 주석이 되며 파이썬은 이 줄을 무시합니다. 이전 버전으로 되돌아가고 싶다면 # 기호를 없애고 choices = ["앞면", "뒷면"]에 # 기호를 붙이면 됩니다. 프로그래머는 이를 **코드 주석 처리**라고 하며, 코드를 수정하고 테스트할 때 빼놓을 수 없는 중요한 테크닉입니다.

이제부터는 주석과 함께 코드를 작성하겠습니다.

◎ 03-4
주사위 던지기 게임 프로그래밍하기

주사위를 이용하는 놀이는 다양합니다. 실제 주사위를 이용하는 것도 즐겁지만 컴퓨터로 하는 주사위 던지기 게임은 훨씬 더 재미있습니다. 주사위 1개 또는 2개를 던지는 프로그램 두 종류를 만들어 봅시다. 다음은 주사위 하나를 던지는 Dice1.py 코드입니다.

Do it! 코딩해 보세요   📄 파일 이름: 03/Dice1.py

```python
# 라이브러리 불러오기
import random


# 던지고 출력하기
print("나온 눈:", random.randrange(1, 7))
```

> 기억하나요? 두 번째 인수 7은 범위에 포함하지 않습니다.

간단한 코드인데, 모두 앞서 살펴본 내용과 비슷합니다. 실행하면 1과 6 사이의 숫자를 출력합니다.

유일한 차이점은 random.randrange()로 반환한 숫자를 변수에 저장하지 않는다는 것입니다. 그 대신 바로 print() 함수로 전달했습니다. 이제 주사위 1개를 던지고 싶다면 언제든지 이 프로그램을 실행하세요.

변수가 필요하다면?

다음 두 코드의 차이점은 무엇일까요?

```
import random

print("나온 눈:", random.randrange(1, 7))
```

```
import random

num = random.randrange(1, 7)
print("나온 눈:", num)
```

두 코드의 실행 결과에는 아무런 차이가 없습니다. 모두 무작위로 숫자를 생성하고 출력합니다. 첫 번째 버전은 print() 함수 구문 안에서 무작위로 숫자를 생성합니다. 반환한 값, 즉 randrange() 함수가 생성한 값은 print() 함수의 인수로 전달됩니다.

두 번째 버전은 무작위로 숫자를 생성하고 num이라는 변수에 저장합니다. 그리고 print() 함수의 인수로 이 변수를 전달합니다. 변수 외에는 차이가 없습니다.

그럼 어떤 버전을 사용해야 할까요? 어떤 것이 더 낫다고 말할 수는 없습니다. 무작위 숫자를 다른 print() 함수나 연산에서 사용할 때 비로소 이 차이가 중요해집니다. 이럴 때는 다시 사용할 수 있도록 두 번째 코드처럼 생성한 숫자를 변수로 저장하는 것이 좋습니다.

그럼 주사위 2개를 던질 때에는 어떻게 해야 할까요? 프로그램을 2번 실행하고 각각의 결과를 더해도 됩니다. 그런데 우린 프로그래머이므로 주사위 2개를 던지는 프로그램을 만들 수 있습니다. 다음과 같이 Dice2.py 코드를 작성해 봅시다.

Do it! 코딩해 보세요　　　　　　　　　　　　　　📋 파일 이름: 03/Dice2.py

```python
# 불러오기
import random


# 주사위 2개 던지기
die1 = random.randrange(1, 7)
die2 = random.randrange(1, 7)


# 각각의 눈과 합계 출력하기
print("나온 눈은", die1, ",", die2, "이며 합은", die1 + die2,"입니다.")
```

코드를 실행하면 두 주사위의 눈과 그 합을 출력합니다. print()와 random 전문가인 여러분이라면 이 코드가 무엇을 뜻하는지 한눈에 알 겁니다. 변수를 2개 만들고 각 변수에 무작위로 뽑은 주사위 눈을 담습니다. print() 함수는 두 값을 출력하고 다음을 실행합니다.

```
die1 + die2
```

간단한 수학식으로, 변수 die1과 die2를 더하여 출력합니다. 이처럼 계산과 동시에 출력할 수 있습니다.

알아 두면 좋아요! **+ 연산자는 어떤 일을 하나요?**

자료형에 따라 + 연산자가 하는 일은 다릅니다. 주사위 던지기 게임에서 변수 die1과 die2에 저장한 자료형은 모두 숫자형이었습니다. 그래서 die1 + die2라고 쓰면 파이썬은 이 둘을 더하고 싶어 한다는 것으로 이해합니다.

변수에 저장한 것이 문자열이라면 더하는 것이 아니라 문자열을 연결합니다. 이와 같이 파이썬은 프로그래머의 의도를 파악하고 알아서 수행하는 똑똑한 프로그래밍 언어입니다.

이쯤에서 파이썬에서 사용하는 수학 연산자를 더 살펴봅시다. 다음 연산자는 모든 함수와 코드에서 사용할 수 있습니다.

연산자	이름	설명
+	덧셈 연산자	print(5 + 5)는 10을 출력합니다.
-	뺄셈 연산자	print(12 - 7)은 5를 출력합니다.
*	곱셈 연산자	print(10 * 3)은 30을 출력합니다.
/	나눗셈 연산자	print(10/3)은 3.333…을 출력합니다.
//	나눗셈 연산자	나머지 없이 몫만 출력합니다. 즉, print(10//3)은 3만 출력합니다.
%	나머지 연산자	나머지를 구할 때 사용합니다. 즉, print(10 % 3)은 1을 출력합니다.

Dice1.py와 달리 Dice2.py에서 주사위 눈을 저장할 때 변수를 쓴 이유는 무엇일까요? 똑같은 값을 2번 이상 쓸 때는 변수를 사용하는 것이 더 효과적이기 때문입니다. Dice1.py에서는 출력한 값을 1번만 사용했으므로 굳이 변수로 저장할 필요가 없습니다. 이와 달리 Dice2.py에서는 주사위 눈의 값을 출력할 때와 더할 때 이렇게 2번 사용했습니다. 그러므로 변수에 값을 저장한 것입니다.

12면체 주사위를 던져요

📄 Challenge 3.2.py

우리가 흔히 사용하는 주사위는 대부분 6면체이지만, 면이 더 많은 주사위도 있습니다. 실제로 고대 그리스와 로마에서는 12면체 주사위도 썼다고 합니다. 그럼 우리도 한번 고대 그리스와 로마 시대처럼 12면체 주사위를 던져 봅시다. 어떻게 코드를 만들면 될까요?

다면체 주사위

☞ 04장
날짜 계산하기

변수, 함수, 라이브러리를 어떻게 사용하는지 알았으므로
이 장에서는 프로그래밍 언어에서 가장 중요한 코딩 도구
를 배워 봅시다. 이 장에서 다루는 if문은 결정하는 방법을
컴퓨터에 가르칩니다. 파이썬뿐만 아니라 다른 프로그래
밍 언어에서도 쓰이므로 여기서 잘 익혀둡니다.

날짜 다루기

지금까지 살펴본 대로 파이썬은 여러분이 입력한 코드를 한 번에 한 줄씩 처리합니다. 프로그램 첫 줄부터 시작하여 주석이 아닌 모든 행을 여러분이 지시한 대로 실행하는 것이죠. 모든 프로그램이 한 줄씩 코드를 처리한다면 실행할 때마다 똑같을 겁니다. 방문할 때마다 똑같은 순서로 똑같은 콘텐츠만 보여 주는 웹 사이트를 떠올려 보세요. 똑같은 순서대로 하나씩만 진행하는 게임, 똑같은 메시지만 보내는 채팅 앱은 어떨까요? 이런 모습을 머릿속에 떠올려 보면 정말 답답할 겁니다.

그러나 실제로 사용하는 프로그램 대부분은 서로 다른 순서로 서로 다른 일을 처리합니다. 즉, 프로그래머인 여러분이 컴퓨터에 결정을 내리는 방법을 알려야 한다는 말입니다. 4장과 5장에서는 컴퓨터가 결정을 내리는 방법 중 하나인 if문을 배워 봅시다.

datetime 라이브러리로 날짜와 시각 다루기

수학자는 생일을 물어보고 몇 초 후 태어난 요일이 무엇인지를 맞혀서 사람을 놀라게 합니다. 추측해서 맞히는 것은 아닙니다. 수학을 이용해 머릿속에서 재빠르게 계산합니다. 수학자가 사용했던 방법을 배울 수도 있습니다. 그러나 우리는 프로그래머이므로 코딩 기술을 활용하여 컴퓨터가 대신 계산하도록 합시다.

> 📄 윤년이 있고 달마다 마지막 날이 다르다는 점을 생각하면 직접 계산에는 요령이 필요합니다.

태어난 요일을 맞추려면 파이썬에 내장된 **datetime** 라이브러리가 필요합니다. 이름에서 알 수 있듯이 이 라이브러리는 다음처럼 다양한 종류의 날짜를 알려 줍니다. 시간을 다룰 때도 마찬가지입니다.

> 📄 datetime 라이브러리는 자주 사용하므로 잘 익혀 둡시다. random 라이브러리와는 또 다른 방식으로 움직입니다.

- 현재 날짜
- 요일이 같은 미래와 과거 날짜의 자세한 정보
- 서로 다른 두 날짜의 계산

Date1.py라는 이름으로 새로운 파일을 만들고 다음 코드를 입력합니다.

Do it! 코딩해 보세요　　　　　　　　　　　　　　　　　　　　📄 파일 이름: 04/Date1.py

```python
# 불러오기
import datetime


# 오늘 날짜 가져오기
today = datetime.datetime.now()


# 출력하기
print("지금은", today, "입니다.")
```

파일을 저장하고 실행하면 오늘 날짜와 밀리 초를 포함한 시각을 출력합니다. `import`와 `print()` 함수가 어떤 기능을 하는지는 앞에서 배웠으므로 처음 보는 가운데 줄에 집중합시다.

`today = datetime.datetime.now()` 코드는 오늘 날짜를 구해 `today`라는 변수에 저장합니다. 여기서 `now()`는 오늘 날짜와 현재 시각을 반환하는 함수입니다. 지금까지 살펴본 함수와 달리 여기에는 아무런 인수도 없습니다.

그런데 `datetime.datetime`은 무엇일까요? 3장에서 `random` 라이브러리 함수를 사용할 때처럼 단순히 `datetime.now()`라고 하면 왜 안 될까요?

알아두면 좋아요!

함수에는 괄호가 꼭 있어야 합니다!

함수를 실행할 때는 항상 괄호를 붙여야 한다는 점을 기억하세요. 전달할 인수가 없을 때는 괄호 사이에 아무것도 넣지 않으면 됩니다. 그러나 변수에는 괄호가 필요 없습니다.

첫 번째 datetime은 라이브러리 이름입니다. 이는 첫 번째 줄에 작성한 import datetime의 라이브러리 이름과 같습니다. 두 번째 datetime은 함수나 라이브러리가 아니며 실제로는 **클래스**(class)라고 합니다. 클래스는 둘째마당에서 직접 만들어 보면서 자세히 살펴봅니다. 지금은 프로그래머가 함수와 정보를 한곳에 저장하도록 코드를 정리하는 방법이 클래스라는 것만 알아 두면 됩니다.

즉, datetime 라이브러리에는 datetime이라는 클래스가 있습니다. datetime은 불러온 라이브러리이고 datetime.datetime은 datetime 라이브러리 안에 있는 datetime 클래스를 가리킵니다.

그리고 클래스 안에 있는 함수를 메서드라고 합니다. 앞서 살펴본 다른 함수와 같은 기능을 합니다. 여기서는 now()가 바로 메서드입니다. now()는 오늘 날짜와 현재 시각을 알려 주는 함수로, 이 값을 today 변수에 저장합니다.

알아두면 좋아요!

type() 함수로 자료형 확인하기

3장에서는 자료형을 잠시 살펴보았습니다. 그러면 방금 만든 today 변수의 자료형은 무엇일까요? 문자형이나 숫자형이 아닌, 실제 자료형은 datetime 클래스입니다.

변수의 자료형을 알고 싶을 때는 파이썬의 type() 함수를 이용하면 됩니다. 이 함수는 반환 값이 무엇인지를 알려 주려고 변수를 조사하는 일을 합니다. type(3)은 3이 숫자이므로 숫자형(integer)을 뜻하는 int를 반환합니다. type("3")은 문자열(string)을 뜻하는 str을 반환합니다. 그리고 앞서 만든 변수를 확인하는 type(today)는 datetime.datetime을 반환합니다. type() 함수와 여러 자료형은 04-3절을 비롯하여 앞으로 자주 살펴볼 것입니다.

---

datetime 클래스 사용하기

Date1.py에서는 today 변수에 저장한 연, 월, 일부터 밀리초까지 모든 것을 출력했습니다. 이제부터 살펴볼 예제에서 today는 클래스로, 사용할 수 있는 데이터와 함수가 많습니다. Date2.py라는 이름으로 파일을 만들고 다음 코드를 입력합니다.

```python
# 라이브러리 불러오기
import datetime

# 오늘 날짜 가져오기
today = datetime.datetime.now()

# 오늘의 연도, 월, 일 출력하기
print("지금은", today.year, "년입니다.")
print("지금은", today.month, "월입니다.")
print("지금은", today.day, "일입니다.")
```

파일을 저장하고 실행하면 오늘의 연도, 월, 일을 각각 출력합니다. today.year는 today 클래스 안에 있는 year값을 뜻합니다. month와 day도 마찬가지입니다. 이처럼 today 클래스에는 많은 정보가 있습니다. 필요한 정보만 출력하여 사용하는 것이 바람직합니다.

알아 두면 좋아요!

메서드와 속성

year, month, day 뒤에는 왜 괄호가 없는 걸까요? 함수가 아니기 때문입니다. 이는 모두 사용할 수 있는 데이터 조각이며 클래스 안에 있는 변수로, 실제로는 **속성(property)**이라고 합니다. 속성을 가리킬 때는 괄호가 필요 없으나 메서드(함수)를 사용할 때는 필요합니다. 04-2절의 weekday() 함수를 사용하는 예제에서 자세히 알아보겠습니다.

도전해 보세요

현재 시각을 출력해 보세요　　　　　　　　　　　　　📄 challenge 4.1.py

Date2.py를 수정하여 현재 시와 분을 각각 출력해 봅시다. 이때 사용할 속성은 hour와 minute입니다.

◎ 04-2
컴퓨터로 결정하기

날짜 다루는 방법을 배웠으므로 이제 이 장의 주제인 if문으로 넘어갑시다. if문을 사용하면 컴퓨터에 결정하는 방법을 가르칠 수 있습니다.

if문으로 조건 판단하기

무슨 요일인지를 확인하여 요일마다 필요한 메시지를 출력하는 프로그램을 만들면 편리하겠죠? 이렇게 하려면 컴퓨터가 결정할 수 있어야 합니다. 한 줄씩 모두 실행하여 출력해서는 이를 구현할 수 없으며 요일에 따라 다른 메시지를 출력하도록 해야 합니다. Date3.py라는 이름으로 새로운 파일을 만들고 다음 코드를 입력합니다.

Do it! 코딩해 보세요   📖 파일 이름: 04/Date3.py

```python
# 라이브러리 불러오기
import datetime

# 오늘 날짜 가져오기
today = datetime.datetime.now()

# 요일에 따라 다른 메시지 출력하기
if today.weekday() == 6:
    print("주말이므로 학교에 가지 않습니다!")
    print("온종일 코딩하며 지낼 수 있어요!")
```

저장하고 실행하면 어떤 일이 일어날까요? 오늘이 일요일이라면 2개의 print() 함수가 출력한 메시지를 볼 겁니다. 그러나 다른 요일에는 아무것도 표시하지 않습니다. 중요한 것은 다음 코드입니다.

```
if today.weekday() == 6:
```

today.weekday() 함수는 요일에 해당하는 숫자를 반환합니다. 이 코드는 today 안에 있는 weekday() 메서드(함수)를 호출하고 반환한 값과 일요일에 해당하는 숫자인 6이 같은지를 비교하라고 파이썬에 알립니다. if문 다음부터 콜론(:)까지의 내용이 판단(결정) 조건이 되는데, 여기서는 '오늘이 일요일이라면' 뜻의 조건을 📋 0은 월요일, 1은 화요일, 2는 수요일, …, 6은 일요일에 해당합니다.
작성했습니다.

여기서 주목해야 할 것은 == 기호입니다. 앞서 본 =과 달리 ==은 weekday()와 6이 같은지를 확인합니다. if문에 전달한 조건은 True나 False 가운데 하나로 판단할 수 있어야 합니다. 이 코드를 실행한 오늘이 일요일이라면 판단은 True입니다.

판단이 True일 때 if문 아래 들여 쓴 코드를 실행합니다.

알아 두면 좋아요!

파이썬의 일주일은 월요일부터 시작해요
월요일이 한 주의 첫날이고 일요일이 마지막 날입니다. 이보다 더 중요한 점은 대부분의 프로그래밍 언어처럼 파이썬도 0부터 숫자를 센다는 것입니다. 예를 들어 요소가 여러 개인 리스트가 있다면 0, 1, 2와 같은 방식으로 번호가 매겨집니다. 즉, 첫 번째 위치는 1이 아닌 0입니다. 그러므로 0은 월요일, 1은 화요일, 2는 수요일을 나타내므로 5는 토요일, 6은 일요일을 뜻합니다.

=와 == 연산자
=와 ==는 같은 기호가 아닙니다. 많은 프로그래머가 =를 쓸 곳에 ==를 쓰거나 반대로 ==를 쓸 곳에 =를 써서 오류를 찾느라 몇 시간을 허비하곤 합니다. 그러므로 다음을 꼭 구분하기 바랍니다.

연산자	연산자 이름	기능	예시	설명
=	할당 연산자	= 오른쪽에 있는 값을 = 왼쪽에 있는 변수에 저장합니다.	x = 3	x라는 이름의 변수를 만들고 숫자 3을 이곳에 저장합니다.
==	동등 비교 연산자	오른쪽 값과 왼쪽 값 2개를 비교할 때 사용합니다.	x == 3	변수 x와 숫자 3이 같은지를 비교합니다.

들여쓰기에 주의하세요
코딩할 때는 들여쓰기에 주의하세요. 코드를 다음과 같이 작성한다면 어떻게 될까요?

```
if today.weekday() == 6:
    print("주말이므로 학교에 가지 않습니다!")
print("온종일 코딩하며 지낼 수 있어요!")
```

첫 번째 print() 함수는 오늘이 일요일일 때만 실행하지만 두 번째 print() 함수는 어떤 요일이든 상관없이 출력합니다. 두 번째 print() 함수는 들여 쓰지 않아 if문에 포함되지 않으므로 항상 실행하기 때문입니다.

else는 무슨 뜻일까요?

이로써 일요일에 출력할 메시지 코딩 작업이 끝났습니다. 오늘이 일요일이 아니라면 파이썬은 아무것도 출력하지 않습니다. Date3.py를 업데이트하여 맨 아래에 두 줄을 추가합시다.

```python
# 라이브러리 불러오기
import datetime


# 오늘 날짜 가져오기
today = datetime.datetime.now()


# 요일에 따라 다른 메시지 출력하기
if today.weekday() == 6:
    print("주말이므로 학교에 가지 않습니다!")
    print("온종일 코딩하며 지낼 수 있어요!")
else:
    print("오늘은 학교 가는 날입니다.")
```

이제 일요일이라면 처음 2개의 `print()` 함수를 실행할 것이고 다른 요일이라면 마지막 `print()` 함수를 실행할 것입니다. 이처럼 else문으로 if문이 False(여기서는 일요일이 아님)일 때 실행할 코드를 지정합니다. 다른 조건을 지정할 필요 없이 else와 콜론(:)만 있으면 됩니다. 즉, if문이 False라면 else: 다음에 들여 쓴 모든 코드를 실행합니다.

if문 좀 더 살펴보기

if문에서는 weekday()가 6(일요일)만 확인한다는 문제가 있습니다. 그럼 5를 반환하는 토요일은 어떻게 할까요? 그럼 if문이 토요일과 일요일 모두 확인할 수 있도록 코드를 수정합시다. 다음은 업데이트한 코드로, if문 한 곳만 바꾸었습니다.

```python
# 라이브러리 불러오기
import datetime


# 오늘 날짜 가져오기
today = datetime.datetime.now()
```

```
# 요일에 따라 다른 메시지 출력하기
if today.weekday() == 5 or today.weekday() == 6:
    print("주말이므로 학교에 가지 않습니다!")
    print("온종일 코딩하며 지낼 수 있어요!")
else:
    print("오늘은 학교 가는 날입니다.")
```

앞에서 작성한 코드와 어떤 부분이 달라졌나요? 이번에 수정한 if문은 weekday()가 5(토요일) 또는 6(일요일)을 반환하는지를 확인하는 2가지 조건을 사용했습니다. or는 여러 조건 중하나만 True이면 if문 전체가 True가 되며 그 아래 내용을 실행합니다.

and와 or에는 어떤 차이가 있을까요? 먼저 코드가 아니라 문장으로 설명하겠습니다.

조건 예시	설명
점심이 피자이고(and) 디저트가 아이스크림이라면	언제 참(True)이 될까요? 점심이 피자이고 동시에 디저트가 아이스크림일 때뿐입니다. 2가지 조건이 모두 참이어야 전체 조건이 참이 됩니다. 점심이 피자가 아니라면 디저트가 아이스크림이든 아니든 이 조건은 거짓(False)입니다. and란 조건이 모두 참일 때에만 전체 조건이 참이 된다는 뜻입니다. 이른바 'All or Nothing'입니다.
일요일 또는(or) 방학이라면	언제 참(True)이 될까요? 여기서는 두 조건을 and가 아닌 or로 연결했습니다. 그러므로 둘 중하나만 참이면 전체 조건이 참이 됩니다. 일요일이지만 방학이 아니라면 이 조건은 참입니다. 마찬가지로 방학이지만 일요일이 아니어도 참입니다. 방학 중의 일요일은 어떨까요? 이때는 두 조건 모두가 참입니다. or를 이용하면 하나가 참이든 둘 다 참이든 모두 참이 됩니다. 그러므로 or 조건은 모두가 거짓(False)일 때만 거짓이 됩니다.
월요일 또는(or) 화요일 또는(or) 수요일이라면	언제 참(True)이 될까요? 여기에는 or로 연결한 세 조건이 있습니다. 이 조건은 월요일 또는 화요일 또는 수요일일 때만 참이 됩니다. 즉, 셋 중 하나만 참이라면 전체 조건은 참이 됩니다.

예제에서는 오른쪽과 왼쪽이 서로 같은지를 비교하는 연산자를 사용했습니다. 비교할 때 사용하는 연산자를 더 알아봅시다.

연산자	설명	결과
==	같은지를 비교합니다.	왼쪽과 오른쪽 값이 같을 때 True를 반환합니다.
!=	다른지를 비교합니다. ==의 반대입니다.	왼쪽과 오른쪽 값이 다를 때 True를 반환합니다.
>	더 큰지를 비교합니다.	왼쪽 값이 오른쪽 값보다 클 때만 True를 반환합니다.
<	더 작은지를 비교합니다.	왼쪽 값이 오른쪽 값보다 작을 때만 True를 반환합니다.
>=	크거나 같은지를 비교합니다.	왼쪽 값이 오른쪽 값보다 크거나 같을 때만 True를 반환합니다.
<=	작거나 같은지를 비교합니다.	왼쪽 값이 오른쪽 값보다 작거나 같을 때만 True를 반환합니다.

이 밖에도 사용할 수 있는 비교 연산자가 있지만 일반적으로 이 표에서 소개하는 것을 가장 많이 사용합니다.

and와 or를 혼동하면 안 됩니다

if문에 조건을 여러 개 사용할 때는 and나 or를 사용하여 나열합니다. 근데 왜 여기서는 or를 사용했을까요? 다음 코드를 한번 봅시다.

```python
if today.weekday() == 5 and today.weekday() == 6:
```

토요일이면서 일요일일 수는 없으므로 이 구문은 항상 False를 반환합니다. or를 사용해야 하는 이유가 여기에 있습니다.

다른 조건 추가하기

if문으로 조건을 비교한 결과 True라면 if 아래 들여 쓴 모든 코드를 실행합니다. 그리고 else문 아래에는 if문이 False일 때 실행할 코드를 작성합니다. 그렇다면 다른 조건을 비교하고 싶을 때는 어떻게 할까요? 앞에서는 토요일과 일요일, 그리고 다른 요일로 구분하여 메시지를 출력했는데, 금요일에도 특별한 메시지를 출력하고 싶다면 else if를 줄인 elif문을 사용합니다.

다음은 앞의 코드에서 if 블록과 else 블록 사이에 elif 블록을 추가한 예제입니다.

> 📖 블록이란 서로 구분되는 코드 덩어리를 일컫는 말로, 예제에서는 조건문과 그 아래 들여 쓴 모든 명령이 하나의 블록을 이룹니다.

Do it! 코딩해 보세요　　　　　　　　　📁 파일 이름: 04/Date3.py

```python
# 라이브러리 불러오기
import datetime


# 오늘 날짜 가져오기
today = datetime.datetime.now()
# 요일에 따라 다른 메시지 출력하기
if today.weekday() == 5 or today.weekday() == 6:
    # 토요일과 일요일에 출력할 내용
    print("주말이므로 학교에 가지 않습니다!")
    print("온종일 코딩하며 지낼 수 있어요!")
elif today.weekday() == 4:       elif 블록을 추가합니다.
```

```
    # 금요일에 출력할 내용
    print("금요일이므로 내일이면 코딩하며 시간을 보낼 수 있어요!")
else:
    # 그 외 요일에 출력할 내용
    print("오늘은 학교 가는 날입니다.")
```

실행하면 토요일과 일요일, 금요일, 나머지 요일에 따라 다른 메시지를 출력합니다. elif가 들어간 코드를 살펴봅시다.

```
elif today.weekday() == 4:
```

이 줄은 또 다른 if문인 elif로, 첫 번째 if가 False일 때만 호출합니다. 이 코드는 weekday() 가 금요일을 뜻하는 4를 반환하는지를 확인합니다. 이 비교가 True라면 elif 아래에 들여 쓴 코드를 실행합니다.

지금까지 살펴본 if, elif, else 등을 정리해 봅시다.

- 조건을 비교하는 코드를 작성할 때는 항상 if문으로 시작합니다.
- 조건을 추가할 때는 elif를 사용합니다. elif는 선택이므로 전혀 없을 수도 있고 필요한 만큼 여러 개를 사용할 수도 있습니다.
- if나 elif 모두 True가 아닐 때 실행할 코드가 있다면 else를 사용합니다. else 역시 선택이므로 사용하지 않아도 됩니다. else는 조건 없이 써야 하며, 마지막에 단 한 번만 사용해야 합니다.

여러 조건을 한 번에 표현하는 in 사용하기

여기서는 여러 값을 대상으로 비교를 수행하는 방법을 잠시 살펴봅니다. 먼저 if문을 봅시다.

```
if today.weekday() == 5 or today.weekday() == 6:
```

이 if문은 두 조건을 비교하며 어느 한 가지 조건이 True라면 전체 if문은 True가 됩니다. 이 두 조건에서는 두 값을 하나의 조건과 비교합니다. 첫 번째는 today.weekday()가 5인지를, 두 번째는 today.weekday()가 6인지를 비교합니다.

두 조건 모두 today.weekday()와 비교하므로 더 간단한 방식으로 작성할 수도 있습니다. 다음 코드를 봅시다.

```
if today.weekday() in [5, 6]:
```

3장에서 여러 개의 요소로 이루어진 리스트를 만드는 [ ]를 살펴보았습니다. 여기서는 5와 6 두 값으로 이루어진 리스트를 만들었습니다. 이처럼 파이썬에서는 in 연산자를 이용하여 특별한 비교를 수행하고 리스트 안에 원하는 값이 있다면 if문은 True를 반환합니다. 그러므로 today.weekday()가 5 또는 6이고 이 값이 리스트에 있다면 True를 반환합니다. 이와 달리 today.weekday()의 값이 리스트에 없다면 if문은 False를 반환합니다. 깔끔하죠? 테스트 해 보고 싶다면 in을 이용하여 if문을 수정해 보기 바랍니다. 두 방법은 모두 똑같은 작업을 수행합니다. 그러므로 in이든 or이든 원하는 대로 사용하면 됩니다. 단지 취향 문제니까요.

🎯 04-3

날짜 계산 프로그램 만들기

이것으로 생일을 묻고 태어난 요일이 무엇인지를 답하는 프로그램을 만드는 데 필요한 모든 내용을 배웠습니다.

숫자 입력 다루기

코딩을 하기 전에 한 가지 짚고 넘어갈 내용이 있습니다. 다음 코드를 보세요.

```
year = input("태어난 해는 언제인가요? ")
```

이 코드가 무엇인지는 잘 알 겁니다. 사용자에게 입력을 요청하고 이를 year라는 변수에 저장하는 코드입니다. 그런데 문제가 있습니다. 3장에서 살펴보았듯이 문자열과 숫자는 다릅니다. 그런데 input()은 항상 문자열을 반환합니다. 예를 들어 사용자가 연도로 2011을 입력한다면 year 변수에는 문자열 "2011"을 저장하지만, datetime에는 문자열이 아닌 숫자가 필요하므로 숫자 2011이 되어야 합니다.

자료형과 변환 방법 등은 앞으로도 계속 살펴봅니다. 여기서는 int()라는 편리한 함수가 있다는 것만 기억합시다. 이 함수에 숫자로 만들어진 문자열을 전달하면 숫자로 바꾸어 반환합니다. 다음 코드는 year 변수에 문자열 "2011"을 저장합니다.

```
year = "2011"
```

다음 코드는 어떨까요?

```
year = int("2011")
```

이 코드는 문자열 "2011"을 숫자로 변환한 다음, 숫자 2011을 year 변수에 저장합니다.

준비한 코드 조립하기

앞서 배운 내용을 바탕으로 Birthday1.py라는 이름으로 새로운 파일을 만들고 다음과 같이
프로그램을 작성합시다.

```python
# 라이브러리 불러오기
import datetime

# 사용자 입력 얻기
year = input("태어난 해는 언제인가요?")
year = int(year)
month = input("태어난 달은 언제인가요?")
month = int(month)
day = input("태어난 날은 언제인가요?")
day = int(day)

# 날짜 만들기
bday = datetime.datetime(year, month, day)

# 결과 출력하기
if bday.weekday() == 6:
    print("태어난 날은 일요일이군요.")
elif bday.weekday() == 0:
    print("태어난 날은 월요일이군요.")
elif bday.weekday() == 1:
    print("태어난 날은 화요일이군요.")
elif bday.weekday() == 2:
    print("태어난 날은 수요일이군요.")
elif bday.weekday() == 3:
    print("태어난 날은 목요일이군요.")
elif bday.weekday() == 4:
    print("태어난 날은 금요일이군요.")
elif bday.weekday() == 5:
    print("태어난 날은 토요일이군요.")
```

실행하면 년, 월, 일을 묻는 프롬프트가 나타나는데, 이곳에 요일을 알고 싶은 날짜를 입력하면 그 결과를 알려 줍니다. 어떻게 작동하는 걸까요? datetime이라는 라이브러리를 불러옵니다. 그리고 사용자에게 년, 월, 일을 묻습니다. 다음 두 줄을 살펴봅시다.

```
year = input("태어난 해는 언제인가요?")
year = int(year)
```

첫 번째 줄은 input() 함수로, 사용자가 입력한 내용을 문자열로 year 변수에 저장합니다. 두 번째 줄은 int() 함수를 이용하여 이 문자열을 숫자로 변환하고 이를 같은 변수에 저장합니다. 즉, 숫자 연도로 덮어씁니다. 다음과 같이 한 줄로 작성할 수도 있습니다.

```
year = int(input("태어난 해는 언제인가요?"))
```

int() 함수로 input() 함수 전체를 감싸면 input()으로 입력받은 내용을 변환한 뒤 변수에 저장합니다. 두 함수를 따로 실행할 때와 결과는 마찬가지입니다. 앞서 살펴본 코드를 응용하여 입력한 생년월일을 저장하여 날짜 형식 데이터로 만듭니다.

```
today = datetime.datetime.now()
```

여기서는 today 변수 대신 bday 변수를 사용하여 날짜 형식 데이터를 저장합니다. now() 대신 다음과 같이 년, 월, 일을 datetime() 함수에 전달하면 됩니다.

```
bday = datetime.datetime(year, month, day)
```

이렇게 하면 bday 변수에는 날짜 형식 데이터가 저장됩니다. 그리고 if문과 elif문을 다음과 같이 사용합니다.

```
if bday.weekday() == 6:
    print("태어난 날은 일요일이군요.")
elif bday.weekday() == 0:
    print("태어난 날은 월요일이군요.")
elif bday.weekday() == 1:
    print("태어난 날은 화요일이군요.")
```

일요일을 확인하는 if문부터 시작하여 차례대로 다른 요일을 확인하는 elif문을 거칩니다.

내용은 어렵지 않으므로 나머지 코드 설명은 생략합니다.

알아 두면 좋아요!

else는 언제 쓰나요?

이 코드에는 else가 없습니다. 왜 그럴까요? 요일에는 모두 7가지가 있으며 weekday() 함수는 이 모든 값을 반환합니다. 그리고 if문과 elif문에서 이 모두를 확인합니다. 그러므로 else를 포함한다 한들 실행할 기회가 없으므로 굳이 넣을 필요가 없는 거죠. else는 선택이라는 점, 꼭 기억하세요.

다른 방법으로 해결하기

마지막으로 한 가지 더 생각해 봅시다. 앞에서 if와 각각의 elif 아래에 print() 함수를 모두 7번 사용했습니다. 이때 print() 함수를 1번만 사용하고 싶다면, 그리고 똑같은 출력 문자열을 반복하고 싶지 않다면 if문 전체를 다음 코드로 교체하면 됩니다.

Do it! 코딩해 보세요 파일 이름: 04/Birthday2.py

```
(... 생략 ...)
# 요일 계산하기
if bday.weekday() == 6:
    dow = "일"
elif bday.weekday() == 0:
    dow = "월"
elif bday.weekday() == 1:
    dow = "화"
elif bday.weekday() == 2:
    dow = "수"
elif bday.weekday() == 3:
    dow = "목"
elif bday.weekday() == 4:
    dow = "금"
elif bday.weekday() == 5:
    dow = "토"

# 결과 출력하기
print("태어난 날은", dow, "요일이군요.")
```

이 버전의 **if**문은 아무것도 출력하지 않습니다. 그 대신 **dow**라는 변수에 요일을 저장하고 마지막에 하나의 **print()** 함수를 이용하여 이를 출력합니다. 이처럼 같은 결과라도 코드 작성 방법은 다양합니다.

📋 dow는 day of week의 머리글자입니다.

알아 두면 좋아요!

print() 함수가 출력하는 공백을 없애고 싶어요

print() 함수는 인수 사이에 공백을 추가하므로 두 개의 인수를 지정한 print("벤", "포터")는 벤 포터를 출력합니다. 이와 달리 + 연산자로 문자열을 연결하여 하나의 인수로 전달한 print("벤" + "포터")는 공백 없이 **벤포터**를 출력합니다. 문자열 연결은 08-2절에서 좀 더 알아봅니다.

05장
가위! 바위! 보! 게임 만들기

4장에서는 if문을 활용한 프로그램을 만들어 보았습니다. 이는 무척 중요한 주제로, if문 없이 코드를 작성하기란 어렵습니다. 5장에서도 if문을 사용한 다양한 예제를 따라 해 보고 가위바위보 게임을 만들며 좀 더 살펴보겠습니다.

◉ 05-1
다양한 문자열 출력하기

지금까지 여러 가지 문자열을 사용했습니다. 다시 한번 설명하자면, 문자열은 단순한 텍스트 덩어리입니다. 다음 코드는 이제 익숙할 겁니다.

```
name = "Ben"
print(name)
```

이 예제에서 name은 변수, 특히 문자열 변수입니다. 앞 장에서 datetime과 같은 클래스를 보았으므로 여기서 한 가지 비밀을 알려 드릴게요. 바로 name 문자열 역시 str 클래스라는 사실입니다. 그러므로 다음 코드를 실행할 수 있습니다.

```
name = "Ben"
print(type(name))
```

이 코드를 실행하면 name 변수가 str 자료형이라는 것을 알 수 있는데, 파이썬에서는 이를 **문자열 클래스**라고 합니다. 그리고 여러분도 알듯이 클래스에는 사용할 수 있는 메서드, 즉 함수가 있습니다.

재미있는 실험을 하나 해볼까요? **StringTest.py**라는 이름으로 파일을 만들고 다음 코드를 입력합니다.

Do it! 코딩해 보세요　　　　　　　　　　　　🏛 파일 이름: 05/StringTest.py

```
name = "Ben"
name = name
print(name)
```

가운데 코드는 필요 없어 보입니다. name 변수에 현재 name 변숫값을 대입할 뿐이니까요. 이번에는 두 번째 name 뒤에 마침표(.)를 입력해 보세요. 그러면 VS 코드는 다음처럼 팝업을 표시합니다.

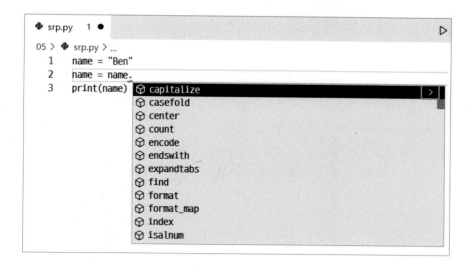

name은 실제로는 **str** 클래스인 문자열입니다. 그러므로 마침표를 입력하면 VS 코드는 사용할 수 있는 메서드를 모두 표시합니다. 화살표 키를 이용해 메서드를 고른 다음, 마우스 포인터를 올렸을 때 표시되는 오른쪽 화살표 아이콘 ▶을 클릭하면 해당 메서드의 도움말을 볼 수 있습니다.

> 📖 메서드는 클래스 안에 있는 함수라는 사실을 기억하세요.

몇 가지 살펴볼 텐데, 먼저 가운데 줄을 다음과 같이 수정해 봅니다.

```python
name = name.upper()
```

실행하면 name 변수에 저장한 값이 대문자로 변합니다. 이것이 바로 **upper()** 함수의 역할입니다. 소문자로 바꾸는 **lower()** 함수와 문자열 앞뒤의 불필요한 공백을 없애는 **strip()** 함수도 무척 편리합니다. 예를 들어 문자열을 모두 대문자로 바꾸고 불필요한 앞뒤 공백을 없애려면 다음처럼 upper() 함수와 strip() 함수를 이용합니다.

```python
name = " Ben "
name = name.upper()
name = name.strip()
print(name)
```

여기서 이름은 앞뒤 공백과 함께 " Ben "으로 시작하지만, 다음 줄에서 공백을 포함한 대문자 BEN으로 바꾸고 그다음 줄에서는 앞뒤 공백을 모두 없앱니다.

문자열 공백 없애기

불필요한 공백을 없애는 함수는 다음 3가지입니다.

- rstrip() 함수: 오른쪽, 즉 문자열 뒤에 있는 불필요한 공백을 없앱니다.
- lstrip() 함수: 왼쪽, 즉 문자열 앞에 있는 불필요한 공백을 없앱니다.
- strip() 함수: rstrip()과 lstrip() 함수를 합친 것으로, 앞뒤 공백을 모두 없앱니다.

파이썬에서는 이런 함수를 여러 개 거듭하여 사용할 수 있습니다. 다음은 앞서 본 코드와 똑같은 기능을 하지만 한 줄에 함수를 2개 사용했다는 점에 차이가 있습니다. 이번 장에서 만들 게임에는 이런 방식으로 함수를 사용합니다.

```python
name = " Ben "
name = name.upper().strip()
print(name)
```

05-2
가위바위보 게임 프로그래밍하기

if문을 사용해서 가위바위보 게임을 만들어 봅시다. 여러분이 가위, 바위, 보 가운데 하나를 고르면 컴퓨터의 선택과 비교하여 누가 이기거나 비겼는지 알려 주는 게임입니다.

사용자 입력 다루기

이번에는 조금 다르게 접근해 봅시다. 한 번에 모든 것을 다 만드는 것이 아니라 우선 뼈대를 만들고 나서 지금까지 배운 기능을 하나씩 추가하는 방식으로 진행합니다. 먼저 srp.py라는 이름으로 파일을 만들고 출발점이 되는 다음 코드를 입력합니다.

> srp는 scissors(가위), rock(바위), paper(보)의 머리글자입니다.

> **Do it! 코딩해 보세요**　　　　　　　　　　📄 파일 이름: 05/srp.py

```python
# 라이브러리 불러오기
import random

# 컴퓨터가 하나 고르기
cChoice = random.choice("SRP")

# 사용자 선택 얻기
print("가위, 바위, 보?")
uChoice = input("S(가위), R(바위), P(보) 중 하나를 고르세요: ")

# 테스트하기
print("여러분: ", uChoice)
print("컴퓨터: ", cChoice)
```

이 코드를 실행하면 S, R, P 가운데 하나를 입력하라는 프롬프트가 나타나고, 입력하면 여러분이 선택한 것과 컴퓨터가 선택한 것을 출력합니다. 코드는 3장과 마찬가지로 random 라이브러리로 시작하며 choice() 함수를 이용하여 S, R, P 가운데 하나를 고릅니다. 그런 다음, input() 함수를 이용하여 사용자가 S, R, P 가운데 하나를 입력하도록 합니다. 이렇게 컴퓨터의 선택(무작위 선택)과 사용자의 선택을 정합니다.

> 🖥 코드에서 u는 user, c는 computer의 머리글자를 뜻합니다.

테스트하기 주석으로 시작하는 마지막 몇 줄은 테스트하려고 임시로 작성한 것입니다. 기능을 추가하기 전에 이 부분을 이용하여 지금까지 작성한 코드를 테스트합니다. 제대로 작동하면 테스트 코드는 삭제합시다.

알아 두면 좋아요!

전문 프로그래머처럼 작업한 코드 테스트하기
작성한 코드는 단계별로 테스트하는 것이 좋습니다. 대상으로 하는 코드의 양이 적을수록 문제점을 발견하기가 쉽기 때문입니다. 그리고 제대로 작동한다면 다음 단계로 넘어갑니다. 이는 전문 프로그래머가 사용하는 방식이기도 합니다.

S(가위), R(바위), P(보) 중에 if문에서 사용할 글자 하나를 골라야 합니다. 이때 소문자로 입력하거나 앞뒤에 공백이 있다면 어떻게 될까요? 아마도 혼란스러울 겁니다. 여러분은 이를 예방하는 방법을 이미 압니다. 바로 input() 함수 뒤에 다음 줄을 추가하면 됩니다.

```
uChoice = uChoice.upper().strip()
```

또는 input() 함수를 다음처럼 수정해도 됩니다. 파이썬에서는 함수를 여러 개 거듭해서 사용할 수 있으니까요.

```
uChoice = input("S(가위), R(바위), P(보) 중 하나를 고르세요: ").upper().strip()
```

결과는 마찬가지입니다. uChoice에는 불필요한 앞뒤 공백을 제거한 대문자만 저장합니다. 코드를 다시 테스트해 봅시다. 제대로 작동하는지 대문자 또는 소문자를 입력하고 공백을 추가해 보세요. 올바르게 실행된다면 # 테스트하기 주석 아래는 삭제합니다.

선택 비교하기

그러면 if문을 이용하여 누가 게임에서 이겼는지 확인합시다. 파일 마지막 부분에 다음 코드를 추가합니다.

Do it! 코딩해 보세요 파일 이름: 05/srp.py

```python
(... 생략 ...)
# 선택 비교하기
if cChoice == uChoice:
    print("무승부입니다!")
elif uChoice == "R" and cChoice == "P":
    print("여러분이 고른 것은 바위(R), 컴퓨터가 고른 것은 보(P). "
        "여러분이 졌네요.")
elif uChoice == "P" and cChoice == "R":
    print("여러분이 고른 것은 보(P), 컴퓨터가 고른 것은 바위(R). "
        "여러분이 이겼네요.")
elif uChoice == "R" and cChoice == "S":
    print("여러분이 고른 것은 바위(R), 컴퓨터가 고른 것은 가위(S). "
        "여러분이 이겼네요.")
elif uChoice == "S" and cChoice == "R":
    print("여러분이 고른 것은 가위(S), 컴퓨터가 고른 것은 바위(R). "
        "여러분이 졌네요.")
elif uChoice == "P" and cChoice == "S":
    print("여러분이 고른 것은 보(P), 컴퓨터가 고른 것은 가위(S). "
        "여러분이 졌네요.")
elif uChoice == "S" and cChoice == "P":
    print("여러분이 고른 것은 가위(S), 컴퓨터가 고른 것은 보(P). "
        "여러분이 이겼네요.")
else:
    print("게임 설명을 또 듣는 일은 지겨울 겁니다. 그렇죠?")
```

게임을 할 때마다 여러분과 컴퓨터가 선택한 것을 비교하고 누가 이겼는지 졌는지를 표시합니다. 어렵지 않은 코드이지만 잠시 살펴봅시다.

첫 번째 if문은 사용자의 선택(uChoice 변수)과 컴퓨터의 선택(cChoice)이 같은지를 비교합니다. 같다면 무승부입니다. 그다음 6개 elif문은 가능한 모든 선택 조합을 확인합니다. 여기서는 or가 아니라 and 조건이라는 점에 주의하세요. elif는 양쪽 선택을 동시에 비교해야 하기 때문입니다.

마지막으로 else문입니다. 모든 if나 elif 비교가 False일 때만 실행합니다. 이런 일이 일어나는 유일한 상황은 사용자가 S, R, P 이외의 문자를 입력했을 때로, 이때는 다음처럼 메시지를 출력합니다.

```
가위, 바위, 보?
S(가위), R(바위), P(보) 중 하나를 고르세요: Z
게임 설명을 또 듣는 일은 지겨울 겁니다. 그렇죠?
PS D:\Python>
```

알아 두면
좋아요!

사용자는 지시를 따르지 않습니다!

이번 예제 코드에서는 사용자에게 S, R, P 가운데 하나를 입력하라고 요청하고, else문을 추가하여 사용자가 S, R, P 외의 값을 입력했을 때만 이를 실행하도록 했습니다. 아주 바람직한 생각입니다. 사용자는 지시를 잘 따르려고 하지 않기 때문입니다. 그러므로 프로그래머는 사용자의 특성을 염두에 두고 다양한 상황을 가정하고 대처할 수 있도록 코드를 작성해야 합니다. 이렇게 하면 사용자 오류 때문에 코드가 오작동할 염려는 줄어듭니다.

게임에 치트 키 넣기

게임 만들기는 이로써 끝입니다. 플레이할 때마다 이길 확률, 질 확률, 비길 확률은 똑같습니다. 주위에 아무도 없다면 잠시 악당이 되어 코드를 수정해 봅시다. 프로그래머인 여러분에게는 이 게임을 원하는 대로 만들 권한이 있으니까요.

> 이번 예제는 가위바위보 게임에 약간의 재미를 더하는 방법을 설명하는 데 목적이 있습니다.

이름을 묻는 것부터 시작합시다. 라이브러리를 불러온 다음, 컴퓨터가 선택하기 전에 다음 코드를 추가합니다.

```
# 사용자에게 이름 묻기
name = input("이름이 무엇인가요?: ")
```

그리고 사용자가 선택을 입력하기 전에 다음 줄을 추가합니다.

```
print("반갑습니다, ",name, " 님. 그럼 저와 가위바위보 게임을 할까요? ")
```

이제 게임을 실행할 때마다 사용자의 이름을 묻고 이름과 함께 인사말을 출력합니다. 사용자의 이름을 표시하는 친절한 게임을 완성했습니다. 정말 '친절한' 게임일까요?

이제 코드는 사용자가 누구인지를 알므로 사용자가 입력한 내용에 따라 컴퓨터의 선택을 조정할 수 있습니다. 선택을 기다리는 input() 함수 다음, 그리고 # 선택 비교하기 전에 다음 코드를 추가하세요.

Do it! 코딩해 보세요　　　　　　　　　　　　　　　📁 파일 이름: 05/srp.py

```
(... 생략 ...)
# 일급비밀 코드
if name == "Ben":
    if uChoice == "R":
        cChoice = "S"
    elif uChoice == "P":
        cChoice = "R"
    elif uChoice == "S":
        cChoice = "P"
(... 생략 ...)
```

이제 이 게임은 여러분 편입니다. 이름을 물을 때 Ben이라 입력하면 플레이할 때마다 항상 여러분이 이깁니다. 물론 다른 사람은 이전과 마찬가지로 1/3 확률이죠.

그럼 추가한 코드는 도대체 어떤 일을 할까요? 먼저 if문을 이용하여 여러분이 누구인지를 확인합니다. 입력한 이름이 name 변수에 저장한 것과 같다면 그 아래 들여 쓴 코드를 실행합니다. 그렇지 않다면 이 코드는 건너뜁니다. 들여 쓴 부분이 재미있습니다. 이는 첫 번째 if문 아래에 또 하나의 if문이 있는 형태입니다. 이처럼 if문 안에 if문이 있을 때 이를 **중첩 if문**이라고 합니다.

if문과 elif문은 사용자가 입력한 선택(uChoice)을 확인한 다음, 컴퓨터의 선택(cChoice)을 조작하여 항상 컴퓨터가 지고 여러분이 이기도록 합니다. 일종의 치트 키라 할 수 있죠. 프로그램은 항상 무작위로 선택하지만 여러분이 이길 수 있도록 이를 덮어쓰는 것입니다. 가족이나 친구와 함께 이 게임을 즐겨 보면 여러분의 운에 다들 놀랄 겁니다.

> 치트 키(cheat key)란 게임을 유리하게 하려고 만든 문장이나 프로그램을 말합니다.

🕹 용어 익히기

중첩 if문 안에 if문이 있을 때 이를 **중첩**(nested)이라고 합니다. 러시아 인형 마트료시카와 닮았네요. 앞으로 이런 중첩 구조를 자주 볼 겁니다.

도전해 보세요

나만의 치트 키를 만들어 보세요

⌨ Challenge 5.1.py

단순하게 이름만 넣는 치트 키는 다른 사람들에게 들킬 수 있어요. 여러분만의 독특한 치트 키를 만들어 보세요. 예를 들어, 대문자 S 대신 $를 넣은 이름으로 나만의 치트 키를 만들어 보는 것은 어떨까요? 이처럼 다양한 방법을 생각해 보고 # 일급비밀 코드의 if문을 수정하고 실행해 보세요.

📇 06장
비밀 코드 풀기

이번 장에서는 루프를 살펴봅니다. 프로그래밍에서 루프란 조건이 만족될 때까지 반복하여 실행하는 명령 집합을 말합니다. 여기서는 for문을 활용하여 리스트의 요소를 반복하는 방법을 배워봅니다.

◎ 06-1
리스트란?

루프는 매우 중요합니다. 그러므로 지금부터 여러 장에 걸쳐 다양한 형태의 루프와 이를 올바르게 사용하는 방법을 알아봅니다. 루프를 살펴보기 전에 03-1절에서 살펴본 리스트 자료형을 한 번 더 살펴봅시다. 📖 루프와 리스트의 관계는 06-2절에서 설명합니다.

```
choices = ["앞면", "뒷면"]
```

앞서 설명한 대로 보통 변수에는 값을 하나만 저장합니다. 이와 달리 리스트 변수는 값을 0개 이상 여러 개 저장할 수 있는 특별한 자료형입니다. 3장에서 등장한 이 코드는 choices라는 변수에 **앞면** 문자열과 **뒷면** 문자열 요소 2개를 저장했습니다.

리스트 만들기

파이썬에서는 리스트를 어떻게 만들까요? 먼저 변수를 만들고 변수에 저장할 값을 대괄호 [와]로 감싸면 됩니다. 다음 코드는 빈 리스트를 만듭니다.

```
animals = []
```

animals는 리스트 변수이지만 지금은 비었습니다. 다음 코드는 5개의 요소로 이루어진 리스트를 만듭니다.

```
animals = ["개", "개미", "고양이", "박쥐", "장어"]
```

알아두면 좋아요! 리스트에는 어떤 것이든 담을 수 있어요

3장에서 만든 리스트는 문자열 리스트였습니다. 그리고 이해하기 쉽도록 여기서도 문자열 리스트를 사용할 것입니다. 그러나 파이썬의 리스트는 훨씬 더 강력하고 유연합니다. 여기에는 숫자, 날짜, 심지어 리스트까지 모든 것을 담을 수 있습니다.

리스트로 이루어진 리스트를 만드는 방법은 14-2절에서 살펴봅니다.

리스트 요소는 대괄호로 감싸고 쉼표로 구분해야 합니다. 한번 만들어 볼까요? List1.py 라는 이름으로 파일을 만들고 다음 코드를 입력합니다.

Do it! 코딩해 보세요 📁 파일 이름: 06/List1.py

```
# 리스트 만들기
animals = []
# 요소의 개수 묻기
print(len(animals), "종류의 동물이 리스트에 있습니다.")
(... 생략 ...)
```

실행하면 터미널 창에 0을 출력합니다. 코드를 살펴봅시다. animal = []은 빈 리스트를 만듭니다. print() 함수는 리스트에 포함된 요소의 개수를 출력합니다. 이때 len() 함수를 이용합니다. len() 함수는 숫자 요소로 이루어진 리스트와 같이 전달한 인수에 요소가 몇 개 있는지를 반환합니다. 그러므로 len(animals)는 animals 리스트에 있는 요소의 개수를 반환합니다. 여기서는 빈 리스트이므로 0을 반환합니다.

알아두면 좋아요!

len() 함수

여기서는 리스트에 요소가 몇 개 있는지를 확인하려고 len() 함수를 사용했습니다. len() 함수는 리스트 외에 길이를 알고자 하는 다양한 곳에도 사용할 수 있습니다. 흔히 문자열의 길이를 알고 싶을 때 len() 함수를 사용합니다. 예를 들어 len("hello")는 5를 반환합니다.

len() 함수와 인덱스값

len() 함수가 반환하는 값과 요소를 가리키는 번호인 인덱스값을 혼동해서는 안 됩니다. 앞서 살펴본 대로 파이썬은 0부터 세므로 요소가 5개로 이루어진 리스트의 인덱스는 0부터 4까지입니다. 이와 달리 len()은 요소 개수 5를 반환합니다.

코드를 다음과 같이 수정해 봅시다. 리스트에 원하는 요소를 넣어봅시다. 여기서는 개, 개미, 고양이, 박쥐, 장어를 입력했습니다.

Do it! 코딩해 보세요 📁 파일 이름: 06/List1.py

```
(... 생략 ...)
# 리스트 만들기
animals = ["개", "개미", "고양이", "박쥐", "장어"]
# 요소의 개수 묻기
print(len(animals), "종류의 동물이 리스트에 있습니다.")
```

출력 결과 동물 5마리가 든 리스트임을 알 수 있습니다.

리스트를 초기화하려면?

먼저 빈 리스트를 지정하여 초기화할 수 있습니다.

```
animals = []
```

다른 자료형과 마찬가지로 리스트 역시 list라는 클래스이므로 내부에서 list()라는 함수를
이용합니다. 즉, 똑같은 내용을 직접 수행하므로 다음과 같이 빈 리스트를 만들어도 됩니다.

```
animals = list()
```

리스트 요소에 접근하기

앞서 살펴본 동물 목록과 같이 여러 가지 요소를 저장하는 것이 리스트의 목적입니다. 그리고
이를 사용하려면 저장된 요소에 접근할 수 있어야 합니다. 그러려면 대괄호를 이용하여 요소
번호를 지정해야 합니다. List2.py라는 이름으로 파일을 만들고 다음 코드를 입력합시다.

Do it! 코딩해 보세요　　　　　　　　　　　　　　　　📄 파일 이름: 06/List2.py

```
# 리스트 만들기
animals = ["개", "개미", "고양이", "박쥐", "장어"]
# 리스트 요소 출력하기
print(animals[1])
```

실행하면 무슨 동물을 출력하나요? 리스트 요소의 위치를 **인덱스**라고 합니다. print() 함수
에서는 **개미**를 가리키도록 인덱스를 1로 지정했습니다. 이미 살펴본 바와 같이 0부터 세므로
개는 위치가 0이고 **개미**는 1이기 때문입니다.

🔖 용어 익히기

인덱스 리스트 등에서 요소의 위치를 가리키는 것이 **인덱스**(index)입니다. 덧붙여, 인덱스는 0부터 시작합
니다.

인덱스를 지정하는 다양한 방법

리스트에서 이어진 여러 개의 요소를 반환하려면 시작과 끝의 값을 콜론(:)으로 구분하여 범위를 지정하면 간단합니다. 다음은 :을 이용해 요소를 선택한 예제입니다.

```
print(animals[2:4])
```

이 코드는 인덱스 2인 **고양이**와 인덱스 3인 **박쥐**를 출력합니다. 끝 범위는 포함하지 않으므로 2:4는 2에서 시작하여 4 이전에 끝난다는 뜻입니다. 끝에서부터 셀 때는 빼기 기호인 -를 사용하여 다음과 같이 작성합니다.

```
print(animals[-1])
```

이 코드는 무엇을 출력할까요? -1은 리스트의 끝 요소를, -2는 끝에서 두 번째 요소를 뜻합니다. 그러므로 이 코드는 리스트의 끝 요소인 **장어**를 출력합니다.

다양한 인덱스값으로 코드를 수정하고 실행해 보세요. 그리고 범위를 넘는 인덱스도 입력해 보세요. 이 예제에서 5 이상의 값을 사용하면 인덱스가 범위를 초과했다(`list index out of range`)는 메시지를 출력하는데, 이는 유효하지 않은 인덱스라는 뜻입니다.

리스트 요소 바꾸기

인덱스를 이용하면 리스트의 특정 요소를 가리킬 수 있다는 것을 배웠습니다. 리스트에서 요소를 가져올 때뿐 아니라 요소를 바꿀 때에도 같은 문법을 사용할 수 있습니다.

List3.py라는 이름으로 파일을 만들고 다음 코드를 입력합니다.

Do it! 코딩해 보세요　　　　　　　　　　　　　　　　　　　　📋 파일 이름: 06/List3.py

```
# 리스트 만들기
animals = ["개", "개미", "고양이", "박쥐", "장어"]
# 리스트 출력하기
print(animals)
# 요소 2 바꾸기
animals[2] = "암소"        세 번째 요소인 고양이를 암소로 바꿉니다.
# 리스트 출력하기
print(animals)
```

실행하면 리스트에 있는 동물을 2번 출력합니다. 첫 번째는 입력한 순서대로, 두 번째는 **고양이를 암소**로 바꾼 리스트를 출력합니다.

```
문제   출력   터미널   JUPYTER   디버그 콘솔              ▷ Python  ＋ ∨  ⬜  🗑  ∧  ✕

Windows PowerShell
Copyright (C) Microsoft Corporation. All rights reserved.

새로운 기능 및 개선 사항에 대 한 최신 PowerShell을 설치 하세요! https://aka.ms/PSWindows

PS D:\Python> & C:/Users/cat/AppData/Local/Programs/python/python310/python.exe d:/Python/06/List
3.py
['개', '개미', '고양이', '박쥐', '장어']
['개', '개미', '암소', '박쥐', '장어']
PS D:\Python> █
```

다음 코드는 리스트의 세 번째 요소인 고양이를 찾아서 **암소**로 바꿉니다. 리스트는 0부터 시작하므로 2는 세 번째 요소를 뜻하기 때문입니다.

```python
animals[2] = "암소"
```

요소 추가하고 삭제하기

지금까지 살펴본 모든 리스트는 변수를 초기화할 때 미리 값을 입력했습니다. 그럼 값을 추가하거나 삭제할 때는 어떻게 할까요? 먼저 요소를 추가해 봅시다. 다음은 List4.py에 작성한 코드입니다.

> **Do it! 코딩해 보세요**　　　　　　　　　　　　　📰 파일 이름: 06/List4.py
>
> ```python
> # 리스트 만들기
> animals = ["개", "개미", "고양이", "박쥐", "장어"]
> # 리스트의 크기는?
> print(len(animals), "종류의 동물이 리스트에 있습니다.")
> # 아이템 추가하기
> animals.append("여우")     여우를 마지막 요소로 추가합니다.
> # 지금 리스트의 크기는?
> print(len(animals), "종류의 동물이 리스트에 있습니다.")
> ```

실행하면 앞의 리스트는 5개의 요소로, 뒤의 리스트는 6개의 요소로 구성된다는 것을 알 수 있습니다. 그 이유는 무엇일까요? animals 변수는 5종류의 동물로 시작하므로 print() 함수 안에 있는 len() 함수는 5를 반환하기 때문입니다.

append() 함수는 리스트 끝에 요소를 추가합니다.

```
animals.append("여우")
```

이렇게 하면 6종류의 동물이 되므로 두 번째 print() 함수의 len() 함수는 6을 반환합니다.

알아두면 좋아요!

리스트 합치기

리스트에 요소를 여러 개 추가하려면 append() 함수를 여러 번 사용하면 됩니다. 또는 extend() 함수를 이용하여 다음과 같이 리스트를 합쳐도 됩니다.

```
list2 = ["염소", "이구아나", "하마"]
animals.extend(list2)
```

두 번째 리스트인 list2를 만들고 extend() 함수를 이용하여 list2의 모든 요소를 animals 마지막에 추가합니다. 리스트를 합치는 방법은 여러 가지이므로 어떤 게 가장 알맞은지 직접 해보고 고르면 됩니다(+ 연산자, map() 함수 등).

이번에는 리스트에서 요소를 삭제하는 방법을 알아봅시다. pop() 함수와 remove() 함수를 사용하면 됩니다. 삭제할 요소의 인덱스를 안다면 pop() 함수를 사용합니다.

```
animals.pop(5)
```

요소의 값을 이용해 삭제할 때는 remove() 함수를 사용합니다.

```
animals.remove("여우")
```

요소 찾기

찾고자 하는 값(요소)이 리스트에 있는지 확인하려면 어떻게 할까요? 몇 가지 방법이 있습니다. 먼저 위치에 상관없이 값이 있는지만 알고 싶다면 간단하게 if문을 이용합니다. List5. py라는 이름으로 파일을 만들고 다음 코드를 입력합니다.

```python
# 리스트 만들기
animals = ["개", "개미", "고양이", "박쥐", "여우", "장어"]
# 리스트에 "염소"가 있는지?
if "염소" in animals:
    # 있을 때
    print("예, 리스트에 염소가 있습니다.")
else:
    # 없을 때
    print("아니요, 리스트에 염소는 없습니다.")
```

실행하면 **아니요, 리스트에 염소는 없습니다.**라는 메시지를 출력합니다. 두 번째 줄 animals 리스트에 **"염소"**를 추가하고 다시 실행하면 이번에는 **예, 리스트에 염소가 있습니다.**라는 메시지를 출력합니다. 앞 장에서는 if문이 여러 개였지만, 이번 if문에서는 in 연산자를 사용했습니다. 단어 뜻 그대로 왼쪽에 있는 값을 리스트 안에서 발견하면 **True**를 반환하고 그렇지 않다면 **False**를 반환합니다.

찾고자 하는 값이 리스트 어디에 있는지 알고 싶다면 index() 함수를 사용합니다. 6번째 줄을 다음처럼 수정해 보겠습니다.

```python
# 리스트 만들기
animals = ["개미", "개", "고양이", "박쥐", "여우", "염소", "장어"]
# 리스트에 "염소"가 있는지?                        추가한 요소
if "염소" in animals:
    # 있을 때                            수정한 부분
    print("예, 리스트에 염소가 있습니다.", animals.index("염소"))
else:
    # 없을 때
    print("아니요, 리스트에 염소는 없습니다.")
```

animals에 **염소**가 없다면 앞서 본 것처럼 없다는 메시지를 출력합니다. animals에 **염소**가 있다면 리스트 어디에 있는지를 알려 줍니다. animals.index("**염소**")가 **염소**의 인덱스를 반환하기 때문입니다.

```
문제   출력   터미널   JUPYTER   디버그 콘솔          ▷ Python  ＋ ∨  ▯  🗑  ∧  ✕

Windows PowerShell
Copyright (C) Microsoft Corporation. All rights reserved.

새로운 기능 및 개선 사항에 대 한 최신 PowerShell을 설치 하세요! https://aka.ms/PSWindows

PS D:\Python> & C:/Users/cat/AppData/Local/Programs/python/python310/python.exe d:/Python/0
6/List5.py
예, 리스트에 염소가 있습니다. 5
PS D:\Python> █
```

요소 정렬하기

리스트에는 정해진 순서가 없습니다. 요소를 추가한 순서대로 저장하고 출력할 뿐입니다. 이 장에서 사용한 모든 리스트는 가나다순으로 정렬한 값을 사용했습니다. 물론 꼭 이렇게 할 필요는 없습니다. 단지 코드를 읽고 작성하기 쉽도록 요소를 미리 정렬한 것입니다.

리스트의 요소를 가나다순으로 정렬하는 방법을 알아봅시다. 물론 동물 이름을 처음부터 가나다순으로 입력하면 아무 문제가 없을 것입니다. 여기에서는 리스트를 **하드 코딩**하지 않고 사용자가 동물 이름을 직접 입력하는 작업을 끝낸 상태에서 정렬해야 한다면 어떻게 해야 할지 알아보겠습니다.

📖 하드 코딩은 07-2절에서도 설명합니다.

> 🎍 **용어 익히기**
>
> **하드 코딩** 코드 안에 변숫값(숫자, 문자열, 날짜 등)을 직접 입력하는 것을 **하드 코딩**(hard coding)이라고 합니다. 정해진 변숫값을 쓰는 하드 코딩은 원칙적으로 사용하지 않는 것이 바람직합니다.

List6.py 파일을 만들고 다음처럼 코드를 입력합니다. 동물은 원하는 만큼 추가해도 되며 많을수록 좋습니다.

```
# 리스트 만들기
animals = ["이구아나", "개", "박쥐", "장어", "염소", "개미", "고양이"]
# 리스트 출력하기
print(animals)
# 리스트 정렬하기
animals.sort()      정렬 담당
# 리스트 출력하기
print(animals)
```

실행하면 전체 리스트를 2번 출력합니다. 첫 번째는 입력한 순서대로, 두 번째는 가나다순으로 정렬한 리스트를 출력합니다. 다음 코드가 실제 정렬을 담당했습니다.

```
animals.sort()
```

sort()는 리스트를 정렬하는 함수입니다. 기본값은 가나다순이지만 sort(reverse = True)로 하면 역순으로 정렬할 수도 있습니다. 지금까지 설명한 내용과 루프와의 관계는 다음 장에서 알아봅니다.

알아 두면 좋아요!

같은 자료형만 정렬할 수 있어요

앞서 살펴본 것처럼 문자열 리스트는 정렬할 수 있습니다. 그리고 다음 숫자 리스트도 정렬할 수 있습니다.

```
[98, 1, 65, 43, 1]
```

그러나 여러 가지 자료형이 섞인 리스트는 정렬할 수 없습니다. 예를 들어 다음 리스트를 정렬하면 어떻게 될까요? 파이썬은 무슨 기준으로 어떻게 정렬해야 할지를 모르므로 오류 메시지를 표시합니다.

```
[98, "자동차", 1, 65, "비행기", 43, 1, "배"]
```

그 밖에 알아 둘 count(), copy(), insert() 함수

앞서 살펴본 것처럼 len() 함수는 리스트의 요소가 몇 개인지를 알려 줍니다. 특정 요소가 몇 개인지 알고 싶다면 count() 함수를 사용합니다. 예를 들어 리스트에서 **염소**와 똑같은 요소가 몇 개 들어 있는지 알고 싶다면 animals.count("염소")라고 하면 됩니다.

리스트를 복사하려면 copy() 함수를 사용합니다. 그리고 리스트 가운데에 요소를 추가하고 싶을 때는 insert() 함수를 사용합니다. 이때 나머지 요소는 한 칸씩 뒤로 이동합니다. 실제 사용 예는 15-2절에서 알아봅니다.

리스트가 제공하는 함수는 실제 리스트를 변경합니다

리스트가 제공하는 함수에서 이상한 점 눈치챘나요? 앞서 사용했던 함수와는 다른 방식으로 움직인다는 점 말이죠. 다음 코드를 봅시다.

```
name = "Shmuel"
name.upper()
```

이 코드는 무엇을 뜻할까요? 바로 name이라는 변수를 만들고 이를 대문자로 변환하는 코드입니다. 그러나 upper() 함수는 name을 복사한 뒤 대문자로 변환하므로 name 자체는 바뀌지 않습니다. print(name)으로 결과를 출력하면 name은 바뀌지 않는다는 것을 알 수 있습니다. name 자체의 값을 대문자로 바꾸려면 다음처럼 upper() 함수가 반환한 내용을 name에 다시 덮어써야 합니다.

```
name = "Shmuel"
name = name.upper()
```

그러나 리스트가 제공하는 함수는 작동 방식이 다릅니다. 예를 들어 animals.append()는 animals에 직접 값을 추가합니다.

◎ 06-2
루프 안 루프 알아보기

파이썬은 파일 첫 줄에서 시작하여 주석은 무시하고 순서대로 한 줄씩 처리합니다. 4장에서 는 코드를 효과적으로 포함하거나 제외하는 if문을 배웠습니다.

코드 블록을 반복해서 실행하려면 어떻게 해야 할까요? 예를 들어 게임을 만든다면 정해진 곳 에 다다를 때까지 움직임을 반복해야 합니다. 또는 채팅이 끝날 때까지 사용자는 계속 메시지 나 사진을 보낼 수 있어야 합니다. 계산기 애플리케이션처럼 계산하기 버튼을 클릭하기 전까 지 숫자를 반복해서 입력할 수 있도록 해야 합니다.

이 모든 예에는 공통점이 하나 있습니다. 바로 처리를 완료할 때까지 같은 기능을 반복해야 한다는 점입니다. 이러한 행동을 코딩하려면 루프(loop)를 사용해야 하는데, 파이썬에는 다 음 2가지 루프가 있습니다.

- 정해진 조건만큼 반복하는 루프가 있습니다. 예를 들어, 게임에서 캐릭터에게 "10걸음 걸어라."라는 명령 을 내린다면 걷는 동작을 10번 반복하게끔 만들 수 있는데, 이때 사용하는 것이 바로 루프입니다. 조건만 큼 동작을 반복하면 루프는 끝납니다. 이 루프는 6장에서 살펴봅시다.
- 조건을 만족할 때까지 반복하는 루프가 있습니다. 예를 들어, 게임에서 캐릭터에게 "큰 바위를 만날 때까지 걸어라."라는 명령을 내리고 싶을 때 사용하는 것도 바로 루프입니다. 위 루프와의 차이점은 조건을 만족할 때까지 계속 동작을 반복하므로 그 횟수를 알 수가 없다는 것입니다. 이 루프는 7장에서 자세히 살펴봅시다.

요소 개수만큼 루프 반복하기

리스트 요소를 이용한 간단한 예제로 루프를 좀 더 알아봅시다. 이제 다음 코드가 요소 5개를 담은 animals 리스트라는 것은 다들 알 겁니다.

```
animals = ["개", "개미", "고양이", "박쥐", "장어"]
```

앞서 리스트의 요소에 접근하는 방법을 배웠습니다. 그러면 리스트의 요소를 각각 하나씩 반 복해서 출력하려면 어떻게 해야 할까요? 물론 루프가 답입니다. 먼저 Loop1.py라는 이름으로 파일을 만들고 다음 내용을 입력합니다.

```python
# animals 리스트
animals = ["개", "개미", "고양이", "박쥐", "장어"]

# 리스트 루프
for animal in animals:
    # 루프를 반복할 때마다 하나씩 출력하기
    print(animal)
```

실행하면 다음처럼 출력합니다.

```
개
개미
고양이
박쥐
장어
```

코드 첫 줄이 무슨 뜻인지는 이미 배웠으므로 여기서는 루프 코드를 살펴봅시다.

```python
for animal in animals:
```

이 줄은 animals를 대상으로 루프를 돌되 반복할 때마다 다음 요소를 animal이라는 변수에 저장합니다. 단수형 animal과 복수형 animals라는 변수 2개가 있다는 점에 주목하세요. animals는 앞서 만든 리스트인데, 그렇다면 animal은 무엇일까요? 명시적으로 animal이라는 변수를 만들지 않아도 for문 루프가 대신 만들며 반복할 때마다 animal의 값을 자동으로 바꿉니다. 루프를 시작할 때 이 변수를 animal로 하겠다고 지정했을 뿐입니다.

> 📄 변수 이름은 animal 대신 다른 이름을 써도 됩니다. 하지만 여기서는 여러 종류의 동물 가운데 하나를 저장하므로 animal이 가장 적절해 보입니다.

🔖 용어 익히기

반복 루프 1회를 반복(iteration)이라고 합니다. 프로그래머가 코드를 반복한다고 말한다면 바로 이 루프를 뜻합니다.

if문과 마찬가지로 루프는 콜론(:)으로 끝나며, 루프 안에 들여 쓴 모든 내용은 반복할 때 한 번 실행합니다. 이 예제는 print() 함수를 몇 번 호출할까요? 정답은 5번입니다. animals 리스트의 요소는 5개이기 때문입니다. 요소를 몇 개 추가하고 코드를 다시 실행해 보세요. 그러면 요소마다 들여 쓴 코드를 한 번씩 실행합니다.

if문과 마찬가지로 들여쓰기에 주의해야 합니다. 그렇지 않으면 원하는 대로 작동하지 않습니다. 예를 들어 루프 코드가 다음과 같다고 합시다.

```
# 리스트 루프
for animal in animals:
    # 루프를 반복할 때마다 하나씩 출력하기
    print("다음 동물:")
print(animal)
```

출력 결과는 다음과 같습니다. 왜일까요?

```
다음 동물:
다음 동물:
다음 동물:
다음 동물:
다음 동물:
장어
```

들여 쓴 print() 함수는 반복할 때마다 실행하므로 5번 출력합니다. 그러나 마지막 print() 함수는 들여 쓰지 않았으므로 루프가 끝날 때까지 실행하지 않습니다. 그러므로 마지막 print()는 한 번만 실행하며 animal 변수에는 리스트의 마지막 요소가 저장됩니다.

> 📋 루프가 끝날 때까지 실행하지 않는 코드를 프로그래머는 "루프 밖에 있다."라고 표현합니다.

숫자를 이용하여 루프 반복하기

다음은 숫자를 이용한 루프입니다. 방금 살펴본 문자열 리스트를 이용한 루프와 비슷하지만, 여기서는 숫자를 반복해 보겠습니다. Loop2.py라는 이름으로 파일을 만들고 다음 내용을 입력합니다.

Do it! 코딩해 보세요 📄 파일 이름: 06/Loop2.py

```
# 1부터 10까지 루프
for i in range(1, 11):
    # 루프를 반복할 때마다 i 출력하기
    print(i)
```

실행하면 터미널 창에 1부터 10까지 숫자를 한 줄에 하나씩 출력합니다. range() 함수에 숫자 범위를 지정하는데, 3장에서 본 randrange()와 마찬가지로 끝 숫자는 포함하지 않으므로 range(1, 11)은 1부터 시작하여 11 앞, 즉 10에서 끝납니다.

for i는 i라는 변수를 만들고 루프 안의 i에는 범위 내의 다음 요소를 저장합니다. 첫 반복에서 i는 1이고 이후 2, 3, …으로 증가합니다. 범위의 값을 바꾸면서 코드를 테스트해 보세요.

도전해 보세요

숫자를 출력하는 루프를 만들어 보세요   📄 Challenge 6.1.py

range() 함수에는 단계를 세 번째 선택 인수로 지정할 수 있습니다. 즉, range(1, 11, 2)라고 하면 루프는 2씩 늘어나므로 10번이 아니라 5번(1, 3, 5, 7, 9) 반복합니다. 이를 참고로 10, 20, 30, …, 100을 출력하는 루프를 만들어 보세요.

중첩 루프로 구구단 만들기

좀 더 재밌는 걸 해보려고 합니다. 4장 마지막에 살펴본 if문 안에 if문이 있는 중첩 if문을 기억하나요? 루프도 중첩 if문과 마찬가지로 거듭 사용할 수 있습니다. 초등학교 시절 하면 떠오르는 구구단 예제를 한 번 볼까요? 구구단을 외우기가 그리 쉽지는 않았던 기억, 누구에게나 있을 겁니다. 그러나 파이썬이라면 코드는 단 3줄이면 끝입니다.

> **알아두면 좋아요!**
>
> 중첩, 중첩, 그리고…
>
> 루프 안에 루프를 중첩할 수 있고, if문 안에 if문을 중첩할 수 있고, if문 안에 루프를 넣을 수 있고, 루프 안에 if문을 넣을 수 있는 등 중첩 안에 중첩을 둘 수 있습니다. 그러나 중첩이 너무 많으면 코드를 읽기도 어렵고 유지 보수도 힘듭니다.

Loop3.py 파일을 만들고 다음 코드를 입력합니다.

실행하면 2 x 1 = 2부터 9 x 9 = 81까지 72줄을 순식간에 출력합니다. 이 코드는 어떻게 작동하는 걸까요? 여기에는 루프가 2개 있는데, 알기 쉽도록 각각 바깥쪽 루프, 안쪽 루프라고 하겠습니다.

바깥쪽 루프의 범위는 range(2, 10)이므로 들여 쓴 이하 코드를 8번 실행하며, 그때마다 i 변수에는 바깥쪽 루프의 현재 반복 번호(2, 3, …, 9)를 저장합니다. 안쪽 루프 역시 범위로 range(1, 10)을 사용하므로 그 아래 들여 쓴 코드를 9번 반복하며, 그때마다 j 변수에 안쪽 루프의 현재 반복 번호를 저장합니다.

```python
# 2부터 9까지 루프
for i in range(2, 10):
    # 바깥쪽 루프를 반복하는 동안 1부터 9까지 루프
    for j in range(1, 10):
        # 양쪽 루프의 값을 곱하여 출력하기
        print(i, "x", j, "=", i * j)
```

print() 함수는 모두 몇 번 실행할까요? 바깥쪽 루프는 안쪽 루프를 8번 반복합니다. 그리고 안쪽 루프를 실행할 때마다 print() 함수를 9번 반복합니다. 그러므로 print() 함수를 8×9=72번 실행합니다. print() 함수 자체는 무척 간단합니다.

```python
print(i, "x", j, "=", i * j)
```

처음 실행할 때 i는 2이고 j는 1이 됩니다. 그러므로 다음 코드와 같습니다.

```python
print(2, "x", 1, "=", 2 * 1)
```

print() 함수는 바로 계산하여 2 x 1 = 1을 출력합니다. 그다음 i는 여전히 2이고 j는 2가 되므로 2 x 2 = 4를 출력합니다. j가 9가 될 때까지 반복하고 2 x 9 = 18을 출력합니다.

이렇게 안쪽 루프가 끝나면 바깥쪽 루프로 다시 돌아와 두 번째 안쪽 루프를 실행하는데, 이때 i는 3이 됩니다. 그러므로 다음 반복에서는 3 x 1 = 3부터 시작하여 i가 9, j가 9가 될 때까지 반복하여 마지막으로 9 x 9 = 81을 출력합니다. 코드는 단 3줄이면 충분합니다.

📖 이 예제는 모두 6줄이지만 파이썬이 해석하지 않는 # 표시가 있는 주석 3줄을 제외하면 코드는 3줄 뿐입니다.

암호 해독 프로그램 만들기

루프 사용 방법을 알았으므로 암호를 만들고 해독하는 프로그램을 만들어 봅시다. 즉, 만들 프로그램은 2개입니다. 첫 번째는 사용자가 입력한 문자열을 암호화하여 출력하는 프로그램 입니다. 두 번째는 사용자가 입력한 암호를 해독하여 원래 문자열을 출력하는 프로그램입니다. 암호화와 이를 푸는 복호화에는 똑같은 암호화 키를 사용합니다. 암호화 키는 잠시 후 자세히 살펴봅니다.

> 📖 복호화란 암호화의 반대 개념으로, 복호화 키를 사용하여 원래 정보를 복원하는 것을 뜻합니다. 즉, 암호화된 정보를 암호화하기 전으로 되돌리거나 되돌리는 방식을 말합니다.

먼저 다음 문자열을 받았다고 합시다.

```
Fphjsp#jw!hxrm%
```

여러분이라면 암호를 해독할 수 있을 겁니다. 이 암호의 내용은 잠시 후 알게 됩니다. 지금부터 살펴볼 코드는 얼핏 복잡해 보일 수도 있지만, 이미 배운 내용을 복습한다는 마음으로 차근차근 살펴보기 바랍니다.

> **알아두면 좋아요!**
>
> **인코딩과 암호화 구분하기**
> 엄밀히 말하면 여기서 살펴볼 내용은 암호화가 아닙니다. 실제 암호화 코드는 이곳에서 다루기에 너무 복잡하므로 여기서는 문자열을 비밀 문자열로 바꾸는 **인코딩**(encoding)이라는 처리 방법을 사용합니다. 그리고 암호를 좀 더 풀기 어렵도록 키(key)를 사용할 겁니다. 파이썬 암호화 프로그램을 본격적으로 만들고 싶다면 이를 돕는 수많은 라이브러리를 이용하면 됩니다.

문자열 암호화하기

문자를 암호화하려면 계산 과정이 필요합니다. 숫자가 아니라 문자를 대상으로 할 텐데 어떻게 계산하면 될까요?

컴퓨터가 표시하는 문자는 실제로는 모두 숫자입니다. 모든 문자와 숫자에는 내부에서 매겨 놓은 숫자가 따로 있습니다. 평소에는 신경 쓰지 않아도 됩니다. A는 A이고 b는 b, 3은 3일뿐

이니까요. 그러나 컴퓨터가 볼 때 A를 뜻하는 숫자는 65, b는 9이고 숫자 3은 51입니다. 이처럼 모든 문자에는 번호가 각각 있으며 a와 A는 다른 문자이므로 번호도 다릅니다. 이상하게 들릴 수도 있지만, 여기에서는 이렇다는 것만 알아 둡시다. 요컨대 알파벳, 숫자 등에는 아스키코드 (ASCII code)라는 숫자가 매겨집니다.

📖 ASCII는 American Standard Code for Information Interchange의 줄임말입니다. 이는 전기 통신용 문자 인코딩의 표준으로, 인터넷이나 다른 모든 현대적인 장치보다 역사가 더 오래되었습니다.

ord() 함수를 이용하면 문자의 아스키코드를 알 수 있습니다. 테스트 파일을 이용해 다음 코드를 입력하고 실행해 보세요.

```
print(ord('A'))
```

📖 프로그래머처럼 test.py 파일 하나를 만들어 다양한 코드를 연습해 보세요.

그러면 A에 해당하는 아스키코드 65를 출력합니다. 마찬가지로 B로 바꾸고 실행해 보면 66을 출력합니다. ord()는 숫자를 반환하므로 이를 이용하여 계산할 수 있습니다.

```
print(ord('A') + 1)
```

ord('A')가 65를 반환하고 이에 1을 더하므로 이 코드는 66을 출력합니다. 이를 문자로 되돌리려면 어떻게 해야 할까요? ord() 함수의 반대는 chr() 함수입니다.

```
print(chr(65))
```

따라서 이 코드는 A를 출력합니다. 그러므로 A에 1을 더해 B를 출력하려면 다음과 같이 코딩하면 됩니다.

```
print(chr(ord('A') + 1))
```

이 코드를 해석해 봅시다. 안쪽에서 바깥쪽으로 코드를 읽으면 쉽게 이해할 수 있습니다. 앞서 살펴보았듯이 ord('A')는 65를 반환합니다. 이에 1을 더하면 66이며 이를 chr() 함수로 전달하면 B를 반환합니다.

문자열을 암호화하는 데 이 기법을 이용할 수 있습니다. HELLO라는 문자열을 암호화하려면 아스키코드에서 얼마를 더하거나 빼면 되는지만 알면 됩니다. 10을 더한다면 HELLO는 ROVVY가 됩니다. H는 R이 되고 E는 O가 되는 식입니다. 그리고 ROVVY에서 10을 빼면 암호를 푼 HELLO를 얻을 수 있습니다.

문자열이 키보다 길면 나머지 계산하기

앞서 살펴본 예제에서 10이 바로 매직 넘버, 즉 암호화 키입니다. 그러나 암호화 키를 이처럼 간단한 숫자로 쓰는 것은 안전하지 않습니다. 누군가가 1부터 숫자를 하나씩 넣어 보면 암호를 풀 수 있을 테니까요. 안전한 암호를 만들려면 다른 키를 써야 합니다.

예를 들어, 암호화 키를 314159로 하여 HELLO를 암호화해 봅시다. H에는 3을 더하고, E에는 1을, L에는 4를, 두 번째 L에는 1을, O에는 5를 더하여 암호화합니다. 그러면 HELLO는 KFPMT로 바뀝니다. 이처럼 문자마다 다른 키를 사용하면 암호 풀기가 어렵습니다.

알아 두면 좋아요!

> **키는 길수록 좋아요**
> 이런 종류의 암호화는 패턴과 반복을 찾으면 쉽게 풀 수 있습니다. 키의 길이가 짧으면 반복이 많고 길면 적습니다. 그러므로 키가 길수록 여러분의 비밀 계획을 지키는 데 유리합니다.

이번에는 문자열이 키보다 길면 어떻게 해야 하는지 알아봅시다. Hello World라는 문자열을 암호화할 때, 키는 314159로 6자리이지만 필요한 것은 11자리입니다. 어떻게 하면 될까요?

키를 반복하면 됩니다. 즉, 키가 6자리이므로 앞에서부터 6개 문자를 암호화하는 데 이 6자리를 사용합니다. 그리고 이를 반복합니다. 7번째 문자에는 키의 처음으로 돌아가서 첫 번째 문자를, 8번째 문자에는 두 번째 문자를 사용하는 식으로 필요한 만큼 키를 반복해서 다시 사용합니다. 🖥 공백에도 32라는 아스키코드가 있습니다.

어느 자리를 사용할지는 어떻게 알까요? 이럴 때는 나눗셈의 나머지를 이용하면 됩니다. 8번째 문자(키의 두 번째 문자 필요)라면 키의 길이(6)로 나눈 나머지는 2가 됩니다. 3장에서 살펴본 나머지 연산자(%)를 이용하면 다음과 같이 나머지를 쉽게 구할 수 있습니다.

```
print(8 % 6)
```

나머지 연산자를 이용하면 문자 위치를 키 길이로 나눈 나머지가 사용할 키의 자리 위치입니다.

암호화 코드 만들기

그럼 이제부터 암호화하는 Encrypt.py 파일을 코딩 해 볼까요?

📖 암호를 만들 때는 아스키코드를 이용하므로 알파벳, 숫자, 기호만 사용할 수 있습니다.

```python
# 사용할 아스키 범위 - 이 범위를 벗어나면 오류가 발생할 수 있습니다.
asciiMin = 32    # 공백 문자를 나타냄 - " "
asciiMax = 126   # 물결표 문자를 나타냄 - "~"


# 암호화 키
key = 314159          일급비밀! 이것이 암호화 키입니다.
key = str(key)        각 문자에 접근할 수 있도록 문자열로 변환합니다.


# 암호화할 메시지 입력받기
message = input("암호화할 메시지를 입력하세요: ")


# 암호화 메시지용 변수 초기화하기
messEncr = ""


# 메시지 루프
for index in range(0, len(message)):
    # 해당 문자의 아스키값 가져오기
    char = ord(message[index])
    # 이 문자가 범위 밖인가요?
    if char < asciiMin or char > asciiMax:
        # 예, 암호화에 적당하지 않으므로 그대로 둡니다.
        messEncr += message[index]
    else:
        # 이 문자는 암호화해도 안전합니다.
        # 키만큼 값을 더하여 암호화합니다.
        ascNum = char + int(key[index % len(key)])
        # 더한 값이 범위를 벗어난다면 범위 처음으로 되돌립니다.
```

```
    if ascNum > asciiMax:
        ascNum -= (asciiMax - asciiMin)
    # 문자로 변환하고 출력할 내용에 추가합니다.
    messEncr = messEncr + chr(ascNum)


# 결과 출력하기
print("암호화한 메시지:", messEncr)
```

실행하면 암호화할 메시지를 입력하는 프롬프트가 나타납니다. 원하는 메시지를 입력한 후 **Enter**를 누르면 암호화한 메시지를 출력합니다.

> 📖 암호화한 메시지를 푸는 방법은 다음 항 '복호화 코드 만들기'에서 살펴봅니다.

어떻게 암호화했을까요? 모든 아스키 문자가 제대로 출력되는 것은 아니므로 안전을 위해 다음과 같이 사용할 문자 범위를 공백 문자(32)부터 물결표 문자(126)까지로 한정합니다.

```
asciiMin = 32   # 공백 문자를 나타냄 - " "
asciiMax = 126  # 물결표 문자를 나타냄 - "~"
```

다음은 키입니다.

```
# 암호화 키
key = 314159
key = str(key)
```

키는 숫자로 구성한 암호화 키입니다. 여기서는 6자리이지만, 더 길어도 더 짧아도 됩니다. 문자열을 암호화하고 복호화할 때는 똑같은 키를 사용해야 합니다.

이 암호화 키의 자리는 따로따로 사용해야 합니다. 이렇게 하면 각 문자를 자리가 다른 키로 암호화할 수 있습니다. 그러려면 키를 문자열로 변환해야 합니다. 즉, 각 숫자를 쉽게 가져오려면 314959를 문자열 "314959"로 바꿔야 합니다. 이는 마치 리스트에서 요소를 가져오는 것과 비슷합니다.

다음으로 input() 함수를 이용하여 암호화할 문자열을 묻습니다. 이제 input() 함수는 무척 익숙할 겁니다. 그리고 다음 코드를 넣습니다.

```
messEncr = ""
```

이 코드는 messEncr이라는 빈 문자열 변수를 만드는데, 이곳에 암호화한 메시지를 저장할 겁니다. 이 프로그램은 한 번에 한 문자씩 암호화하므로 messEncr 변수에 하나씩 추가하여 암호화한 메시지를 완성합니다.

알아두면 좋아요! **str() 함수와 int() 함수 이해하기**
str() 함수는 4장에서 살펴본 int() 함수의 반대 개념입니다. int() 함수가 문자열을 숫자로 변환한다면, str() 함수는 숫자를 문자열로 변환합니다. int() 함수는 7장에서 더 자세히 살펴봅니다.

이제 메시지 한 자씩 루프를 돕니다.

```
for index in range(0, len(message)):
```

여기서는 0부터 문자열 길이만큼 반복하는 루프를 이용합니다. 문자열 길이는 어떻게 알 수 있을까요? 여기서도 역시 len() 함수를 이용합니다. 문자열 길이가 10자라면 len()은 10을 반환하므로 루프의 범위는 range(0, 10), 즉 여기서 필요한 0부터 9까지 루프를 반복합니다. 반복할 때 index 변수에는 0, 1, …과 같은 반복 번호를 저장합니다.

for문 아래에 들여 쓴 코드를 실행하여 한 자씩 암호화합니다. 각 루프의 시작에는 다음과 같이 처리할 문자의 아스키코드가 필요합니다.

```
char = ord(message[index])
```

message[index]를 이용하면 특정 문자에 접근할 수 있습니다. 첫 번째 루프에서 index는 0이므로 첫 반복의 message[index]는 첫 문자를 반환합니다. 다음 반복에서는 두 번째 문자를 반환합니다. ord() 함수는 아스키코드를 반환하는데, 이 번호를 char 변수에 저장합니다.

다음 if문은 이 문자의 아스키코드가 지정한 범위인지를 확인합니다. 그렇다면 다음 코드로 인코딩합니다.

```
ascNum = char + int(key[index % len(key)])
```

이 코드가 실제 암호화 부분입니다. index는 for 루프에서 정해진 현재 문자 번호입니다. index % len(key)는 index를 키의 길이, 즉 사용할 키의 자릿수로 나눕니다. 그런 다음 이를

char(현재 아스키코드)에 더하고 그 결과를 ascNum에 저장합니다. 만약 현재 인덱스가 9이고 키가 6자리라면 index % len(key)는 9 % 6이 되며 이 결과는 3이므로 인덱스 3, 즉 키의 네 번째 자리 숫자를 더합니다.

인코딩한 문자는 다음과 같이 messEncr에 더합니다. chr(ascNum)은 새롭게 계산한 인코딩 문자를 문자열로 변환하고 messEncr에 추가합니다(문자열 연결).

```
messEncr = messEncr + chr(ascNum)
```

앞서 이야기했듯이 어떤 아스키 문자는 출력에 어울리지 않으므로 이런 문자는 제거해야 합니다. 다음 코드는 인코딩한 문자가 안전한 범위인지를 확인하고, 그렇지 않다면 아스키코드 범위만큼 빼서 안전한 값으로 바꿉니다. -=는 값을 뺀 후 다시 대입하는 연산자입니다.

```
if ascNum > asciiMax:
    ascNum -= (asciiMax - asciiMin)
```

마지막으로 print() 함수를 사용하여 암호화한 문자열을 출력합니다.

```
암호화할 메시지를 입력하세요: Hello Python
암호화한 메시지:  Kfpmt)Szxitw
PS D:\Python> ▮
```

이로써 메시지 암호화가 끝났습니다. 문자열을 입력하면 암호화 키를 이용하여 이를 암호화합니다. 이를 누군가에게 보낸다면 받은 사람도 똑같은 키가 있어야 이 메시지를 풀 수 있습니다. 그러므로 서로 다른 키를 이용하여 메시지를 암호화하고 여러 사람에게 보낸다면 다른 사람의 메시지는 읽을 수 없습니다.

복호화 코드 만들기

그럼 암호화한 메시지는 어떻게 풀까요? 푸는 과정은 암호화하는 과정과 같으므로 Encrypt.py 파일의 몇 곳만 수정하면 됩니다.

▤ VS 코드의 [파일 → 다른 이름으로 저장...] 메뉴를 이용하여 Encrypt.py 파일을 Decrypt.py라는 이름으로 저장하면 똑같은 파일 2개를 만들 수 있습니다.

Decrypt.py 파일을 만든 뒤, 몇 곳을 수정하겠습니다. 먼저 프롬프트에 표시할 문구를 바꾸고자 input() 함수를 다음과 같이 수정합니다.

```python
message = input("복호화할 메시지를 입력하세요: ")
```

그다음으로 실제 암호화를 담당하는 다음 줄을 찾습니다.

```python
ascNum = char + int(key[index % len(key)])
```

암호화할 때 키의 각 자릿수를 더했다는 사실을 떠올리세요. 그러므로 이를 풀려면 같은 수를 빼야 합니다. 코드는 다음과 같습니다.

```python
ascNum = char - int(key[index % len(key)])
```

+가 -로 바뀌었습니다.

이제 방금 수정한 곳 다음에 있는 if문을 보세요. 이곳은 지금까지 내용이 허용 범위에 속하는지 확인하고, 필요하다면 범위에 속하도록 했습니다. 여기서는 다음과 같이 수정합니다.

```python
if ascNum < asciiMin:
    ascNum += (asciiMax - asciiMin)
```

if문의 >를 <로 변경하고 할당 연산자 -=를 +=로 바꾸어 디코딩 과정에서 생긴 숫자가 **범위를** 벗어나면 이를 수정합니다. 주석도 몇 곳 수정해야 합니다.

이로써 메시지 복호화 작업이 끝났습니다. 이제 같은 키를 사용하는 한 얼마든지 암호화하고 복호화할 수 있습니다. 그리고 이 모든 것이 루프를 통해 간단히 이루어집니다.

```
Fphjsp#jw!hxrm%
```

```
복호화할 메시지를 입력하세요: Fphjsp#jw!hxrm%
Coding is cool!
PS D:\Python> █
```

도전해 보세요

파일을 하나로 합쳐 보세요

Challenge 6.2.py

앞서 살펴보았듯이 Encrypt.py와 Decrypt.py는 거의 같은 내용으로 이루어집니다. 같은 프로그램이라 해도 무방합니다. 앞에서는 코드를 좀 더 간단하게 하고자 이 둘을 분리해서 설명했습니다.

그럼 이 둘을 합쳐 암호화와 복호화를 모두 수행하는 프로그램으로 업그레이드해 볼까요? 먼저 다음과 같이 사용자의 선택이 필요할 겁니다.

```
action = input("암호화(E) 또는 복호화(D)? 대문자 E 또는 D를 입력하세요: ")
```

그리고 action 변수가 E인지 또는 D인지에 따라 if문을 이용하여 암호화 코드와 복호화 코드를 선택하면 됩니다.

☞ 07장
숫자 맞히기 게임 만들기

6장에서는 for 루프를 살펴보았습니다. 앞에서 살펴본 내용에 더해 조건에 따른 루프 반복 방법을 알아보고 이를 이용한 숫자 맞히기 게임을 만들어 봅니다. 지금까지 배운 내용을 바탕으로 8장과 9장에서는 더 재미있는 게임을 만들어 볼 겁니다.

⬡ 07-1
조건 루프란?

앞 장에서 살펴본 for 루프는 정해진 요소를 대상으로 반복할 때 사용하며 조건 루프는 조건에 따라 반복합니다. 조건 루프는 원하는 대로 반복할 수 있으므로 가장 자주 사용하는 코드이기도 합니다. 간단한 예제를 보며 시작해 봅시다. Loop4.py라는 이름으로 파일을 만들고 다음 코드를 입력하세요.

Do it! 코딩해 보세요　　　　　　　　　　　　　　📄 파일 이름: 07/Loop4.py

```python
# 사용자 입력받기
userInput = input("무언가 입력하거나 입력을 멈추려면 STOP을 입력하세요: ")\
    .upper().strip()


# STOP을 입력할 때까지 반복하기
while userInput != "STOP":
    userInput = input("무언가 입력하거나 입력을 멈추려면 STOP을 입력하세요: ")\
        .upper().strip()
```

📝 \는 다음 행과 이어진 한 줄임을 뜻하는 기호입니다.

실행하면 터미널 창에 입력을 기다리는 프롬프트를 표시합니다. 그리고 무언가를 입력하면 계속 프롬프트를 표시합니다. 즉, STOP을 입력할 때까지 계속 입력을 기다립니다. 첫 번째 줄은 이제는 익숙한 input() 함수입니다. 여기에 4장에서 살펴본 .upper().strip()을 사용하여 대문자로 변환하고 불필요한 공백을 없앱니다. 이어서 다음 코드를 봅시다.

```python
while userInput != "STOP":
```

while문은 루프를 만듭니다. 그러나 for 루프와 달리 while에는 4장에서 본 if문에 전달한 것과 비슷한 조건을 지정합니다. 이 조건은 userInput 변수가 STOP이 아닌지를 확인합니다.

📝 !=은 같지 않음을 뜻하며 ==의 반대입니다.

if문, for문과 마찬가지로 while문도 쌍점(:)으로 끝나며 루프가 끝날 때까지 그 아래 들여쓴 코드를 반복합니다. 여기에 들여 쓴 코드는 사용자 입력 프롬프트를 한 번 더 표시합니다. 그러면 while 루프는 언제 끝날까요? 바로 사용자가 STOP이라고 입력했을 때입니다. 그러면 while 조건은 False가 됩니다. userInput이 STOP이기 때문입니다.

📋 if문에서 사용한 모든 조건과 연산자는 while문에서도 사용할 수 있습니다.

사용자가 첫 input() 함수를 실행했을 때 STOP을 입력한다면 while 조건은 한 번도 True가 되지 않으며, 따라서 들여 쓴 코드도 전혀 실행하지 않습니다.

알아두면 좋아요!

if문과 while문

if문과 while문은 조건이 있어야 한다는 점에서는 매우 비슷합니다. 즉, True이면 그 아래 들여 쓴 코드를 실행합니다. 그러나 if문은 조건이 True일 때 코드를 한 번만 실행하지만, while문은 조건이 True가 아닐 때까지 그 아래 들여 쓴 코드를 반복해서 실행합니다.

이 예제가 제대로 작동하더라도 프로그래머 대부분은 이 코드에 심한 거부감을 느낄 겁니다. 프로그래머는 중복 코드를 싫어하는데 여기에 사용한 2개의 input() 줄이 똑같기 때문입니다. 같은 코드를 중복해서 사용하는 게 바람직하지 않은 이유는 무엇일까요? 이번 예제에서는 코드가 짧아서 그리 큰 문제가 안 되지만, 더 크고 복잡한 프로그램에서는 같은 코드를 똑같이 유지하기가 어렵습니다. 그러므로 문제가 생기지 않도록 다음과 같이 input() 줄이 하나만 되도록 코드를 수정합니다.

Do it! 코딩해 보세요　　　　　　　　　　📄 파일 이름: 07/Loop4.py

```python
# 입력 변수 초기화하기
userInput = ""        변수 초기화하기


# STOP을 입력할 때까지 반복하기
while userInput != "STOP":
    userInput = input("무언가 입력하거나 멈추려면 STOP을 입력하세요: ")\
        .upper().strip()
```

알아두면 좋아요!

모든 변수 초기화하기

코딩 모범 사례를 보면 모든 변수를 기본값으로 초기화하라고 추천합니다. 문자열은 빈 값으로, 숫자는 0으로 등 여러분 마음대로 정하면 됩니다. 이렇게 하면 변수에 원하지 않은 값이 담기는 상황을 막을 수 있습니다.

실행하면 앞서 본 것과 똑같은 내용을 실행합니다. 어떻게 작동하는 걸까요? 요령은 while 루프를 반드시 한 번 실행하도록 하는 데 있습니다. 이 코드는 userInput 변수의 값을 빈 문자열("")로 **초기화**(초깃값을 지정)하는 것부터 시작합니다. 실제로는 userInput을 초기화할 때 STOP 이외의 값이면 어느 것이나 괜찮으나 빈 문자열로 지정하는 것이 깔끔하고 간단합니다. 이렇게 하면 빈 문자열이 저장된 userInput은 STOP이 아니므로 반드시 한 번은 while 루프를 실행하게 됩니다.

📖 용어 익히기

초기화 초기화(initialize)란 변수에 기본 초깃값을 넣는 것을 말합니다.

앞서 배운 리스트와 while 루프를 이용한 또 다른 예제를 살펴봅시다. 이 코드는 Loop5.py라는 이름으로 저장합니다.

Do it! 코딩해 보세요   📄 파일 이름: 07/Loop5.py

```python
# 빈 animals 리스트 만들기
animals = []


# 입력 변수 초기화하기
userInput = " "


# 사용자에게 설명문 출력하기
print("animals 리스트를 만들어 봅시다.")
print("한 번에 하나씩 동물을 입력하세요.")
print("입력을 끝내려면 빈칸을 입력하세요.")


# 빈 문자열이 될 때까지 루프
while userInput != "":
    # 입력받기
    userInput = input("동물 종류를 입력하세요. 끝내려면 빈칸으로 두세요: ")\
        .strip()
    # 입력한 값이 있는지 확인하기
    if len(userInput) > 0:
```

```
        # 있다면 이를 추가함
        animals.append(userInput)

# 데이터 정렬하기
animals.sort()

# 리스트 출력하기
print(animals)
```

실행하면 메시지와 함께 동물을 입력하라는 프롬프트를 표시합니다. 이때 빈칸만 입력할 때까지 프롬프트를 계속 표시합니다. 입력이 끝나면 동물 종류를 가나다순 또는 알파벳순으로 정렬하고 출력합니다. 📋 한글은 가나다순으로, 영문은 알파벳순으로 출력합니다.

이 코드는 내용을 한눈에 알 수 있습니다. 여기서는 몇 줄만 골라 자세히 살펴보겠습니다. 프로그램은 빈 animals 리스트를 만드는 다음 코드로 시작합니다.

```
animals = []
```

그리고 다음처럼 userInput 변수를 초기화합니다.

```
userInput = " "
```

이번에는 빈 문자열("")이 아니라 공백 하나(" ")를 입력했습니다. 왜 그럴까요? 뒤따르는 while 루프를 반드시 한 번은 실행하고자 변수를 초기화한다는 내용 기억나지요? 그럼 while 루프는 어떤 일을 할까요?

```
while userInput != "":
```

사용자가 아무 값도 입력하지 않고 Enter 를 눌러 userInput 변수가 빈 값이 될 때까지 이 while 루프를 반복합니다. userInput을 ""로 초기화하면 조건은 결코 True가 되지 않으므로 while 루프는 실행하지 않습니다. userInput을 다른 값으로 초기화하여 루프를 적어도 한 번은 실행하도록 해야 이런 문제를 막을 수 있습니다.

그다음은 설명조차 필요 없을 정도로 익숙한 input() 함수입니다.

```
# 입력한 값이 있는지 확인하기
if len(userInput) > 0:
    # 있다면 이를 추가함
    animals.append(userInput)
```

append() 함수를 이용하여 사용자가 입력한 동물을 animals 리스트에 추가합니다. 그러나 아무런 내용 없이 Enter 만 눌러 입력한 빈 값은 추가하지 않도록 합니다. if문을 이용하여 사용자가 입력한 내용의 길이를 len() 함수로 확인합니다. 그리고 길이가 0보다 클 때, 즉 사용자가 무언가를 입력했을 때만 추가합니다. 그렇지 않다면 아무것도 추가하지 않습니다. 그리고 다음 코드로 리스트를 가나다순으로 정렬합니다.

```
# 데이터 정렬하기
animals.sort()
```

도전해 보세요

프로그램을 업그레이드해 보세요 📄 Challenge 7.1.py

이번에 도전할 과제는 다음 2가지입니다.

과제 1: 동물 종류를 한 줄에 하나씩 출력하도록 수정하기

마지막 print() 함수를 잘 보세요. 이 코드는 정렬한 리스트를 그대로 출력하므로 그리 깔끔한 형태는 아닙니다. for 루프를 이용하여 한 줄에 하나씩 정렬한 동물을 출력하도록 수정해 보세요.

과제 2: 리스트에 있는 동물은 입력하지 못하도록 하기

리스트에 이미 있는 동물은 또 입력하지 못하도록 하려면 어떻게 해야 할까요? 먼저 리스트에 특정 요소가 있는지 확인하면 되는데, 이 방법은 6장을 참고하세요. 이어서 if문을 수정하여 입력한 값의 길이뿐 아니라 리스트에 중복된 요소인지도 함께 확인하세요. 두 개의 조건을 함께 사용해야 합니다.

◉ 07-2
숫자 맞히기 게임 프로그래밍하기

루프를 배웠으므로 이제는 숫자 맞히기 게임을 만들어 봅시다. 컴퓨터가 숫자 하나를 선택하고 사용자가 그 숫자를 맞히는 게임입니다. 이때 숫자는 엄밀하게 말하면 무작위로 생성한 것입니다. 사용자가 예상 답을 입력할 때마다 컴퓨터는 맞는지, 큰지, 작은지 등을 알립니다. 숫자를 맞히면 시도한 횟수도 함께 표시합니다.

게임 준비하기

NumGuess1.py라는 이름으로 파일을 만들고 다음 코드를 입력합니다.

Do it! 코딩해 보세요　　　　　　　　　　　📖 파일 이름: 07/NumGuess1.py

```
# 특정 범위의 숫자를 맞히는 게임입니다.
# 사용자는 숫자가 큰지 작은지 힌트를 얻습니다.
# 게임이 끝나면 몇 번 시도했는지를 알려 줍니다.

# 라이브러리 불러오기
import random

# 변수 정의하기
userInput = ""        사용자 입력 저장하기
userGuess = 0         사용자 입력 숫자로 저장하기

# 무작위 숫자 생성하기
randNum = random.randrange(1, 101)
```

```python
# 게임 설명하기
print("1과 100 사이의 숫자 하나를 정했습니다.")
print("이 숫자는 무엇일까요?")

# 사용자가 맞힐 때까지 반복하기
while randNum != userGuess:
    # 사용자 답 입력받기
    userInput = input("예상 숫자: ").strip()
    # 입력한 것이 숫자인지 확인하기
    if not userInput.isnumeric():
        # 입력한 값이 숫자가 아니라면
        print(userInput, "이것은 숫자가 아닙니다!")
    else:
        # 입력한 값이 숫자라면 계속 진행
        # 입력한 값을 숫자로 변환하기
        userGuess = int(userInput)
        # 숫자 확인하기
        if userGuess < randNum:
            print("너무 작습니다. 다시 입력하세요.")
        elif userGuess > randNum:
            print("너무 큽니다. 다시 입력하세요.")
        else:
            print("정답입니다!")

# 끝날 때 출력할 메시지
print("즐거우셨나요? 또 만나요!")
```

저장하고 실행하면 1부터 100까지의 숫자 가운데 하나를 맞히라는 프롬프트를 표시하고, 정답을 입력할 때까지 힌트와 함께 숫자를 계속 입력하도록 합니다. 코드가 제법 길므로 하나씩 살펴봅시다. 맨 처음 3줄은 코드를 설명한 주석 블록입니다. 그다음 random 라이브러리를 불러옵니다. 그리고 다음 코드가 이어집니다.

```
# 변수 정의하기
userInput = ""
userGuess = 0
```

여기서는 변수 2개를 초기화합니다. userInput은 사용자가 입력한 내용을 저장하는 변수이고 userGuess는 사용자의 입력을 숫자로 저장하는 변수입니다. 그런데 변수가 왜 2개나 필요할까요? 이는 잠시 후에 살펴봅니다.

다음은 프로그램이 무작위로 숫자 하나를 생성하고 randNum 변수에 저장합니다. 그리고 print() 함수를 이용하여 사용자에게 설명문을 출력합니다. 여기까지는 어렵지 않을 겁니다. 모두 앞에서 살펴본 내용이니까요.

이번에는 이 게임의 주요 부분인 루프로, 숫자를 맞힐 때까지 반복합니다. while 조건은 다음과 같이 간단히 정의합니다.

```
# 사용자가 맞힐 때까지 반복하기
while randNum != userGuess:
```

이는 userGuess와 randNum이 같지 않다면 계속 반복하라는 뜻입니다. 그러므로 숫자가 일치할 때까지 게임은 끝나지 않습니다. userGuess는 0으로 초기화했고 randNum은 1부터 100까지의 숫자 중 하나이므로 while 루프 아래 들여 쓴 코드는 반드시 실행합니다.

> 📋 코드와 같은 줄에 주석을 작성할 수도 있습니다. 즉, 파이썬은 해당 줄의 코드를 처리할 때 # 기호 다음의 내용은 무시합니다.

그다음은 앞서 본 input() 프롬프트입니다. 사용자가 무언가를 입력하면 이것이 숫자인지 확인해야 합니다. 그러나 더 중요한 것은 이후 코드에서 숫자와 비교해야 하는데 숫자와 문자열을 비교하려고 하면 오류가 발생한다는 점입니다. 따라서 다음 코드를 추가했습니다.

```
# 입력한 값이 숫자인지 확인하기
if not userInput.isnumeric():
    # 입력한 값이 숫자가 아니라면
    print(userInput, ": 이것은 숫자가 아닙니다!")
```

문자열 클래스에 upper()와 strip() 함수가 있다는 것 기억하나요? isnumeric() 역시 문자열 클래스의 또 다른 함수로, 문자열이 모두 숫자라면 True를, 그렇지 않다면 False를 반환합니다.

여기서 not은 어떤 역할을 할까요? userInput.isnumeric()은 문자열이 숫자인지를 확인하고, userInput이 숫자가 아니라면 not은 True를 반환합니다. 즉, if not userInput.isnumeric()은 사용자 입력이 숫자가 아니라는 사실을 확인하고 그 아래 들여 쓴 print() 함수로 이를 알립니다.

알아두면 좋아요!

not 연산자로 반대 조건 만들기

다음 코드는 무엇일까요?

```
if userInput.isnumeric():
```

이 코드는 isnumeric()이 True를 반환하는지 확인하는데, 다음 내용을 축약한 형태입니다.

```
if userInput.isnumeric() == True:
```

if문에 무엇과 비교하는지를 구체적으로 알리지 않으면 파이썬은 True와 비교하는 것으로 생각합니다. not은 정반대 조건으로 바꿉니다. 그러므로 조건의 부정을 나타내고 싶다면 not을 사용합니다.

```
if not userInput.isnumeric():
```

이 코드는 isnumeric() 함수가 False를 반환하는지 확인합니다. 이처럼 한 줄 코드를 작성하는 방법은 다양합니다. 이 코드는 다음과 같이 쓸 수도 있습니다.

```
if userInput.isnumeric() == False:
```

두 코드 모두 똑같은 뜻입니다.

그다음은 else문입니다. 사용자가 올바른 숫자를 입력했을 때에만 아래 들여 쓴 코드를 실행합니다. 다음 코드를 살펴봅시다.

```
# 입력한 값을 숫자로 변환하기
userGuess = int(userInput)
```

이 코드는 무엇일까요? 3장에서 변수에는 자료형이 있다고 설명했습니다. "3"과 같은 문자열은 숫자가 있지만 숫자 자료형은 아닙니다. 그러므로 숫자 계산이나 연산에 사용할 수 없습니다. 앞서 이야기했듯이 input()은 사용자가 입력한 내용을 항상 문자열로 반환합니다. 숫자를 입력하더라도 userInput은 숫자를 포함한 문자열일 뿐입니다. 여기에서는 숫자가 필요한데 말이죠.

그럼 어떻게 해야 할까요? 바로 문자열을 숫자로 바꾸어야 합니다. 4장에서 살펴본 int()는 문자열을 숫자 자료형으로 바꾸는 함수로, 문자열을 인수로 전달하면 숫자를 반환합니다. userGuess = int(userInput) 코드는 파이썬에 userInput 문자열을 조사하여 숫자로만 이루어진 문자열이라면 이를 숫자로 변환하고 userGuess 변수에 저장하라고 명령합니다. 이렇게 하면 userInput은 여전히 문자열이고 userGuess는 문자열에 있던 숫자가 됩니다. 그러므로 userInput이 "3"이라면 userGuess는 3이 됩니다.

문자를 포함하는 등 숫자로 바꿀 수 없는 문자열에 int() 함수를 사용하면 오류가 발생합니다. 이를 방지하고자 입력한 값을 미리 확인했습니다. 다음 살펴볼 구문은 if ~ elif문과 else문입니다.

```
# 숫자 확인하기
if userGuess < randNum:
    print("너무 작습니다. 다시 입력하세요.")
elif userGuess > randNum:
    print("너무 큽니다. 다시 입력하세요.")
else:
    print("정답입니다!")
```

첫 번째 구문은 userGuess가 원하는 숫자보다 더 작은지를 확인하고 두 번째 구문은 더 큰지를 확인합니다. 추측한 값이 원하는 숫자보다 작지도 크지도 않다면 정답이므로 else문으로 이를 처리합니다. 코드가 제법 길지만 대부분 이미 살펴본 내용이므로 이해하는 데 큰 어려움은 없을 겁니다. 프로그램을 여러 번 실행하여 제대로 작동하는지 확인해 보세요.

게임 완성하기

이번에는 몇 가지 업데이트해 보겠습니다. 먼저 정답을 맞힐 때까지 몇 번 시도했는지를 사용자에게 알리려고 합니다. 또한 1부터 100까지의 범위를 코드 안에 직접 지정하는 것은 바람직하지 않습니다. 왜 그럴까요? 앞서 살펴보았듯이 부주의해서 오류가 발생하지 않도록 코드를 작성해야 하기 때문입니다. 예를 들어 범위를 10부터 50까지 또는 1부터 1000까지로 변경하고 싶다면 코드 여러 곳을 수정해야 합니다. 이때 실수하곤 하는데, 이것이 바로 6장에서 알아본 하드 코딩입니다. 프로그래머 대부분은 하드 코딩을 피하려고 합니다.

```python
# 특정 범위의 숫자를 맞히는 게임입니다.
# 사용자는 숫자가 큰지 작은지 힌트를 얻습니다.
# 게임이 끝나면 몇 번 시도했는지를 알려 줍니다.


# 라이브러리 불러오기
import random


# 변수 정의하기
guesses = 0                # 시도 횟수 추적하기
numMin = 1                 # 범위 시작 숫자
numMax = 100               # 범위 끝 숫자
userInput = ""             # 사용자 입력 저장하기
userGuess = 0              # 사용자 입력 숫자로 저장하기


# 무작위 숫자 생성하기
randNum = random.randrange(numMin, numMax + 1)


# 게임 설명하기
print(numMin, "와(과)", numMax, " 사이의 숫자 하나를 정했습니다.")
print("이 숫자는 무엇일까요?")


# 사용자가 맞힐 때까지 반복하기
while randNum != userGuess:
  # 사용자 답 입력받기
  userInput = input("예상 숫자: ").strip()
  # 입력한 값이 숫자인지 확인하기
  if not userInput.isnumeric():
      # 입력한 값이 숫자가 아니라면
      print(userInput, ": 이것은 숫자가 아닙니다!")
```

```
    else:
        # 입력한 값이 숫자라면 계속 진행
        # 시도 횟수 1회 늘리기
        guesses = guesses + 1
        # 입력한 값을 숫자로 변환하기
        userGuess = int(userInput)
        # 숫자 확인하기
        if userGuess < numMin or userGuess > numMax:
            print(userGuess, "은(는) ", numMin, "와(과)", numMax, "사이가 아닙니다.")
        elif userGuess < randNum:
            print("너무 작습니다. 다시 입력하세요.")
        elif userGuess > randNum:
            print("너무 큽니다. 다시 입력하세요.")
        else:
            print("정답입니다! 시도 횟수:", guesses)

# 끝날 때 출력할 메시지
print("즐거우셨나요? 또 만나요!")
```

코드 대부분은 그대로이므로 변경한 부분에만 주목합시다. 먼저 새로운 변수를 살펴봅니다.

```
guesses = 0      # 시도 횟수 추적하기
numMin = 1        최솟값
numMax = 100      최댓값
```

첫 번째 줄은 사용자의 시도 횟수를 저장할 guesses 변수입니다. 여기서는 0으로 초기화하고 사용자가 입력할 때마다 1씩 늘어나도록 했습니다. 그다음 두 줄은 게임에 사용할 범위를 지정하는 변수 2개로, numMin에는 범위 시작인 최솟값을, numMax에는 범위 끝인 최댓값을 저장합니다. 게임을 변경하려면 숫자 생성, 설명문 출력 등 나머지 코드는 그대로 둔 채 이 두 숫자만 바꾸면 됩니다. 숫자 생성 코드를 다음과 같이 수정합니다.

```
# 무작위 숫자 생성하기  범위 시작(최솟값)   범위 끝(최댓값)
randNum = random.randrange(numMin, numMax + 1)
```

numMin으로 범위 시작을, numMax + 1로 범위 끝을 지정합니다. 앞서 살펴본 대로 randrange()는 범위 끝 숫자는 포함하지 않으므로 minMax가 100이라면 무작위로 생성할 수 있는 최대 숫자는 100이 아니라 99입니다. 그러므로 1을 더해 범위 끝을 101로 지정하면 100까지 생성할 수 있습니다.

게임을 설명하는 print() 함수에서도 numMin과 numMax를 사용하는데, 이렇게 하면 올바르게 출력할 수 있습니다. else 안에는 다음 코드가 있습니다.

```
# 시도 횟수 1회 늘리기
guesses = guesses + 1
```

guesses값을 1씩 늘립니다. 즉, guesses가 0일 때 이 코드를 실행하면 1이 됩니다. 그다음은 2가 되겠죠. 이렇게 하면 사용자가 몇 번을 시도했는지 추적할 수 있습니다.

알아 두면 좋아요!

증가하는 변수 만들기

다음 코드는 guesses 변수를 1 늘립니다. 즉, **현재 변수 + 1**로 기존 변수를 덮어씁니다.

```
guesses = guesses + 1
```

다음과 같이 표현할 수도 있습니다.

```
guesses += 1
```

두 번째 예제는 조금 생소해 보일 겁니다. 이는 guesses에 저장된 값을 1씩 늘리라는 파이썬 명령의 단축형입니다. 두 코드의 결과는 똑같습니다. 이러한 단축형은 덧셈 외에도 -= 5(5만큼 줄여라), *= 3(3만큼 곱해라)과 같이 쓸 수도 있습니다. 코드가 짧기도 하고 변수 이름을 반복하지 않으므로 입력 실수를 줄일 수 있다는 이유로 두 번째 표현을 선호합니다.

새로운 if문을 추가하여 범위를 벗어난 값을 입력했는지 확인합니다. 이 코드에서는 범위를 벗어난 값이란 100보다 큰 값을 말합니다. 다음 코드는 userGuess가 최솟값 numMin보다 작거나 최댓값 numMax보다 크면 올바른 숫자 범위를 알려 줍니다.

```
if userGuess < numMin or userGuess > numMax:
    print(userGuess, "은(는)", numMin, "와(과)", numMax, "사이가 아닙니다.")
```

마지막으로 정답을 맞혔다면 다음 메시지를 print()로 출력합니다. 이와 함께 사용자가 정답을 맞힐 때까지 시도한 횟수를 저장한 변수 guesses의 값을 print() 함수로 출력합니다.

```
print("정답입니다! 시도 횟수:", guesses, "번")
```

도전해 보세요

사용자에게 더 많은 피드백을 제공해 보세요　　　　🖬 Challenge 7.2.py

더 많은 피드백을 제공하는 코드를 작성해 봅시다. 단순히 크거나 작다는 메시지 외에 정답에 가까우면 '크다' 또는 '작다'를, 정답과 차이가 나면 '너무 크다' 또는 '너무 작다' 등의 메시지를 출력하려면 어떻게 해야 할까요?

📂 08장
프로그래머가 되자!

지금까지 가장 중요한 프로그래밍 개념 3가지인 변수, 조
건, 루프를 배웠습니다. 8장과 9장에서는 이를 복습하면
서 게임이나 프로그램을 더 정교하게 만드는 방법을 살펴
보고 코딩 테크닉과 모범 사례를 소개하려고 합니다. 이를
통해 간단한 코드 작성에서 벗어나 진정한 프로그래머가
되는 방법을 배우기 바랍니다.

◎ 08-1
프로그래머가 코딩하는 방법

그동안 변수 사용 방법과 if문을 이용한 의사결정 방법, for와 while을 이용한 루프 반복 등 많은 것을 배웠습니다. 이로써 가장 중요한 코딩 개념은 모두 마쳤습니다. 여기서 공부를 멈추어도 여러분은 지금까지 배운 내용만으로도 원하는 프로그램을 얼마든지 만들 수 있습니다.

그럼 앞으로 더 배울 내용이 있을까요? 물론입니다. 그것도 아주 많습니다. 지금부터는 사용자 정의 함수, 변수 범위, 클래스, 딕셔너리, 추가 라이브러리 등을 알아봅니다. 이름은 어렵지만 이들은 깔끔하면서도 보기 쉽고 다시 사용할 수 있는 코드를 만드는 데 도움이 됩니다.

그러나 솔직히 이 부분은 모두 부가 내용입니다. 지금까지 여러분이 배운 기초야말로 진짜 코딩을 떠받치는 힘입니다. 이 장에서는 좀 더 복잡하고 정교한 프로그램을 만들어 보면서 지금까지 배운 내용을 복습할 겁니다.

1장에서 말했듯이 프로그래밍 언어는 누구나 배울 수 있습니다. 그러나 실력 있는 프로그래머가 되려면 이 언어를 어떻게 사용하는지 알아야 합니다. 이 장에서는 프로그램을 만들어 보면서 어떻게 하면 프로그래머처럼 생각할 수 있는지, 프로그래머는 어떻게 코딩하는지를 알아봅시다.

게임은 기획하는 것이 우선

지금까지 만든 프로그램은 비교적 간단했습니다. 7장에서 만들어 본 숫자 맞히기 게임 또한 아주 간단한 프로그램입니다. 진짜 프로그램은 몇천 줄, 심지어는 몇십만, 몇백만 줄에 이르기도 합니다.

실제 프로그램은 규모가 엄청납니다

〈마인크래프트〉는 15만여 줄의 코드로 이루어집니다. 고전 게임인 〈둠〉도 19만 3천 줄에 이르고 〈오버워치〉, 〈포트나이트〉, 〈콜 오브 듀티〉와 같은 최신 게임은 150만~500만 줄에 이른다고 합니다. 그리고 스마트폰 대부분에서 사용하는 안드로이드 운영체제는 1,500만여 줄, 윈도우 운영체제는 5,000만여 줄로 이루어집니다. 이처럼 실제 프로그램은 그 규모가 엄청납니다.

간단한 프로그램이라면 VS 코드를 실행하고, 몇 줄 작성하고, 원하는 대로 움직이는지 확인하면 됩니다.

하지만 프로그램이 복잡해질수록 이 방법은 통하지 않습니다. 집을 지을 때를 생각해 보세요. 집을 지으려면 설계도가 필요합니다. 집의 규모는 어느 정도인지, 방은 몇 개인지, 방의 용도는 각각 무엇인지, 또는 방과 방을 어떻게 연결할지 등 계획을 미리 세워야 합니다. 코딩도 이와 비슷합니다. 코딩을 하려면 먼저 기획이 필요합니다. 필요한 기능은 무엇인지, 사용자가 기대하는 것은 무엇인지, 화면은 어떻게 구성하고 어떤 사용자 경험을 제공할지 등 다양한 내용을 미리 생각해야 합니다.

기획에는 옳고 그름이 없습니다. 어떤 개발자는 문서 프로그램에 메모를 입력합니다. 어떤 개발자는 화이트보드에 전체 구조를 그리기도 합니다. 그러나 무엇으로 어떻게 기획하는지는 중요하지 않습니다. 기획안이 있다는 게 중요합니다.

좋은 프로그램이나 앱을 디자인하려면?

사용자 경험 디자인(user experience design, UX design)이라는 흥미로운 분야가 있습니다. 경험 디자인 분야에서 일하는 사람은 사용자의 경험에 관심을 두므로 앱을 어떻게 사용하는지, 여러 화면 사이를 어떻게 이동하는지 등을 생각합니다. 이는 기획 단계에서 중요한 부분이기도 합니다.

작은 것부터 생각하기

집 짓는 것을 다시 상상해 봅시다. 여러분이 꿈에도 그리던 내 집을 짓기 시작할 때 진흙으로 벽돌을 직접 만들지는 않을 겁니다. 나무로 문이나 창틀을 만들지도 않습니다. 이미 만들어진 다양한 제품을 집 짓는 현장으로 가져와 설치할 겁니다. 물론 조금 변경할 수는 있습니다. 지붕의 기와, 전깃줄, 파이프, 가전제품 등도 마찬가지입니다. 집을 완성하는 것은 복잡하고 힘들기 때문에 누군가가 만들어 놓거나, 바로 사용할 수 있는 제품을 이용하면 그만큼 수고를 덜 수 있습니다.

코딩도 마찬가지입니다. 집이라고 할 수 있는 프로그램과는 별도로 벽돌이나 창틀과 같은 역할을 하는 여러 코드 블록을 먼저 만들어야 합니다. 이렇게 코딩하면 완성된 프로그램과 상관없이 작은 코드 블록을 테스트하거나 수정 등을 할 수 있습니다. 이뿐만 아니라 이러한 코드 블록은 다른 프로그램에서도 사용하거나 응용할 수 있어 다른 프로그램을 만들 때 시간을 절약할 수 있고, 신뢰할 수 있습니다. 가장 중요한 점은 처음부터 큰 프로그램을 작성해야 한다는 부담감이 줄어 여러분이 코딩을 좀 더 쉽게 도전할 수 있다는 것입니다!

◎ 08-2
게임을 기획하는 방법

이 장과 다음 장에서는 〈행맨(Hangman)〉 게임, 즉 단어 맞히기 게임을 만들어 볼 겁니다. 누군가 단어 하나를 골라 몇 자로 이루어지는지를 밑줄 개수로 표시하면 상대는 그 문자를 추측하여 단어를 말합니다. 단어를 맞히거나 틀린 횟수가 일정 수를 넘으면 게임은 끝납니다.

앞서 배운 것과 같이 게임 프로그래밍의 기본은 입력과 입력한 내용을 확인하는 것입니다. 그러나 이번에는 다음과 같은 내용을 더 고려하여 프로그래밍해 봅시다.

- 플레이어는 한 번에 한 문자만 입력해야 합니다. 앞서 본 것처럼 input()을 이용하면 사용자가 문자를 입력할 수 있으나 입력에 제한이 없으므로 몇 자든 가능합니다. 그러므로 사용자가 여러 문자를 입력할 때 대처할 방법을 준비해야 합니다.

- 사용자의 추측을 기억하여 필요한 내용을 출력하고 플레이어가 이겼는지 졌는지를 판단해야 합니다. 6장에서 살펴본 리스트를 활용해 봅시다.

- 앞서 본 것처럼 리스트는 원하는 순서대로 출력하지 않습니다. 그러므로 입력 문자를 적절하게 출력하는 방법이 필요합니다.

- 가장 주의할 부분은 마스킹한 단어를 출력하는 것입니다. apple을 예로 들어 봅시다. 지금까지 맞힌 문자가 a와 e라면 게임에서는 a___e처럼 표시하여 어떤 문자를 맞혔고 남은 문자가 몇 자인지를 플레이어에게 알려야 합니다. 여기서는 마스킹한 문자를 밑줄(_)로 표시했지만, a***e처럼 별표(*)로 표시해도 좋습니다.

지금까지 이번 게임을 프로그래밍할 때 특히 필요한 것들을 설명했습니다. 하나라도 빠진다면 게임은 원하는 대로 작동하지 않습니다. 게임을 완성하기 전에 항목별로 하나의 작은 프로그램을 만든 후 테스트해 봅시다.

> 📖 다시 한번 강조하지만, 하나의 큰 프로그램을 완성하려면 작은 부품과 같은 프로그램부터 먼저 만드는 것이 프로그래밍의 기본입니다.

알아 두면 좋아요!

작은 것부터 테스트하기

프로그래머가 프로그램에 필요한 구성 요소를 개발할 때 이 요소를 테스트하기 위한 코드를 함께 작성합니다. 그리고 훗날 이 요소를 업데이트한다면 테스트 코드 역시 함께 업데이트합니다. 이 테스트 코드는 구성 요소를 사용하는 실제 프로그램이나 게임 일부는 아닙니다. 그저 구성 요소를 독립해서 따로따로 테스트할 뿐입니다. 이러한 것을 바로 **단위 테스트**(unit test)라고 합니다.

이러한 단위 테스트를 통해 프로그래머는 프로그램이나 게임 출시 이전에 오류나 문제점을 미리 발견할 수 있습니다.

사용자 입력 제한하기

사용자로부터 문자 입력을 받는 코드를 작성해 봅시다.

```
currGuess = input("추측한 문자: ")
```

이 코드는 사용자가 입력한 내용을 변수에 저장하는데, 여기서는 현재 추측(current guess)을 뜻하는 currGuess라는 변수 이름을 사용합니다. 단어 맞히기 게임은 사용자로부터 한 문자씩 입력받아야 합니다. 하지만 input()만으로는 입력 문자 수를 제한할 수 없습니다. 무언가 장치가 필요합니다.

이를 처리하는 데는 여러 가지 방법이 있습니다. 입력을 취소하고 다시 입력하라고 할 수도 있으며, 첫 번째 문자만 사용하고 나머지는 무시할 수도 있습니다. 이 외에도 방법은 다양합니다. 프로그래머인 여러분이 어떻게 작동해야 하는지를 정해야 합니다. 이 게임에서는 첫 문자만 사용하고 나머지는 무시하는 방법을 선택하겠습니다. HE라고 입력한다면 E를 무시하고 H만 사용하도록 합니다. 테스트 파일을 만들고 몇 가지 코드를 시험해 봅시다. 먼저 간단한 input() 함수로 시작합니다.

```python
# 문자 추측하기
currGuess = input("추측한 문자:").strip().lower()

# 결과 출력하기
print(currGuess)
```

프롬프트가 나타나면 문자를 입력하고 결과를 확인합니다. input() 함수에는 함수를 2개 사용합니다. 5장에서 살펴본 대로 불필요한 공백을 없애는 strip() 함수와 소문자로 변환하는 lower() 함수입니다. 모든 문자를 소문자로 처리하면 코드가 간단해집니다.

그런데 입력을 1자로 제한하려면 어떻게 해야 할까요? 먼저 len() 함수를 이용하여 사용자가 몇 자를 입력했는지를 확인해야 합니다. 6장에서 len() 함수를 사용하여 리스트의 요소 개수를 센 적이 있습니다. 그때처럼 len() 함수는 문자열의 길이를 구할 때도 사용할 수 있습니다. 다음 if문은 문자열 길이가 1보다 큰지를 확인합니다.

```python
if len(currGuess) > 1:
```

if문이 True라면, 즉 입력한 문자열이 2자 이상이라면 어떻게 처리해야 하나요? 6장에서 [ ]와 인덱스 번호를 이용하면 리스트의 특정 요소에 접근할 수 있다고 했습니다. 예를 들어 다음 코드는 animals 리스트의 세 번째 요소를 반환합니다.

```
animals[2]
```

다음처럼 문자열에도 똑같은 문법을 사용할 수 있습니다.

```
text = "Coding"
text[2]
```

이 코드는 "Coding"이라는 문자열을 저장한 text 변수를 만듭니다. 여기서 text[2]는 무엇을 가리킬까요? 바로 세 번째 문자 d를 가리킵니다. 이는 [0]이 문자열의 첫 번째 문자를 가리킨다는 것을 뜻합니다. 이제 어떻게 사용자의 문자 입력을 제한할지 아이디어가 떠오르나요? 이 문법을 사용하여 코드를 작성해 봅시다.

Do it! 코딩해 보세요　　　　　　　　　　　📄 파일 이름: 08/Design1.py

```python
# 문자 추측하기
currGuess = input("추측 문자: ").strip().lower()

# 1자인지 확인하기
if len(currGuess) > 1:
    currGuess = currGuess[0]

# 결과 출력하기
print(currGuess)
```

실행하면 if문은 currGuess가 정해진 길이를 넘는지 확인합니다. 넘는다면 변수 currGuess에 currGuess[0](첫 번째 문자)을 저장합니다. print() 함수를 실행하는 시점에 currGuess에는 소문자 1자만 저장되어 있습니다. 과제 하나를 해결했습니다. 이 작은 프로그램은 완성할 게임에 사용할 겁니다.

사용자 추측 문자 저장하기

게임을 플레이하는 동안 추측한 문자를 매번 입력합니다. 게임은 이를 기억하여 입력한 문자를 출력하고 마스킹을 업데이트하고 이와 동시에 정답을 맞혔는지 확인합니다. 이때 점점 늘어나는 요소는 어떻게 저장하면 될까요? 바로 6장에서 자세히 살펴본 리스트를 활용합니다. 여기서는 다음과 같이 빈 리스트로 시작합니다.

```python
guessedLetters = []  # 추측 문자를 저장할 리스트
```

그리고 append() 함수를 이용하여 추측했다고 가정한 문자를 리스트에 추가합니다.

append()를 사용하는 코드를 테스트 파일을 만들어 실행해 봅시다. 빈 리스트를 만들고 문자를 입력하는 메시지를 담은 코드를 작성한 후, 다음과 같이 리스트에 임의의 문자를 추가합니다. 마지막으로 print() 함수를 사용하여 결과를 확인해 봅시다.

📋 테스트용이므로 이와 같이 하드 코딩을 해도 괜찮습니다. append() 함수뿐만 아니라 input() 함수도 여러 줄 작성해 보세요.

```python
guessedLetters.append("a")
guessedLetters.append("e")
guessedLetters.append("i")
guessedLetters.append("o")
guessedLetters.append("u")
```

다음처럼 루프를 사용해 프롬프트를 표시할 수도 있습니다.

```python
for i in range (0, 5):
    # 추측 입력받기
    currGuess = input("추측한 문자: ").strip().lower()
    # 리스트에 추가하기
    guessedLetters.append(currGuess)
```

여기서는 5번 반복하고 그때마다 문자를 입력받아 이를 guessedLetters에 추가합니다. 문자가 리스트에 제대로 추가되었는지를 알려면 어떻게 할까요? print() 함수를 이용하면 됩니다. 그리고 sort() 함수로 리스트를 정렬하여 완성한 게임에 사용할 수 있도록 합니다. 다음은 또 하나의 작은 프로그램을 완성한 것입니다.

Do it! 코딩해 보세요　　　　　　　　　　　　　　　파일 이름: 08/Design2.py

```python
guessedLetters = []  # 추측 문자를 저장할 리스트

for i in range (0, 5):
    # 추측 입력받기
    currGuess = input("추측 문자: ").strip().lower()
    # 리스트에 추가하기
    guessedLetters.append(currGuess)

# 리스트 정렬하기
guessedLetters.sort()

# 출력하기
print(guessedLetters)
```

이제 리스트를 출력합니다. 테스트에서 A, E, I, O, U를 추가했다면 결과는 다음과 같습니다.

```
['a', 'e', 'i', 'o', 'u']
```

리스트 출력하기

앞서 출력한 리스트는 올바르지만 보기에 그다지 깔끔해 보이지 않습니다. 이를 좀 개선해 볼까요?

```python
# 출력하기
for letter in guessedLetters:
    print(letter)
```

6장에서 살펴본 것과 같이 이렇게 하면 따옴표나 쉼표, 대괄호 등의 기호가 사라지고 루프 반복 안에서 print() 함수가 1줄에 1자씩 출력합니다. 그러나 바라는 출력 형태와 차이가 있습니다. 이때 3장에서 살펴본 문자열 연결이 필요합니다. 즉, 문자열에 문자를 더할 때는 다음과 같이 코드를 작성합니다.

```
youTried = ""
youTried += letter
```

youTried는 사용자가 추측한 모든 문자를 저장합니다. 빈 문자열로 시작했으며, youTried += letter는 letter 변수에 있는 모든 문자를 youTried 변수에 더합니다. 다음 코드는 지금까지 설명한 내용을 정리한 것입니다.

Do it! 코딩해 보세요   파일 이름: 08/Design3.py

```
guessedLetters = []  # 사용자 추측 문자를 저장할 리스트


if len(guessedLetters) > 0:
    # 입력한 내용이 있다면 빈 문자열로 시작
    youTried = ""
    # 추측한 문자 더하기
    for letter in guessedLetters:
        youTried += letter
    # 출력하기
    print("시도한 문자: ", youTried)
```

이 테스트 코드를 실행하면 아무것도 출력하지 않습니다. guessedLetters 변수가 비었고 if 문에서 len(guessedLetters)가 0보다 큰지, 즉 사용자가 입력한 추측 문자가 있는지를 확인하기 때문입니다. 그러면 guessedLetters에 몇 자를 더해 봅시다. 초기화할 때 더해도 되고 append() 함수를 이용해도 됩니다. 다음과 같이 1줄로 출력할 수 있다면 어떤 방법이든 좋습니다.

> 앞서 만든 Design2.py에서 리스트에 문자를 추가하는 부분을 복사하여 이 코드에 넣고 테스트해 봅시다.

```
시도한 문자: aeiou
```

글자 숨기기

마지막 구성 요소는 앞서 씨름했던 것보다 좀 더 요령이 필요합니다. 마스킹은 앞서 설명했습니다. 그러면 단어에서 원하는 문자를 숨기려면 어떻게 해야 할까요? 다음 3가지가 필요합니다.

- 게임에 사용한 단어
- 지금까지 추측한 모든 문자를 저장한 리스트
- 숨길 문자

실제 게임에서는 무작위로 단어를 고르도록 코딩해야 합니다. 그리고 input() 함수로 입력한 추측 문자를 저장한 리스트가 있어야 합니다. 하지만 테스트 파일에서는 위와 같은 정보가 있는 것처럼 꾸며 실행해야 합니다. 테스트 파일에 다음 코드를 입력해 봅시다.

```
gameWord = "apocalypse"
guessedLetters = ['a', 'e']
maskChar = "_"
```

변수 3개를 만들고 gameWord에는 이 게임에서 사용할 단어로 apocalypse를 저장합니다.

guessedLetters에는 사용자가 a와 e를 추측했다고 가정합니다. 단어 맞히기 게임에서는 모음부터 추측하는 것이 일반적입니다. maskChar은 마스킹 문자를 저장합니다. 실제 완성한 게임에서는 다르게 만들겠지만, 코드를 작성하고 테스트할 때는 이 정도면 충분합니다. 위 코드에 이어서 다음 코드를 추가합니다.

Do it! 코딩해 보세요   파일 이름: 08/Design4.py

```
(... 생략 ...)
# 빈 문자열로 시작하기
displayWord = ""
# 1자씩 루프하기
for letter in gameWord:
    # 추측한 문자가 맞는지?
    if letter in guessedLetters:
        # 맞힌 문자이므로 출력할 문자열에 추가하기
        displayWord + letter
    else:
```

```
      # 틀린 문자이므로 숨기기
      displayWord + maskChar

# 결과 단어 출력하기
print("원래 단어: ", gameWord)
print("마스킹한 단어: ", displayWord)
```

테스트용 코드로, 테스트가 끝나면 삭제합니다.

이 코드는 displayWord라는 변수를 만들고 여기에 마스킹한 단어를 저장합니다. 6장에서 살펴본 루프를 이용하여 이 과정을 처리합니다.

```
for letter in gameWord:
```

gameWord에 저장한 단어를 대상으로 1자씩 루프를 돕니다. 그리고 그때마다 if문을 호출합니다.

```
if letter in guessedLetters:
```

if문은 이 문자가 guessedLetters 리스트에 있는지를 확인하는데, 있다면 이미 맞힌 문자라는 뜻입니다. 맞힌 문자라면 출력하려고 displayWord에 더합니다. 그렇지 않다면 마스킹 문자를 대신 더합니다.

마지막 print() 함수 2개는 테스트용 코드입니다. 게임을 완성할 때는 포함되지 않으나 이 코드가 올바르게 작동한다는 것을 알려 주는 역할을 합니다. 첫 번째 함수는 게임 단어를 출력하고, 두 번째 함수로는 마스킹한 단어가 어떤 모습인지를 확인합니다.

이 예제에서 a와 e 모두 apocalypse라는 단어에 있습니다. 그러므로 코드를 실행하면 다음과 같이 출력해야 합니다.

```
원래 단어: apocalypse
마스킹한 단어: a__a___e
PS D:\Python> ▮
```

그러나 실제 실행한 결과는 다음과 같습니다.

```
원래 단어: apocalypse
마스킹한 단어:
PS D:\Python> ▮
```

코드에 오류가 있군요. 이것이 바로 별도의 테스트 코드를 작성하는 이유입니다. 어디가 잘못 되었는지 알려면 루프와 if문 안에서 무슨 일이 일어나는지 알아야 합니다. 그러려면 코드 곳 곳에 print() 함수를 두어 단계별로 일어난 내용을 확인하는 것이 좋습니다.

```
5    # 빈 문자열로 시작하기
6    displayWord = ""
7    # 1자씩 루프하기
8    for letter in gameWord:                    디버깅용 print() 함수
9        print(letter)
10       # 추측한 문자가 맞는지?
11       if letter in guessedLetters:
12           print("맞힌 문자입니다.")
13           # 맞힌 문자이므로 출력할 문자열에 추가하기
14           displayWord + letter
15       else:
16           print("틀린 문자입니다.")
17           # 틀린 문자이므로 숨기기
18           displayWord + maskChar
19    print("displayWord는", displayWord, "입니다.")
```

저장하고 실행하면 여러 가지 내용을 한꺼번에 출력합니다. 이 결과를 보면 맞힌 문자와 그렇 지 않은 문자를 if문이 올바르게 확인하는지 알 수 있습니다. 출력 결과를 보면 displayWord 가 그대로입니다. 이는 displayWord를 업데이트하는 코드에 문제가 있다는 것을 알 수 있습 니다. 다음 2줄의 코드가 displayWord를 업데이트하는 코드입니다.

```
displayWord + letter
```

```
displayWord + maskChar
```

이 두 줄의 코드에서 버그를 발견했습니다! 이 코드는 맞힌 문자나 마스킹 문자를 displayWord에 더합니다. 문법적으로는 문제가 없으나 결과를 저장하지 않아 dispalyWord 가 업데이트되지 않습니다. 그러므로 +가 아닌 +=로 코드를 수정합니다.

> 👆 용어 익히기
>
> **버그** 코드가 올바르게 작동하지 않을 때 프로그래머는 코드에 버그(bug)가 있다고 표현하며 버그를 찾는 것 을 **디버깅**(debugging)이라고 합니다. 그리고 버그를 찾는 데 도움이 되는 **디버거**(debugger)라는 도구를 이용하기도 합니다. '부록'을 참고하세요.

테스트용으로 추가한 print() 함수도 모두 삭제하고 다시 테스트합니다. 이번에는 마스킹한 단어가 올바르게 출력될 겁니다.

그러나 좀 더 테스트해 봅시다. guessedLetters 리스트에 더 많은 문자를 추가해 보겠습니다. 먼저 다음과 같은 아무런 요소도 포함하지 않는 빈 리스트로 시작합니다.

```
guessedLetters = []
```

빈 리스트에 a, e 외에 다른 추측 문자를 추가해 보세요. 여러 조합을 넣어 문제가 없는지 테스트합니다.

그러나 아직 개선할 게 하나 남았습니다. 아무것도 입력하지 않았을 때는 어떻게 해야 할까요? 이 코드는 gameWord 안의 모든 문자를 대상으로 각 문자가 빈 리스트 guessedLetters 안에 있는지를 확인할 겁니다. 마스킹 코드는 guessedLetters가 비었을 때도 작동하지만, 단어에 포함된 문자가 for 루프와 guessedLetters 안에 있는지를 확인하는 if문은 필요 없습니다. 리스트가 비었다면 결과는 항상 모든 문자를 마스킹한 displayWord이기 때문입니다.

게임을 시작할 때는 사용자가 추측한 문자가 없으므로 루프 전체를 건너뛰고 모든 문자를 마스킹한 문자열로 displayWord를 초기화합니다. 3장에서 살펴보았듯이 3 * 5는 "3" * 5와 다릅니다. 3 * 5는 3에 5를 곱한 15를 반환하지만, "3" * 5는 "3"을 5번 반복한 "33333"을 반환합니다. 여기서는 문자열 반복이 필요하므로 다음과 같이 테스트 코드를 작성합니다.

```
maskChar = "_"
gameWord = "hello"
displayWord = maskChar * 5


print(displayWord)
```

테스트해 보면 밑줄 5개로 이루어진 displayWord를 출력합니다. maskChar에는 마스킹에 사용할 문자를 저장합니다. 여기서는 밑줄(_)을 사용했으나 별표(*)처럼 알파벳이 아닌 다른 문자로 바꿔도 됩니다.

gameWord는 문자 5개로 이루어진 hello이므로 maskChar * 5로 해당 길이만큼 마스킹한 문자열을 만듭니다. 이렇게 해도 잘 작동하지만, 게임 단어가 항상 5자일 리는 없습니다. 마스킹한 displayWord는 항상 gameWord 길이와 일치해야 합니다. 이럴 때는 len() 함수로 gameWord의 길이를 구합니다. 다음 코드는 이 내용을 반영하여 업데이트한 것입니다.

```
maskChar = "_"
```

```
gameWord = "hello"
displayWord = maskChar * len(gameWord)


print(displayWord)
```

이제 코드를 테스트해 보세요. gameWord를 길이가 다른 단어로 바꾸고 마스킹 문자도 다른 것으로 바꿔 보세요.

출력을 이용하여 디버깅하기

여기서는 print() 함수를 임시로 추가하여 디버깅했습니다. 이 구문을 사용하면 코드가 어떻게 작동하는지 엿볼 수 있습니다. 이는 프로그래머가 자주 쓰는 디버깅 방식으로, 코딩이 처음 생겼을 때부터 사용했습니다. 앞서 이야기한 디버깅 도구(디버거) 역시 또 하나의 방법인데, 이를 이용하면 프로그램을 실행하는 동안 변수 내용과 개별 코드 작동을 확인할 수 있습니다.

9장
단어 맞히기 게임 만들기

8장에서는 〈행맨〉 게임으로 알려진 단어 맞히기 게임을 기획했습니다. 이 장에서는 앞에서 기획하고 테스트했던 내용을 적용하여 직접 〈행맨〉 게임을 완성하고, 어떻게 작동하는지 원리를 이해해 봅니다.

◎ 09-1
게임 완성하기

단어 맞히기 게임의 원리는 이제 이해했을 겁니다. 지금부터는 8장에서 만든 작은 프로그램들을 조립하여 하나의 게임 프로그램을 완성해 봅시다. Hangman.py라는 이름으로 파일을 만들고 다음 코드를 입력합니다. 100줄가량의 긴 코드이므로 내용을 확인하며 천천히 입력하세요.

📋 코드가 제법 길지만, 연습 삼아 직접 입력해 보는 것이 좋습니다.

Do it! 코딩해 보세요　　　　　　　　　　　📋 파일 이름: 09/Hangman.py

```python
# 라이브러리 불러오기
import random


# 변수 초기화하기
maxLives = 7          # 최대 허용 추측 횟수
maskChar = "_"        # 마스킹 문자
livesUsed = 0         # 시도 횟수
guessedLetters = []   # 사용자 추측 문자를 저장할 리스트


# 게임 단어 리스트
gameWords = ["anvil", "boutique", "cookie", "fluff",
             "jazz", "pneumonia", "sleigh", "society",
             "topaz", "tsunami", "yummy", "zombie"]


# 게임에 사용할 단어 고르기
gameWord = random.choice(gameWords)


# 전체를 마스킹한 문자열로 시작하기
displayWord = maskChar * len(gameWord)
```

9장 • 단어 맞히기 게임 만들기　**145**

```python
# 게임 시작하기
# 단어를 맞히거나 최대 횟수에 이를 때까지 루프
while gameWord != displayWord and livesUsed < maxLives:

    # 먼저 마스킹한 단어 출력하기
    print(displayWord)

    # 다음으로 이미 추측한 문자 표시하기
    # 보기 좋게 리스트를 문자열로 만들기
    # 이미 추측한 문자가 있는지?
    if len(guessedLetters) > 0:
        # 입력한 내용이 있다면 빈 문자열로 시작하기
        youTried = ""
        # 추측한 각 문자 더하기
        for letter in guessedLetters:
            youTried += letter
        # 출력하기
        print("시도한 문자:", youTried)

    # 남은 시도 횟수 출력하기
    print(maxLives - livesUsed, "번 남았습니다.")

    # 보기 좋게 빈 줄 출력하기
    print()

    # 추측 문자 입력받기
    currGuess = input("추측 문자:").strip().lower()
    # 1자만 입력받기
    if len(currGuess) > 1:
        currGuess = currGuess[0]
```

```python
# 같은 문자 반복 추측 방지하기
if currGuess in guessedLetters:
    print("이미 추측한 문자입니다:", currGuess)
else:
    # 새로운 추측 문자이므로 추측 문자 리스트에 저장하기
    guessedLetters.append(currGuess)
    # 리스트 정렬하기
    guessedLetters.sort()


    # 마스킹 업데이트하기
    # 빈 문자열로 시작하기
    displayWord = ""
    # 1자씩 루프하기
    for letter in gameWord:
        # 필요한 마스킹 또는 문자 추가하기
        # 추측한 문자가 맞는지?
        if letter in guessedLetters:
            # 맞힌 문자이므로 출력할 문자열에 추가하기
            displayWord += letter
        else:
            # 아직 맞히지 않은 문자는 마스킹하기
            displayWord += maskChar


    # 올바른 추측인가요?
    if currGuess in gameWord:
        # 정답이라면
        print ("올바른 추측입니다.")
    else:
        # 정답이 아니라면
        print ("틀렸습니다.")
```

```
            # 시도 횟수 1회 늘리기
            livesUsed += 1


        # 보기 좋게 빈 줄 출력하기
        print()


# 게임을 끝내고 결과 출력하기
if displayWord == gameWord:
    # 이겼다면
    print ("여러분이 이겼습니다. 단어는", gameWord, "입니다!")
else:
    # 졌다면
    print ("여러분이 졌습니다. 정답:", gameWord)
```

실행하면 몇 자로 이루어진 단어인지를 확인할 수 있습니다. 그리고 남은 시도 횟수를 출력하고, 문자를 추측하는 동안 틀렸는지 맞혔는지를 알려 줍니다. 게임 테스트를 여러 번 해보면서 이겼을 때와 졌을 때 각각 어떤 일이 일어나는지 직접 확인해 보세요.

09-2

작동 원리 이해하기

어떤 게임인지 알았다면 코드를 좀 더 자세히 살펴봅시다. 여기서는 몇 가지 중요한 부분을 중심으로 알아봅니다. 이 코드도 random 라이브러리를 불러오는 것에서 시작합니다.

```
# 라이브러리 불러오기
import random
```

다음으로, 사용할 여러 가지 변수를 생성합니다.

```
# 변수 초기화하기
maxLives = 7           # 최대 허용 추측 횟수
maskChar = "_"         # 마스킹 문자
livesUsed = 0          # 시도 횟수
guessedLetters = []    # 사용자 추측 문자를 저장할 리스트
```

maxLives에는 몇 번까지 잘못 맞혀도 되는지 최대 허용 횟수를 저장합니다. livesUsed에는 사용자가 잘못 추측한 횟수를 저장할 것이므로 0으로 초기화합니다. guessedLetters는 사용자가 추측해 맞힌 문자를 저장할 리스트입니다.

> **알아 두면 좋아요!**
> **변수 설명에는 주석을 이용하세요**
> 여기서는 변수마다 주석을 추가했습니다. 이렇게 하면 입력한 자신뿐 아니라 다른 사람이 나중에 코드를 읽고 이해하기가 훨씬 편합니다. 여러분도 설명이 필요한 부분에는 꼭 주석을 활용하세요.

다음 설명할 코드는 컴퓨터가 고를 수 있는 단어 목록입니다. 여기서는 다음과 같이 단어 12개를 입력했는데, 수정하거나 더해도 됩니다.

```
# 게임 단어 리스트
gameWords = ["anvil", "boutique", "cookie", "fluff",
             "jazz", "pneumonia", "sleigh", "society",
             "topaz", "tsunami", "yummy", "zombie"]
```

컴퓨터는 한 단어를 무작위로 골라 gameWord라는 변수에 저장합니다. 물론 이 역시도 이미 살펴본 내용입니다.

```
# 게임에 사용할 단어 고르기
gameWord = random.choice(gameWords)
```

8장에서 기획한 내용대로 이 코드에는 실제 단어를 저장한 gameWord와 마스킹하여 출력할 단어를 저장한 displayWord를 변수로 사용합니다.

> **알아 두면 좋아요!**
>
> **여러 줄 리스트 보기 좋게 작성하기**
> 지금까지 다룬 리스트는 모두 한 줄이었습니다. 이와 달리 여기서 사용한 gameWords 리스트는 읽기 쉽도록 여러 줄에 걸쳐 작성했습니다. 파이썬에서는 리스트의 끝이나 시작을 표시할 때 줄 바꿈을 하지 않고 앞서 본 대괄호 [와]를 사용하므로 이렇게 작성할 수 있습니다. 그러므로 쉼표로 요소를 구분하고 [와]로 감싸기만 한다면 문제 없습니다.

마스킹한 단어는 사용자가 플레이할 때마다 업데이트해야 합니다. 사용자가 추측하기 전에는 다음과 같이 8장에서 만든 최적화 코드로 단어 전체를 마스킹합니다. maskChar * len(gameWord)는 게임에 사용할 단어의 문자와 똑같은 개수의 마스킹 문자를 생성합니다.

```
# 전체를 마스킹한 문자열로 시작하기
displayWord = maskChar * len(gameWord)
```

그다음에 루프를 정의하여 실제로 게임을 시작합니다.

```
while gameWord != displayWord and livesUsed < maxLives:
```

while 루프는 2가지 조건이 True일 때에는 게임을 계속 진행합니다. 첫째, 단어를 못 맞히거나 둘째, 시도 횟수가 아직 남았을 때입니다. 여기서는 and를 이용하여 이 조건을 연결하고 둘 중 하나의 조건이 False가 되면 루프를 끝냅니다. 즉, 단어를 맞히거나 남은 시도 횟수가 0이 될 때입니다.

그 아래 들여 쓴 코드의 첫 줄에서는 전체를 마스킹한 단어를 출력합니다. 처음에는 단어 전체를 숨기나 게임을 진행하면서 사용자가 문자를 맞힐수록 마스킹 문자를 하나씩 없앱니다.

```
# 먼저 마스킹한 단어 출력하기
print(displayWord)
```

사용자는 앞서 추측한 문자가 무엇인지 알아야 합니다. 다음 if문부터는 추측한 문자가 있는지를 확인합니다.

```
if len(guessedLetters) > 0:
```

이미 추측한 문자가 있다면 이를 출력합니다. 다음 코드를 통해 시도 횟수가 몇 번 남았는지 사용자에게 알릴 수 있습니다.

```
# 남은 시도 횟수 출력하기
print(maxLives - livesUsed, "번 남았습니다.")
```

이제 추측한 문자를 입력할 수 있도록 프롬프트를 표시하고 입력한 문자를 1자로 제한합니다. 그리고 이미 추측한 문자인지를 다음 if문으로 확인합니다.

```
if currGuess in guessedLetters:
```

이미 추측했던 문자라면 이 사실을 알립니다. 그렇지 않다면 이 문자를 guessedLetters 리스트에 추가하고 8장에서와 같이 리스트를 정렬합니다.

```
# 새로운 추측 문자이므로 추측 문자 리스트에 저장하기
guessedLetters.append(currGuess)
# 리스트 정렬하기
guessedLetters.sort()
```

새로운 문자를 guessedLetters에 추가했으므로 이제 마스킹하여 출력할 displayWord를 업데이트해야 합니다. 8장에서 충분히 테스트한 내용이므로 어려움은 없을 겁니다.

```
# 올바른 추측인가요?
if currGuess in gameWord:
```

```
    # 정답이라면
    print ("올바른 추측입니다.")
else:
    # 정답이 아니라면
    print ("틀렸습니다.")
    # 시도한 횟수 하나 늘리기
    livesUsed += 1
```

이 코드는 if문을 이용하여 추측한 문자가 gameWord에 있는지 확인합니다. 있다면 **올바른 추측입니다.**를 출력하고 없다면 **틀렸습니다.**를 출력함과 동시에 livesUsed += 1 코드로 시도한 횟수를 1 늘립니다. while 루프는 이 코드를 이용하여 플레이어가 최대 시도 횟수에 이르렀는지를 확인하고 게임을 끝냅니다.

알아두면 좋아요!

한 줄로 if문 줄이기

알다시피 프로그래머는 간결하고 정확한 코드를 좋아합니다. 그래서 코드 최적화 기법 하나를 소개하려고 합니다. 다음 코드를 보세요.

```
for letter in gameWord:
    # 필요한 마스킹 또는 문자 추가하기
    # 추측한 문자가 맞는지?
    if letter in guessedLetters:
        # 맞힌 문자이므로 출력할 문자열에 추가하기
        displayWord += letter
    else:
        # 아직 맞히지 않은 문자는 마스킹하기
        displayWord += maskChar
```

이 코드는 gameWord에 포함된 문자를 대상으로 루프를 돌며 반복할 때마다 guessedLetters 리스트에 해당 문자가 있는지 if문으로 확인합니다. 그리고 if문의 판단에 따라 displayWord에 문자를 더하거나 마스킹합니다.

그럼 다음 코드를 보세요. 이 코드는 앞의 if문과 똑같은 작업을 단 한 줄로 수행합니다.

```
# 필요한 마스킹 또는 문자 추가하기
displayWord += letter if letter in guessedLetters else maskChar
```

한 줄로 만든 코드를 해석하면 "displayWord에 무언가를 더한다. 무엇을? 해당 문자가 guessedLetters에 이미 있다면 그 문자를, 그렇지 않다면 마스킹 문자를 더한다."라는 뜻입니다. 물론 결과는 앞서 본 코드와 똑같습니다. 이 버전은 4줄의 if문을 1줄로 바꾼 것입니다. 다양한 곳에서 응용해 보세요.

단, 조심할 점이 있습니다. 이처럼 1줄 if문을 사용할 때는 먼저 일반적인 여러 줄 if문으로 코드를 테스트해야 합니다. 그리고 제대로 작동한다면 이를 짧게 수정합니다. 이렇게 하면 정확하게 구현할 수 있습니다.

이 코드는 while 루프 바깥에 있으므로 게임이 끝날 때만 실행합니다. 이 코드에 다다르면 플레이어는 이기거나 졌을 겁니다.

```python
# 게임을 끝내고 결과 출력하기
if displayWord == gameWord:
    # 이겼다면
    print ("여러분이 이겼습니다. 단어는", gameWord, "입니다!")
else:
    # 졌다면
    print ("여러분이 졌습니다. 정답:", gameWord)
```

if문으로 displayWord에 마스킹 문자가 여전히 있어 displayWord와 gameWord가 일치하지 않는다면 졌다는 메시지와 함께 정답을 출력합니다. 그러나 displayWord와 gameWord가 일치한다면, 즉 마스킹 문자가 더 이상 없다면 사용자가 이긴 것이므로 **여러분이 이겼습니다.**라는 메시지를 출력합니다.

만약 이 긴 코드를 한 번에 작성하고 테스트까지 했다면 힘들었을지 모릅니다. 그러나 8장에서 미리 이 게임을 기획하고 중요한 기능별로 작은 프로그램을 만들어 테스트해보았기에 9장에서는 본격적으로 이 게임을 만들어 실행하였을 때 문제가 없었습니다. 이러한 과정들이 바로 프로그래머가 하나의 프로그램을 만드는 과정입니다.

사용자가 아무것도 입력하지 않았다면?

📄 Challenge 9.1.py

우리가 놓친 부분이 있습니다! 만약 사용자가 아무것도 입력하지 않으면 어떻게 될까요? 기획할 때
이 부분을 빠뜨렸습니다.

다음과 같이 while 루프를 이용하여 추측 문자가 너무 길거나 너무 짧지 않게 처리해 봅시다.

```
currGuess = ""
while len(currGuess) != 1:
```

> 📖 이와 같이 프로그램을 사용하다 보면 프로그래머
> 스스로 또는 사용자에 의해 여러 실수들을 발견하
> 게 됩니다. 그래서 프로그래머들은 버전 1.1 또는
> 2 등으로 프로그램을 업그레이드하는 것입니다.

게임을 좀 더 꾸며 보세요

📄 Challenge 9.2.py

우리는 앞서 남은 시도 횟수를 다음 코드를 통해 출력했습니다.

```
# 남은 시도 횟수 출력하기
print (maxLives - livesUsed, "번 남았습니다.")
```

이번에는 게임을 더욱 재밌게 꾸며 보기 위해 한 글자 틀릴 때마다 교수대에 얼굴, 몸통, 팔, 다리 등
의 그림을 각각 그려 남은 시도 횟수를 알리도록 앞서 완성한 코드를 수정해 봅시다. 이때 (), ¦, /,
\와 같은 간단한 문자를 이용합니다. 먼저, 다음 코드는 게임을 시작하면 보일 교수대 그림부터 출력
합니다.

```
print(" ¦---------")
print(" ¦ / ¦")
print(" ¦/ ¦")
print(" ¦")
print(" ¦")
print(" ¦")
print(" ¦")
print(" ¦")
print(" ¦")
print("---")
```

알아 두면 좋아요!

이스케이프 문자로 특수 문자 표현하기

문자열에 \t를 입력하면 파이썬은 이를 탭(tab)으로 바꿉니다.

```
# 탭 문자를 넣어 출력하기
print("Hello\tcoders!")
```

그러면 탭 문자를 포함하여 다음과 같이 출력합니다.

```
Hello    coders!
PS D:\Python>
```

이 외에도 특수 문자를 사용할 수 있습니다. 예를 들어 \n은 줄 바꿈(new line)을 넣습니다.

```
# 두 줄로 줄 바꿈 하여 출력하기
print("Hello\ncoders!")
```

출력 결과는 다음과 같습니다.

```
Hello
coders!
PS D:\Python>
```

이 방법은 문자열 안에 작은따옴표(\')나 큰따옴표(\")를 넣을 때도 사용할 수 있습니다. 이를 이스케이프 문자라고 하며, 모두 역슬래시로 시작합니다.

여기서 문제입니다. 파이썬에서는 이스케이프 문자로 \를 사용한다고 했습니다. 그렇다면 역슬래시 자체는 어떻게 출력할까요? 이럴 때는 표시할 역슬래시(\) 앞에 이스케이프 문자인 \를 추가하여 앞서 살펴본 것처럼 \\라고 입력하면 됩니다.

🖐 10장
간단한 프로그램 만들기

이 장에서는 3가지 프로그램을 만들어 봅니다. 지금까지 배운 내용을 활용하면 원하는 프로그램을 얼마든지 만들 수 있습니다. 새로운 주제나 코드를 배우는 대신 코딩을 반복하여 실력을 향상해 봅시다.

10-1
생일 카운트다운 프로그램 만들기

생일은 언제나 기다려집니다. 여기서는 생일까지 며칠이 남았는지를 계산하는 프로그램을 만들어 봅니다. 이 장에서는 구체적인 코드보다는 문제를 이해하는 데 도움이 되는 내용 중심으로 설명할 것입니다.

필요한 요소 정리하기

본격적인 프로그래밍을 하기에 앞서 어떤 요소가 필요한지 생각해 봅시다.

- 현재 날짜를 알아야 합니다.
- 다가올 생일이 언제인지 알아야 합니다.
- 현재 날짜와 다가올 생일을 계산하여 일수를 계산해야 합니다.

> 📖 이 장에서는 전체 코드를 자세히 설명하지 않습니다. 코드를 작성하는 데 어려움이 생긴다면 자료실에서 내려받은 예제를 참고하기 바랍니다.

코딩 방법 생각해 보기

날짜를 사용하려면 datetime 라이브러리를 불러와야 합니다. 그리고 오늘 날짜는 어떻게 얻을까요? 3장에서 본 내용을 떠올려 봅시다.

```
today = datetime.datetime.now()
```

이 예제에서 today는 datetime 자료형 변수입니다. 그러면 원하는 날짜를 datetime 자료형 변수로 만들려면 어떻게 해야 할까요?

```
piday = datetime.datetime(2022, 3, 14)
```

datetime()에 연, 월, 일을 인수로 전달하면 원하는 자료형의 변수를 만들 수 있습니다. 테스트 파일을 만들어 다음과 같이 코드를 입력한 후, 제대로 만들었는지는 print(piday)로 확인해 봅시다. 이 코드는 날짜를 하드 코딩했는데, 다음처럼 사용자가 연, 월, 일을 입력하도록 하고 이를 변수에 담아 전달할 수도 있습니다.

```
birthday = datetime.datetime(yy, mm, dd)
```

그럼, 날짜는 어떻게 계산할까요? 오늘 날짜를 저장한 **today**와 다가올 생일을 저장한 **birthday**라는 변수가 2개 있다면 다음처럼 간단한 연산으로 두 날짜의 차이를 계산할 수 있습니다.

```
daysUntilBirthday = birthday - today
```

알아 두면 좋아요!

인수를 정확히 전달해야 해요

앞서 설명했듯이 **datetime** 자료형 변수를 생성할 때는 연, 월, 일을 인수로 반드시 전달해야 합니다. 시각까지 다루고 싶다면 마찬가지로 시, 분, 초를 인수로 전달합니다. 시각을 전달하지 않으면 시, 분, 초는 모두 0이 되어 자정을 뜻하게 됩니다.

도전해 보세요

더 재밌게 만들어 보세요   📄 Challenge 10.1.py

사용자가 입력하거나 하드 코딩한 연, 월, 일을 이용하면 쉽게 계산할 수 있습니다. 여기서는 월과 일만 입력받으면 됩니다. 생일이 지났다면 내년 생일을, 그렇지 않다면 올해 생일을 계산하기 때문에 연도는 자동으로 계산하도록 코드를 수정해 봅시다.

◎ 10-2
서비스 팁 계산기 만들기

미국이나 유럽 등의 음식점에서는 좋은 서비스에 대한 고마움의 뜻으로 직원에게 팁을 줍니다. 팁은 직접 계산해서 주거나 계산서에 적힌 금액만큼 줄 수도 있습니다. 계산서 금액과 팁 비율을 이용하여 팁을 계산하는 프로그램을 만들어 봅시다.

필요한 요소 정리하기

본격적인 프로그래밍을 하기에 앞서 어떤 요소가 필요한지 생각해 봅시다.

• 음식값을 알아야 합니다.

• 팁의 비율을 정해야 합니다(이때, 미리 코드에 비율을 입력하거나 사용자에게 비율을 입력받아 정할 수도 있습니다.).

• 팁을 계산한 후, 변수에 저장하는 것이 필요합니다.

• 마지막으로 음식값, 팁, 음식값과 팁을 합한 지불할 금액 등 모든 정보를 출력하는 것이 필요합니다.

코딩 방법 생각해 보기

테스트 파일을 하나 만들어 변수 billAmount에 음식값으로 51.76을 저장하고, 변수 tipPercent에 팁 비율로 18.5를 저장합니다.

> 📖 이 책은 번역서로, 음식값을 51.76달러로 입력하였습니다.

```
billAmount = 53.76
tipPercent = 18.5
```

이어서 계산 결과를 다음과 같이 변수에 저장해 봅시다.

```
tipAmount = billAmount / 100 * tipPercent
total = billAmount + tipAmount
```

계산이 올바른지 print() 함수로 결과를 출력합니다. 이때 음식값, 팁, 음식값과 팁을 합한 전체 지불 금액을 출력하는 것이 좋습니다.

이 코드가 제대로 작동한다면 input() 함수를 사용하여 billAmount와 tipPercent의 값을 사용자에게 입력받도록 작성해 봅시다.

📋 if문과 루프를 사용하면 사용자가 올바른 숫자를 입력하도록 유도할 수 있습니다.

참고로, 반올림이 필요하다면 round() 함수를 사용합니다. round(num, 2)라고 하면 소수점 둘째 자리에서 반올림한 num을 반환합니다.

도전해 보세요

기능을 추가해 보세요　　　　　　　　　　　　　　　　　📄 Challenge 10.2.py

다음과 같은 내용을 추가해 프로그램을 좀 더 재밌게 만들어 볼까요?

과제 1

사용자에게 서비스 평점(1~5점)을 매기도록 하고, 평점에 따라 팁 비율을 정하여 팁을 계산합니다. 예를 들어, 2점이라면 팁 비율을 10%로, 3점이라면 15%와 같이 정하여 계산하는 프로그램을 만들어 봅시다.

과제 2

'과제 1'과 더불어 식사 인원에 따라 전체 금액을 더치페이할 수 있도록 계산하는 프로그램을 만들어 봅시다. 사용자에게 식사 인원을 입력받아 전체 금액을 식사 인원만큼 나눠 계산하고 이를 출력합니다.

10-3
비밀번호 생성기 만들기

인터넷에서 비밀번호를 정해야 할 때, password123과 같은 비밀번호는 안전하지 않습니다. 이름이나 전화번호를 사용하는 것도 마찬가지입니다. 보안에 신경 쓰는 사람이라면 4E@:3x& 12)PLsx와 같은 안전한 비밀번호를 사용할 것입니다. 그러나 이런 독특한 비밀번호를 만들기 는 쉽지 않습니다.

필요한 요소 정리하기

앞에서 설명한 것처럼 프로그래밍은 필요한 요소를 명확히 정의하는 것부터 시작합니다. 다음은 이번 프로그램에 필요한 내용입니다.

- 비밀번호를 생성할 수 있다는 메시지를 출력하는 것이 필요합니다.
- 미리 비밀번호로 어떤 문자(대소문자, 숫자, 기호 등)를 포함할지 염두해두고 이를 사용자에게 물어보는 것이 필요합니다.
- 비밀번호의 길이를 정해야 합니다.
- 비밀번호용 빈 문자열을 만들어야 합니다.
- 사용자가 원하는 길이의 비밀번호가 될 때까지 루프를 돌며, 무작위로 문자, 숫자, 특수 문자를 뽑아 비밀번호 변수에 추가해야 합니다.
- 마지막으로 새롭게 생성한 비밀번호를 출력하는 것이 필요합니다.

알아 두면 좋아요! 세상에서 가장 안전하지 않은 비밀번호

가장 흔하게 사용하는 비밀번호는 다음과 같습니다. 혹시 여러분도 쓰고 있나요? 참고로 123456은 2,500만 곳이 넘는 사이트의 사용자들이 사용한답니다!

123456	1234567	123456789
qwerty	password	

코딩 방법 생각해 보기

문자열에서 무작위로 하나를 뽑는 방법은 다음과 같습니다. 여러 번 해본 내용이므로 이제는 익숙할 겁니다.

```
letter = random.choice("ABCDEFGHIJKLMNOPQRSTUVWXYZ")
```

이보다 더 간단한 방법이 있습니다. 파이썬이 제공하는 string 라이브러리에는 문자열을 다룰 때 필요한 다양한 기능이 있습니다. string은 변수와 비슷하지만, 변경할 수 없고 읽을 수만 있는 상수도 정의하므로 이를 이번 프로그램에서 사용합니다.

> 🔧 **용어 익히기**
>
> **상수** 필요에 따라 바꿀 수 있는 변수와 달리 **상수**(constant)란 프로그램으로는 바꿀 수 없는 값을 말합니다. 여기서 사용할 상수처럼 일부 상수는 파이썬에 내장되어 있습니다. 필요에 따라 상수를 직접 만들어 사용할 수도 있습니다.

테스트 파일을 이용해 다음 코드를 실행해 보세요.

```
import string
print(string.ascii_uppercase)
```

이 코드는 random이나 datetime과 같은 방식으로 string 라이브러리를 불러옵니다. 그리고 string.ascii_uppercase를 출력합니다. ascii_uppercase는 A부터 Z까지의 대문자를 저장한 상수로, string 라이브러리의 일부입니다. 또 다른 상수로 ascii_letters가 있는데, 여기에는 A부터 Z까지의 대문자와 소문자를 모두 저장합니다. 무작위로 하나를 고르려면 다음과 같이 사용합니다.

```
import string
import random


letter = random.choice(string.ascii_letters)


print(letter)
```

그 밖에 어떤 상수가 더 있을까요? VS 코드에서 string.을 입력하면 다음처럼 팝업 목록으로 보여 주므로 확인할 수 있습니다. 이 가운데 유용한 상수 몇 가지를 소개합니다.

📧 여기에서 소개하는 상수는 그다지 많이 사용하지 않지만, 파이썬이 제공하는 것이므로 알아 두었다가 필요할 때 사용하세요.

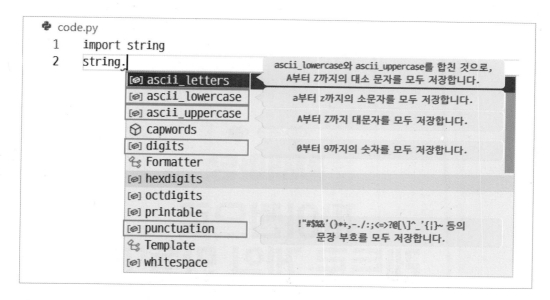

앞서 본 것처럼 += 연산자를 이용하면 문자열을 더할 수 있습니다.

```
myString = "abc"
myString += "def"
print(myString)
```

이 예제에서는 abc를 저장한 변수에 def를 더했습니다. 물론 print()로 출력한 결과는 abcdef입니다.

도전해 보세요

적어도 1자 이상 포함하도록 해보세요
📄 Challenge 10.3.py

회원 가입을 할 때 비밀번호 생성 규칙을 본 적이 있나요? 예를 들어 "비밀번호는 6~8자 이상이어야 하며 영문 대문자 또는 소문자를 1자 이상, 숫자 1자 이상, 특수 문자 1자 이상을 반드시 포함해야 합니다."와 같은 규칙 말입니다.

만약 영문 대소 문자, 숫자, 특수 문자 중 무작위로 6자를 생성한다고 하면 숫자로만 이루어진 비밀번호를 생성할 수도 있고, 문자로만 이루어진 비밀번호를 생성할 수도 있습니다.

위와 같은 규칙에 적합한 비밀번호를 생성하기 위해서 프로그램을 어떻게 만들어야 할까요?

이번에는 미리 예제 파일을 참고하여 코드를 분석하며 문제 해결 방법을 생각해 봅시다.

둘째마당

파이썬으로
레트로 게임 만들기

둘째마당에 온 것을 환영합니다. 첫째마당에서는 애플리케이션을 만들 때 필요한 기본 지식을 배우고 개발 도구를 설치하여 파이썬 게임 프로그래밍 준비를 마쳤습니다. 그리고 간단한 예제를 직접 실행해 보면서 여러 개의 작은 코드 조각을 조합하여 프로그램을 완성해 보았습니다. 둘째마당과 셋째마당에서는 이 지식과 방법을 활용하여 더 복잡한 애플리케이션을 만들어 보려고 합니다.

여기서는 텍스트에 기반을 둔 고전 어드벤처 게임을 만들어 보고, 셋째마당에서는 그래픽을 이용한 레이싱 게임을 만듭니다. 애플리케이션마다 여러 개의 파일로 구성되며, 장을 거듭할 때마다 기능을 하나씩 추가하는 식으로 진행합니다.

함수 → 기본 코드 → 재사용과 리팩터링 → 아이템 → 클래스 → 컬러라마 → 업그레이드

📫 11장
함수 만들기

앞으로는 고전 스타일의 텍스트 어드벤처 게임을 통해 애플리케이션을 만드는 데 필요한 다양한 기법을 배웁니다. 프로그래밍을 자유자재로 하려면 먼저 나만의 함수 만드는 방법을 알아야 합니다.

이 장에서는 02-1절에서 잠시 살펴본 함수를 다시 떠올리면서 나만의 함수를 만들 수 있도록 실력을 쌓아 봅시다. 앞으로 실습에서는 다양한 함수를 직접 만들어 문제를 해결합니다.

함수 좀 더 살펴보기

지금까지 input(), print(), int(), now(), upper(), choice() 등 다양한 함수를 살펴보고 사용했으므로 함수가 무엇인지는 알 겁니다. 다시 한번 설명하자면, 함수는 다음 세 부분으로 이루어집니다.

구분	설명	필수(O/X)	예
함수 이름	고유한 함수 이름	O	print()를 예로 들 수 있습니다. 함수를 사용할 때는 이름을 이용합니다. 함수 이름은 필수이며 이름 다음에는 반드시 괄호가 있어야 합니다.
인수	함수로 전달하는 하나 이상의 값	X	print("Hello", firstName)이라고 작성하면 print()에는 Hello라는 문자열과 firstName이라는 변수 등 2개의 인수를 전달한 것이 됩니다. 모든 함수에 인수를 전달하지는 않습니다. 예를 들어 print()와 input()은 인수가 필요하지만 upper()와 now()는 그렇지 않습니다.
반환값	함수를 호출했을 때 돌려받는 값	X	사용자가 입력한 내용을 반환하는 input()을 예로 들어 봅시다. firstName = input("What is your name?")은 사용자가 입력한 값을 반환하여 이를 firstName이라는 변수에 저장합니다. 이와 달리 print() 함수는 아무것도 반환하지 않습니다.

코드를 설명할 때 함수 이름, 인수, 반환값은 자주 등장하므로 구분해서 잘 기억해 두기 바랍니다.

알아두면 좋아요!

메서드는 함수입니다

04장에서 배웠듯이 클래스에 있는 함수를 메서드라고 합니다. 그러므로 엄밀히 말하면 now()는 함수가 아니라 datetime 클래스에 있는 메서드입니다. 그러나 메서드 또한 함수이므로 여기서는 간단하게 함수라고 하겠습니다. 함수를 만들 때 필요한 규칙과 요령 등은 메서드에도 똑같이 적용됩니다.

인수와 반환값의 관계는?

인수는 함수로 전달되며 반환값은 함수에서 나옵니다. 인수로 전달하는 모든 값은 함수 안에서 처리합니다. 그리고 나서 함수가 코드로 돌려보내는 것이 반환값입니다. 요컨대 인수를 넣으면 반환값이 나옵니다.

◎ 11-2
나만의 함수 만들기

지금까지 사용한 함수는 파이썬이 제공한 것으로, 일부 함수는 바로 사용할 수 있고 일부 다른 함수는 라이브러리를 불러와 사용합니다. 이와 함께 다른 프로그래밍 언어처럼 파이썬에서도 나만의 **사용자 정의 함수**를 만들 수 있습니다.

> 🎮 용어 익히기
>
> **사용자 정의 함수** 사용자 정의 함수(user-defined function, UDF)란 사용자, 즉 프로그래머가 직접 정의하여 만든 함수입니다.

함수 만들기

그럼, 함수는 어떻게 만들까요? 간단한 예로 시작해 봅시다. **Func1.py**라는 이름으로 파일을 만들고 다음 코드를 입력합니다.

Do it! 코딩해 보세요　　　　　　　　　　　　　　　📑 파일 이름: 11/Func1.py

```
def sayHello():
    print("Hello")


sayHello()
```

실행하면 **Hello**를 출력합니다. 이 코드는 어떤 기능을 할까요? 이번에는 맨 아래 줄 코드부터 살펴봅니다. 이 코드는 **sayHello()**라는 함수를 호출합니다.

```
sayHello()
```

print(), input() 함수를 호출하는 것과 마찬가지로 이름을 지정하고 괄호를 붙이면 됩니다. 그러나 파이썬에 sayHello()라는 함수는 없습니다. 그렇다면 sayHello() 함수를 호출했을 때 어떤 코드를 실행할까요? 같은 파일 안에서 정의한 sayHello()라는 새로운 함수를 실행합니다.

```
def sayHello():
    print("Hello")
```

파이썬에서는 def문 뒤에 이름을 지정하여 함수를 정의합니다. 여기서는 함수 이름을 sayHello라고 했습니다. 이름 뒤에는 함수 인수를 정의할 괄호가 뒤따릅니다. 여기서는 아무런 인수도 없으므로 빈 괄호입니다. 이처럼 아무런 인수를 정의하지 않더라도 함수 이름 뒤에는 반드시 괄호를 붙여야 합니다.   📖 def는 define의 줄임말입니다.

if문과 while문처럼 함수를 정의하는 줄은 콜론(:)으로 끝납니다. 그리고 if, while과 마찬가지로 함수 내용은 함수 정의 구문 아래에 들여 씁니다.

알아 두면 좋아요!

def는 실행되지 않습니다

함수를 실행하는 것과 함수를 정의하는 것은 다릅니다. 다음 코드를 봅시다.

```
def sayHello():
    print("Hello")
```

그런데 이를 실행해도 아무것도 출력하지 않습니다. 왜 그럴까요? 함수를 정의하기만 했을 뿐 실행하지 않았기 때문입니다. 직접 정의한 함수를 사용하려면 입력하여 실행해야 합니다.

함수는 사용하기 전에 정의해야 합니다

앞서 본 예제에서는 def를 이용하여 sayHello()라는 함수를 정의하고 sayHello()라는 코드로 이를 실행했습니다. 그럼 def문 앞에서 sayHello()를 호출하면 어떻게 될까요? 코드를 수정하고 한번 테스트해 보세요. 그러면 다음과 같은 오류 메시지가 나타날 겁니다.

```
'sayHello' is not defined
```

파이썬은 위에서부터 차례대로 한 줄씩 코드를 실행하므로 sayHello() 함수를 정의하기 전에 sayHello()를 호출하면 파이썬은 sayHello()가 무엇인지 모릅니다. 그러므로 파이썬에서는 반드시 사용하기 전에 함수를 정의해야 합니다.

import문을 코드 맨 위에 두는 것도 같은 이유입니다. 라이브러리를 불러올 때 파이썬은 그 안에 있는 모든 함수를 확인하고 import문이 있는 곳에서 모든 함수를 바로 정의합니다. 그러므로 import문 다음이라면 코드 어디에서라도 함수를 불러 사용할 수 있습니다.

인수 전달하기

앞서 만든 sayHello() 함수는 인수도 없고 아무런 값도 반환하지 않습니다. 더 재미있는 예제를 한번 만들어 볼까요? 다음 코드를 보세요.

```
multiply(12, 8)
```

파이썬에는 multiply()라는 함수가 없으므로 아직은 이 코드를 실행할 수 없습니다. 이 코드는 숫자 2개를 multiply()라는 함수의 인수로 전달한다는 것을 보여줍니다. 이름을 보면 전달한 인수 2개를 곱하여 그 결과를 출력하는 것이 이 함수의 기능이라는 것을 추측할 수 있습니다.

인수가 없는 sayHello()와 달리 multiply()는 곱할 두 숫자를 뜻하는 인수 2개가 필요합니다. 그러면 multiply() 함수는 어떤 모습이어야 할까요? Func2.py라는 이름으로 파일을 만들고 다음 코드를 입력해 보세요.

Do it! 코딩해 보세요　　　　　　　　　　　　　　📗 파일 이름: 11/Func2.py

```python
# 숫자 2개를 곱하고 출력하는 함수
def multiply(n1, n2):
    print(n1, "x", n2, "=", n1 * n2)


# 함수 테스트하기
multiply(12, 8)
```

실행하면 12 x 8 = 96을 출력합니다. 다른 숫자를 인수로 입력하여 여러 번 테스트를 해보세요. 이 함수의 정의는 이전과는 조금 다릅니다.

```
def multiply(n1, n2):
```

이 코드는 multiply라는 이름으로 함수를 생성하고 이 함수에는 인수가 2개 필요하다는 것을 파이썬에 알립니다. 어떻게 알릴까요? 괄호 안에 필요한 인수를 나열하면 됩니다. (n1, n2) 코드는 인수가 2개 필요하며 이와 동시에 n1과 n2라는 이름으로 전달할 인수를 저장할 변수를 생성한다고 파이썬에 알립니다.

테스트 코드에서는 multiply() 함수에 12와 8을 인수로 전달했습니다. 파이썬은 12라는 값의 첫 번째 인수를 첫 번째 변수 n1에 저장하고, 8이라는 값의 두 번째 인수를 두 번째 변수 n2

에 저장합니다. 다른 변수와 마찬가지로 multiply() 함수 안에서는 이 변수를 다음과 같이 사용합니다.

```
print(n1, "x", n2, "=", n1 * n2)
```

그러면 전달한 두 인수와 곱셈 결과를 출력합니다. 12와 8을 전달했으므로 여기서는 앞서 본 것처럼 print(12, "x", 8, "=", 12 * 8)이 됩니다.

알아두면 좋아요!

인수 이름 짓기
인수 이름을 짓는 규칙은 02-2절에서 알아본 변수 이름 짓기 규칙과 같습니다.

기본적으로 인수는 필수입니다
인수 없이 multiply() 함수를 호출하거나 인수를 1개 또는 3개 전달하면 어떨까요? 인수 개수를 올바르게 전달하지 않으면 내장 함수에 잘못된 인수를 전달할 때와 마찬가지로 파이썬은 오류를 표시합니다. multiply() 함수 안에는 인수가 2개 필요하기 때문입니다. 선택 인수를 만들 수도 있는데, 이는 18-1절에서 살펴봅니다.

인수를 전달하고 사용하는 방법은 반드시 알고 넘어가야 합니다. 이번에는 **Func3.py**라는 이름으로 다음 코드를 입력해 봅시다.

Do it! 코딩해 보세요　　　　　　　　　　　　　　📄 파일 이름: 11/Func3.py

```
# 테두리와 함께 텍스트를 출력하는 함수
def displayWelcome(txt):
    borderChar = "*"                        # 테두리 문자
    print(borderChar * (len(txt) + 4)) # 맨 위 줄
    print(borderChar, txt, borderChar) # 가운데 줄
    print(borderChar * (len(txt) + 4)) # 맨 아래 줄


# 함수 테스트하기
displayWelcome("Welcome to Coding World!")
```

실행하면 다음과 같은 내용을 출력합니다.

```
****************************
* Welcome to Coding World! *
****************************
PS D:\Python>
```

txt라는 인수 하나를 전달할 수 있는 displayWelcome()이라는 함수를 정의합니다. 함수를 호출하면 큰따옴표로 감싼 모든 문자열을 displayWelcome에 전달하고 이를 txt 변수에 저장합니다. displayWelcome() 함수 자체는 아주 간단합니다. 먼저 텍스트를 감쌀 경계선 표시에 사용할 문자를 저장한 borderChar라는 변수를 만듭 📋 여기서는 별표(*)를 사용했지만 다른 문자로 바꾸어도 됩니다.
니다.

첫 번째 print() 함수는 맨 위 줄에 경계선을 출력합니다. 이때 경계선 문자를 몇 개 출력해야 할까요? 답은 그때마다 다릅니다. 출력하는 세 줄 모두 길이가 같아야 하는데, 전달한 문자열 길이에 따라 달라집니다. 가운데 줄에는 경계선 문자와 공백으로 감싼 텍스트를 출력합니다. 문자열 길이가 6인 Python이라면 가운데 줄은 10자 길이인 * Python *이 됩니다. 즉, 모든 줄은 전달한 문자열보다 4만큼 길다는 뜻이 됩니다. 그러므로 출력할 경계선 문자 개수는 다음과 같이 구합니다.

```
print(borderChar * (len(txt) + 4))
```

len(txt)는 전달한 문자열의 길이를 반환합니다. 그러므로 (len(txt) + 4)는 전달한 문자열 길이에 4를 더합니다. 그리고 앞서 본 것처럼 문자에 숫자를 곱하면 문자를 그 숫자만큼 반복한 결과를 반환합니다. 즉, 전달한 문자열이 Python이라면 이 print() 함수는 10개 경계선 문자열인 **********를 반환합니다. 그다음 print() 함수는 설명한 대로 경계선 문자, 공백 문자, 텍스트, 경계선 문자, 공백 문자 순서로 이루어진 가운데 줄을 출력합니다. 마지막 print() 함수는 맨 위 줄을 한 번 더 출력합니다.

알아 두면 좋아요!

인수는 함수 안에서만 쓰는 지역 변수입니다

displayWelcome() 함수 안에는 txt라는 변수가 있습니다. 이는 함수가 만든 것으로, 여기에는 인수로 전달한 값을 저장합니다. 즉, 함수로 전달한 모든 값은 txt에 저장합니다. txt 변수는 displayWelcome() 함수 안에만 있다는 점에서 특별합니다. 이런 형태의 변수를 **지역 변수**(local variable)라고 하는데, 이는 변수를 만든 함수 안에서만 한정된다는 뜻입니다.

무슨 뜻일까요? print(txt)를 코드 마지막에 추가하고 실행해 보세요. 그러면 txt is not defined라는 오류 메시지를 출력합니다. displayWelcome() 함수 밖에서는 txt 변수가 정의되지 않았다는 뜻으로, 이 변수는 함수가 시작할 때 만들어지며 함수 실행이 끝날 때 사라집니다. 함수를 다시 호출하면 새로운 값을 저장한 새 지역 변수 txt를 만들고 함수 실행이 끝날 때까지 이를 유지합니다.

이렇듯 파이썬은 필요할 때 변수를 만들고 사용이 끝나면 없애는 등 이 모든 과정을 자동으로 처리합니다.

반환값 사용하기

지금까지 함수를 만들고 여기에 인수를 전달하는 방법을 알아보았습니다. 여기서 살펴볼 내용은 함수가 반환하는 값입니다. 함수는 값을 반환할 수 있습니다. input() 함수를 떠올려 보세요. 이는 사용자와 상호작용하여 입력한 모든 값을 결과로 반환합니다. upper() 함수는 문자를 모두 대문자로 바꾸고 나서 이를 반환합니다. 여러분이 직접 만든 함수 대부분도 값을 반환해야 할 텐데, 이때는 return문을 이용합니다. 자주 사용하는 다음 예제 하나를 봅시다.

```
num = input("숫자 입력: ")
```

숫자를 입력하도록 요구하고 실제 입력한 값이 무엇이든 이를 num이라는 변수에 저장하는 코드입니다. 그러므로 숫자가 아닌 abc를 입력해도 num 변수에 저장합니다. 이 방법은 바람직하지 않으므로 다음처럼 하는 게 더 낫습니다.

```
num = inputNumber("숫자 입력: ")
```

여기서는 input() 대신 이름이 inputNumber()인 함수로 바꿉니다. 텍스트도 입력할 수 있는 input() 함수와 달리 inputNumber() 함수는 숫자만 입력하도록 합니다. 그러나 이 inputNumber() 함수는 파이썬에 없으므로 직접 만듭니다. 다음 코드를 Func4.py라는 파일에 작성하세요.

Do it! 코딩해 보세요　　　　　　　　　　　　　파일 이름: 11/Func4.py

```python
# 숫자 입력 함수
def inputNumber(prompt):
    # 입력 변수
    inp = ""
    # 변수가 유효한 숫자일 때까지 반복하기
    while not inp.isnumeric():
        # 입력 프롬프트
        inp = input(prompt).strip()
    # 숫자 반환하기
    return int(inp)
```

```
# 숫자 가져오기
num = inputNumber("숫자 입력: ")
# 출력하기
print(num)
```

저장하고 실행하면 숫자를 입력하라는 프롬프트가 표시되며, 입력한 내용은 마지막에 출력합니다. 숫자가 아니라면 숫자를 입력할 때까지 반복하며 숫자를 입력해야 끝납니다.

마지막 코드 두 줄은 아주 간단합니다. inputNumber() 함수는 프롬프트를 표시하고 그 값을 반환하는 input()과 똑같이 작동합니다. 여기서는 반환한 값을 num이라는 변수에 저장하고 이를 출력합니다. 실제 처리는 inputNumber() 함수가 담당합니다. 먼저 함수를 다음처럼 정의합니다.

```
# 숫자 입력 함수
def inputNumber(prompt):
```

input() 함수와 마찬가지로 inputNumber()에도 출력할 프롬프트 문자열을 인수로 전달합니다. 그다음으로 입력을 저장할 inp 변수를 정의합니다.

```
# 입력 변수
inp = ""
```

그리고 루프 안에서 실제 프롬프트를 표시합니다.

```
# 변수가 유효한 숫자일 때까지 반복하기
while not inp.isnumeric():
    # 입력 프롬프트
    inp = input(prompt).strip()
```

이 코드는 앞에서도 본 것입니다. 여기서는 inp가 숫자일 때까지 while 루프를 반복합니다. input() 함수는 지금까지 이 책에서 사용했던 것과 똑같습니다. input() 함수가 출력할 프롬프트 문장은 무엇일까요? 바로 inputNumber() 함수에 인수로 전달한 내용입니다. prompt는 전달 변수로, 사용자 정의 함수 inputNumber()에 전달하면 이를 다시 내장 함수인 input()에 전달합니다.

🏛 용어 익히기

전달 변수 함수로 전달한 변수를 건드리거나 수정하지 않고 그대로 다시 전달하는 변수를 **전달 변수**(passthrough)라고 합니다.

앞서 본 while문과 비슷하게 사용자가 숫자를 입력할 때까지 루프는 끝나지 않습니다. 다음은 마지막 코드입니다.

```
# 숫자 반환하기
return int(inp)
```

return문에는 함수가 반환할 값을 지정합니다. 이때 return inp라고 하면 사용자 입력을 문자열로 반환합니다. 그러므로 int(inp)를 이용하여 입력한 숫자 문자열을 숫자로 바꾸어 반환합니다.

프로그램에 사용자 숫자 입력이 필요하다면 이 while 루프 코드 조각을 바로 사용해도 됩니다. 그러나 여기에서 설명한 것처럼 함수로 만들어 사용하는 것이 더 바람직합니다. 왜 그런지 정리하면 다음과 같습니다.

- 코드가 더 깔끔합니다. 다른 작업은 하지 않고 input() 함수를 inputNumber() 함수로 바꾸기만 하면 됩니다.
- 함수를 분리할 수 있습니다. 함수 안의 모든 변수는 지역 변수입니다. 그러므로 일단 함수 **범위**를 벗어나면 같은 이름으로 변수를 덮어쓸 염려는 없습니다. 이렇게 코드를 작성하는 것이 훨씬 안전하고 오류 위험도 줄일 수 있습니다.
- 다시 사용하기가 쉽습니다. 함수를 한 번만 만들어 두면 언제든 다시 사용할 수 있으므로 시간을 아낄 수 있습니다.
- 가장 중요한 것은 함수를 사용하면 유지·보수하기 쉽다는 점입니다. 버그를 잡거나 기능을 추가할 때 함수만 변경하면 되므로 함수를 사용하는 코드 외 나머지 코드는 건드릴 필요가 없습니다.

🏛 용어 익히기

범위 앞에서 함수에 전달한 인수는 함수 안에서만 유효한 지역 변수를 만든다고 했습니다. 이는 인수뿐 아니라 함수 안의 모든 변수에도 적용됩니다. inputNumber() 함수 안에서 생성한 inp 변수는 함수를 실행할 때만 유효합니다. 즉, 전과 후에는 사라집니다. 이를 변수의 효력이 미치는 **범위**(scope)라고 합니다. 지역 범위 안에 있는 변수는 해당 지역인 함수 안에서만 유효합니다.

새로운 함수를 만들어 보세요

Challenge 11.1.py

게임에서 히어로는 가끔 먼 곳으로 여행을 떠나곤 합니다. 이때 히어로가 어디로 가는지 킬로미터나 마일로 거리를 표시해야 하는데, 다음 2개의 함수가 필요합니다.

- miles2km() 함수: 거리를 마일로 입력하면 킬로미터로 환산하여 반환합니다.
- km2miles() 함수: 거리를 킬로미터로 입력하면 마일로 변환하여 반환합니다.

각 함수는 두 줄이면 작성할 수 있습니다. 첫 번째 줄은 함수 이름과 인수를 정의하는 def문이고, 두 번째 줄에서는 거리를 계산하여 반환해야 합니다. 여기서는 1.6km를 1마일로 계산하고 0.6마일을 1km로 반올림하여 계산합니다.

12장
게임을 만들어 보자!

나만의 함수 만드는 방법을 알았으므로 간단한 게임을 하나 만들어 봅시다. 첫째마당에서는 장마다 하나의 .py 파일로 이루어진 프로그램을 만들었습니다. 프로그래밍을 처음 시작하기에는 좋은 방법입니다. 지금부터는 전문 프로그래머처럼 본격적으로 코딩해 봅시다.

여기에서 만들어 볼 애플리케이션은 고전 스타일의 텍스트 어드벤처 게임입니다. 이 장에서는 텍스트 기반 어드벤처 게임의 기본 구조를 만들고자 앞서 배웠던 함수 지식을 활용합니다.

◎ 12-1
게임 구상하기

오늘날의 게임은 멋진 그래픽, 애니메이션, 효과음, 자연스러운 동작 표현과 함께 컨트롤러, 터치, 모션을 사용하여 사용자에게 몰입감을 제공합니다. 그러나 초창기 컴퓨터 게임은 게임 전개 전체가 텍스트로 이루어졌으며, 사용자가 원하는 동작이나 작업을 텍스트로 입력하면 컴퓨터는 이에 텍스트로 반응했습니다.

이번에는 텍스트에 기반을 둔 고전 어드벤처 게임을 살펴봅니다. 우주를 배경으로 길을 잃은 플레이어가 자신이 있는 곳이 어디인지를 알려고 하는 것부터 게임의 시작입니다. 이 장에서 게임을 구상하는 것부터 시작하여 장을 거듭하면서 기능을 추가하고 좀 더 복잡하게 꾸며보 겠습니다.

알아두면 좋아요!

텍스트 기반 어드벤처 게임의 역사 알아보기

첫 텍스트 기반 어드벤처 게임은 〈콜로설 케이브 어드벤처(Colossal Cave Adventure)〉로, 인터넷을 발명한 시기와 비슷한 1976년에 출시되었습니다. 이 게임은 다음 텍스트로 시작합니다.

> YOU ARE STANDING AT THE END OF A ROAD BEFORE A SMALL BRICK BUILDING. AROUND YOU IS A FOREST. A SMALL STREAM FLOWS OUT OF THE BUILDING AND DOWN A GULLY.

플레이어가 하고 싶은 내용, 예를 들어 look이나 go east를 입력하면 게임은 그에 맞는 텍스트로 반응합니다. 플레이어는 아이템을 찾고 퍼즐을 풀면서 게임을 진행합니다.

인포컴은 이 게임에 영향을 받아 1년 후 〈조크(Zork)〉를 출시했습니다. 조크는 최초의 상업용 텍스트 기반 게임으로, 시리즈 10개가 나올 정도로 인기를 얻었으며 속편도 계속 나왔습니다. 이와 함께 인포컴은 필자도 무척 좋아하는 〈은하수를 여행하는 히치하이커를 위한 안내서(Hitchhiker's Guide to the Galaxy)〉를 포함한 여러 가지 게임을 개발했습니다.

텍스트 기반 어드벤처 게임은 컴퓨터에서 그래픽과 이미지를 표시할 수 있게 되면서 쇠퇴했습니다. 그렇지만 여전히 재미있게 즐길 수 있는 분야이므로, 직접 만들어 본다면 또 다른 재미를 느낄 수 있습니다.

텍스트 기반 어드벤처 게임에는 여러 장소가 등장합니다. 장소마다 설명과 함께 플레이어가 할 수 있는 동작이 있습니다. 그러므로 시작할 때는 장소 표시 방법과 사용자에게 무엇을 할 것인지를 묻는 프롬프트 제시 방법이 있어야 합니다. 다행스럽게도 이 둘을 구현하는 방법은 이미 배웠습니다.

📖 게임에 쓸 이야기가 잘 떠오르지 않는다면 필자가 만든 2가지 미완성 py 파일을 출발점으로 이용해도 됩니다. Fantasy Adventure Story Starter.py와 Superhero Adventure Story Starter.py를 각각 확인해 보세요.

알아두면 좋아요!

시작이 반이라고 합니다

여기에서는 몇 분이면 끝낼 수 있는 아주 간단한 게임을 만듭니다. 그러나 앞으로 예제와 도전 과제에서 배울 기법을 이용하면 이 게임을 완성하는 데 필요한 도구와 기술을 모두 익힐 수 있고, 나만의 게임도 만들 수 있습니다.

게임 구조 이해하기

본격적으로 코딩을 시작하기 전에 게임 구조를 먼저 살펴봅시다. 이 게임의 기본은 함수입니다. 이 게임에서 등장하는 각 장소를 하나의 함수로 구성합니다. 여기서는 텍스트만 출력하는 함수부터 만들고 이후 기능을 하나씩 추가하겠습니다.

먼저 게임을 시작하면 doWelcome() 함수를 이용하여 환영 메시지를 출력합니다.

```
# 플레이어 환영 메시지
def doWelcome():
    # 텍스트 출력하기
    print("탐험가 여러분을 환영합니다!")
    print("혼란스러운 상태에서 잠을 깬 여러분은 아무것도 떠오르지 않습니다.")
    print("방문까지 겨우 기어가 손잡이를 돌렸더니 문이 열립니다.")
    print("밖으로 나가 봐도 모든 것이 낯설기만 합니다.")
    print("바깥 풍경은 척박하고 황량한 붉은 흙만이 흩날릴 뿐입니다.")
    print("우주복을 입은 자신을 발견하곤 모든 것이 궁금해집니다.")
```

doWelcome() 함수를 호출하면 이 모든 print() 함수를 실행하여 텍스트를 출력합니다.

게임을 실제로 실행하는 것은 다음 doStart() 함수입니다.

```
# 장소: 출발점
def doStart():
    # 텍스트 출력하기
```

```
print("주위를 둘러봐도 붉은 사막과 바위 더미와 먼지뿐입니다.")
print("여러분 앞에는 이상하게 생긴 팔각형 구조물이 있습니다.")
print("가까이 가니 삐 소리가 들립니다. 그리곤 멈춥니다. 아니, 계속됩니다.")
```

이 역시도 지금은 인수도 없고 반환값도 없는 아주 단순한 함수입니다. print() 함수를 이용하여 텍스트를 출력하는 간단한 코드입니다.

다음은 플레이어가 도망가기를 선택했을 때 출력할 내용입니다.

```
# 플레이어가 도망가기를 선택하기
def doRun():
    # 텍스트 출력하기
    print("한동안 달립니다.")
    print("그리곤 허공에 뜬 자신을 발견합니다. 아래로, 아래로, 아래로.")
    print("아주 깊은 골짜기로 떨어지며 다시는 빛을 보지 못하리라는 생각이 듭니다.")
    print("그리 용감한 행동은 아니었네요. 그렇죠?")
```

마찬가지로 print() 함수로 이루어진 간단한 함수입니다. 이처럼 장소마다 함수를 하나씩 만듭니다. 함수 이름은 어떤 것이든 상관없습니다. 여기서는 함수 이름에 do를 붙여 정리했지만, 원하는 이름 규칙이 있다면 사용해도 좋습니다.

> **알아두면 좋아요!**
>
> **함수 이름은 중복해서 사용하지 않도록 조심하세요**
> 함수 이름 하나를 한 프로그램 안에서 여러 번 사용하지 마세요. 이렇게 하면 파이썬은 오류를 표시하지 않지만, 의도했던 것과 달리 첫 번째 함수를 두 번째 함수가 덮어씁니다. 그러므로 이런 일을 방지하기 위해 모든 함수 이름은 고유하게 짓는 것이 좋습니다.

선택 프롬프트 표시하기

이 게임에서 등장하는 각 장소를 함수로 표현하였습니다. 그것도 아주 많은 함수를 사용합니다. 설명과 함께 플레이어가 다음에 무엇을 할 것인지를 선택할 수 있는 프롬프트를 표시합니다. 플레이어가 행동 하나를 선택하면 다시 텍스트와 행동 선택 프롬프트를 표시하는 함수를 실행합니다. 즉, 사용자가 선택할 수 있는 행동 목록과 함께 프롬프트를 표시해야 합니다.

사용자에게 선택 프롬프트를 표시하는 것은 간단합니다. 이때, while 루프 안에서 input() 함수를 사용합니다. 예를 들어 게임을 시작할 때 사용자에게 몇 가지를 선택하라고 표시합니다. 바위 더미를 살펴보려면 P를, 구조물로 다가가려면 S를, 삐 소리가 나는 쪽으로 가려면 B를, 도망가려면 R을 입력합니다.

```python
# 플레이어 행동 선택 프롬프트
choice = " "
while not choice in "PSBR":
    print("여러분이 할 수 있는 일:")
    print("P = 바위 더미를 조사한다")
    print("S = 구조물에 접근한다")
    print("B = 삐 소리가 나는 곳으로 간다")
    print("R = 도망간다!")
    choice = input("무엇을 하고 싶으세요? [P/S/B/R]").strip().upper()
```

앞서 살펴본 코드와 매우 비슷합니다. choice라는 변수를 초기화하고 while 루프를 이용하여 선택을 표시한 뒤 올바르게 선택했을 때에만 이를 처리합니다. 조건문에서는 choice가 P, S, B, R 중 하나를 올바르게 선택했는지 확인합니다. 그럼 choice가 정해진 다음에는 무엇을 해야 하는지 알아봅시다.

선택 처리하기

앞서 본 while 루프는 사용자가 선택을 올바르게 입력했을 때에만 끝납니다. 선택을 입력했다면 다음처럼 해당하는 함수를 각각 실행합니다. 이 코드는 if문 하나와 elif문 여러 개로 구성됩니다. 그리고 입력한 선택에 따라 해당하는 함수로 이동합니다.

```python
# 행동 실행하기
if choice == 'P':
    doBoulders()   # 바위 더미 조사하기
elif choice == 'S':
    doStructure()  # 구조물에 접근하기
elif choice == 'B':
    doBeeping()    # 삐 소리가 나는 곳으로 가기
elif choice == 'R':
    doRun()        # 도망가기
```

지금까지 설명한 코드들을 정리하여 다음과 같이 doStart() 함수를 완성해 봅시다.

```python
# 장소: 출발점
def doStart():
    # 텍스트 출력하기
    print("주위를 둘러봐도 붉은 사막과 바위 더미와 먼지뿐입니다.")
    print("여러분 앞에는 이상하게 생긴 팔각형 구조물이 있습니다.")
    print("가까이 가니 삐 소리가 들립니다. 그리곤 멈춥니다. 아니, 계속됩니다.")
    # 플레이어 행동 선택 프롬프트
    choice = " "
    while not choice in "PSBR":
        print("여러분이 할 수 있는 일:")
        print("P = 바위 더미를 조사한다")
        print("S = 구조물에 접근한다")
        print("B = 삐 소리가 나는 곳으로 간다")
        print("R = 도망간다!")
        choice = input("무엇을 하고 싶으세요? [P/S/B/R]").strip().upper()
    # 행동 실행하기
    if choice == 'P':
        doBoulders()
    elif choice == 'S':
        doStructure()
    elif choice == 'B':
        doBeeping()
    elif choice == 'R':
        doRun()
```

텍스트와 가능한 선택지를 출력하고 사용자가 선택을 올바르게 입력하면 해당하는 함수로
이동합니다.

작업 폴더 만들기

앞에서 만든 코드와 달리 텍스트 기반 어드벤처 게임은 여러 개의 파일로 이루어집니다. 이를 깔끔하게 정리하려면 이번 프로젝트에 사용할 새 폴더를 만드는 것이 좋습니다. VS 코드 탐색기 패널에서 PYTHON 부분에 마우스를 올리면 오른쪽에 아이콘 4개가 표시됩니다.

새 폴더 아이콘

∨ **PYTHON**

새 폴더 아이콘을 클릭하면 폴더 이름을 입력할 수 있는데, 여기에 **Adventure**라 입력하고 [Enter] 를 눌러 게임 파일을 저장할 새 폴더를 만듭니다.

새로운 파일을 만들 때는 탐색기 패널에서 새로 만든 폴더를 먼저 클릭해야 합니다. 이렇게 하면 원하는 폴더 안에 새로운 파일을 만들 수 있습니다.

📖 작업 폴더가 2개 이상 필요할 수 있습니다. 이럴 때는 폴더 하나에는 필자가 제공한 예제 코드를, 나머지 폴더에는 여러분이 직접 만든 게임 코드를 저장해 봅시다.

◉ 12-2

게임 만들기

게임 구조를 이해했고 작업 폴더도 준비했으므로 이제 코딩을 시작합시다. 게임에 사용할 첫 번째 파일은 새로 만든 Adventure 폴더에 저장할 Main.py입니다.

Do it! 코딩해 보세요   📄 파일 이름: 12/Main.py

```
###########################################
# 스페이스 어드벤처 게임
# 벤 & 쉬무엘 만듦
###########################################

# 플레이어 환영 메시지
def doWelcome():
    # 텍스트 출력하기
    print("탐험가 여러분을 환영합니다!")
    print("혼란스러운 상태에서 잠을 깬 여러분은 아무것도 떠오르지 않습니다.")
    print("방문까지 겨우 기어가 손잡이를 돌렸더니 문이 열립니다.")
    print("밖으로 나가 봐도 모든 것이 낯설기만 합니다.")
    print("바깥 풍경은 척박하고 황량한 붉은 흙만이 흩날릴 뿐입니다.")
    print("우주복을 입은 자신을 발견하곤 모든 것이 궁금해집니다.")


# 장소: 출발점
def doStart():
    # 텍스트 출력하기
    print("주위를 둘러봐도 붉은 사막과 바위 더미와 먼지뿐입니다.")
    print("여러분 앞에는 이상하게 생긴 팔각형 구조물이 있습니다.")
```

```python
    print("가까이 가니 삐 소리가 들립니다. 그리곤 멈춥니다. 아니, 계속됩니다.")
    # 플레이어 행동 선택 프롬프트
    choice = " "
    while not choice in "PSBR":
        print("여러분이 할 수 있는 일:")
        print("P = 바위 더미를 조사한다")
        print("S = 구조물에 접근한다")
        print("B = 삐 소리가 나는 곳으로 간다")
        print("R = 도망간다!")
        choice = input("무엇을 하고 싶으세요? [P/S/B/R]").strip().upper()
    # 행동 실행하기
    if choice == 'P':
        doBoulders()
    elif choice == 'S':
        doStructure()
    elif choice == 'B':
        doBeeping()
    elif choice == 'R':
        doRun()


# 장소: 바위 더미
def doBoulders():
    # 텍스트 출력하기
    print("정말인가요? 그건 바위 더미입니다.")
    print("크고 무겁고 단순한 바위입니다.")
    # 시작 위치로 돌아가기
    doStart()


# 장소: 구조물
def doStructure():
```

```python
# 텍스트 출력하기
print("여러분은 이상한 구조물을 조사합니다.")
print("안에서는 오싹하면서도 기이한 소리가 들립니다.")
print("문도 없고 창문도 없습니다.")
print("아니, 문처럼 보여서 한번 열어 보려고 합니다.")
print("그리고 삐 소리가 들립니다. 어디서 나는 소리일까요?")
# 플레이어 행동 선택 프롬프트
choice = " "
while not choice in "SDBR":
    print("여러분이 할 수 있는 일:")
    print("S = 시작 지점으로 돌아간다")
    print("D = 문을 연다")
    print("B = 삐 소리가 나는 곳으로 간다")
    print("R = 도망간다!")
    choice = input("무엇을 하고 싶으세요? [S/D/B/R]").strip().upper()
# 행동 실행하기
if choice == 'S':
    doStart()
elif choice == 'D':
    doStructureDoor()
elif choice == 'B':
    doBeeping()
elif choice == 'R':
    doRun()


# 장소: 구조물 입구
def doStructureDoor():
    # 텍스트 출력하기
    print("문은 잠긴 듯합니다.")
    print("둥근 구멍이 보입니다. 열쇠 구멍일까요?")
    print("그쪽으로 손을 내밀지만 파란빛이 번쩍이며 닫혀 버립니다!")
```

```python
    print("계획한 대로는 잘 안 되는군요.")
    # 플레이어 행동 선택 프롬프트
    choice = " "
    while not choice in "SR":
        print("여러분이 할 수 있는 일:")
        print("S = 구조물로 돌아간다.")
        print("R = 도망간다!")
        choice = input("무엇을 하고 싶으세요? [S/R]").strip().upper()
    # 행동 실행하기
    if choice == 'S':
        doStructure()
    elif choice == 'R':
        doRun()


# 장소: 삐 소리 탐색하기
def doBeeping():
    pass


# 플레이어가 도망가기를 선택하기
def doRun():
    # 텍스트 출력하기
    print("한동안 달립니다.")
    print("그리곤 허공에 뜬 자신을 발견합니다. 아래로, 아래로, 아래로.")
    print("아주 깊은 골짜기로 떨어지며 다시는 빛을 보지 못하리라는"
          "생각이 듭니다.")
    print("그리 용감한 행동은 아니었네요. 그렇죠?")
    # 사망, 게임 끝내기
    gameOver()


# 게임 끝내기
def gameOver():
```

> 함수는 정의했으나 내용이 아직 없다면 pass를 플레이스홀더로 입력합니다.

```
    print("게임 오버!")
```

```
# 실제 게임 시작은 이곳에서
# 환영 메시지 출력하기
doWelcome()
# 게임 시작하기
doStart()
```

시작 부분에서 정의한 doWelcome(), doStart(), doStructure() 등은 모두 게임에 사용할 장소를 정의한 함수입니다. 앞서 이야기했듯이 각 장소는 1개의 함수로 표현합니다.

doWelcome() 함수는 print() 함수를 여러 개 이용하여 게임을 소개하고 현재 플레이어의 위치를 알려 줍니다. doStart() 함수는 게임 시작 장소를 정의한 함수로, 텍스트와 함께 사용자의 선택을 기다리는 프롬프트를 표시하고 선택에 따라 해당하는 장소로 이동합니다.

def를 이용하여 앞으로 사용할 함수를 만들고 이름을 붙여야 합니다. 그러나 파이썬은 이 함수를 호출할 때까지 아무 일도 하지 않습니다. 그래서 다음과 같이 코드를 작성하여 두 함수를 호출한 것입니다.

```
# 실제 게임 시작은 이곳에서
# 환영 메시지 출력하기
doWelcome()
# 게임 시작하기
doStart()
```

모든 함수를 정의했으므로 doWelcome() 함수로 환영 메시지를 출력하고 doStart() 함수로 게임을 시작합니다.

살펴봐야 할 새로운 구문이 하나 있습니다.

```
# 장소: 삐 소리 탐색하기
def doBeeping():
    pass
```

여기서 pass는 무엇을 뜻할까요? 파이썬은 빈 함수를 좋아하지 않습니다. 함수를 만들려고 def를 사용했다면 그 아래에는 어떤 내용이든 들여쓰기로 작성해야 합니다. 들여 쓴 내용이 아무것도 없다면 파이썬은 오류를 표시합니다. 실제로 pass는 아무것도 없다는 것을 나타내려고 사용한 플레이스홀더(placehoder)입니다. 이렇게 하면 함수를 완성할 때까지 오류 메시지를 표시하지 않습니다. 작업 중인 코드라면 pass가 편리합니다.

📖 용어 익히기

플레이스홀더 여기서 플레이스홀더(placeholder)란 코드가 들어갈 자리에 임의로 채워둔 코드를 뜻합니다. 플레이스홀더는 파이썬뿐만 아니라 곳곳에서 자주 사용하는 용어로, 검색창에 미리 입력되어 있는 텍스트나 어떤 디자인의 레이아웃을 정할 때 임의로 문자나 이미지를 넣은 것 또한 플레이스홀더라고 합니다.

게임 테스트하기

Main.py를 실행하면 다음 내용을 터미널 창에 출력합니다.

```
탐험가 여러분을 환영합니다!
혼란스러운 상태에서 잠을 깬 여러분은 아무것도 떠오르지 않습니다.
방문까지 겨우 기어가 손잡이를 돌렸더니 문이 열립니다.
밖으로 나가 봐도 모든 것이 낯설기만 합니다.
바깥 풍경은 척박하고 황량한 붉은 흙만이 흩날릴 뿐입니다.
우주복을 입은 자신을 발견하곤 모든 것이 궁금해집니다.
주위를 둘러봐도 붉은 사막과 바위 더미와 먼지뿐입니다.
여러분 앞에는 이상하게 생긴 팔각형 구조물이 있습니다.
가까이 가니 삐 소리가 들립니다. 그리곤 멈춥니다. 아니, 계속됩니다.
여러분이 할 수 있는 일:
P = 바위 더미를 조사한다
S = 구조물에 접근한다
B = 삐 소리가 나는 곳으로 간다
R = 도망간다!
무엇을 하고 싶으세요? [P/S/B/R]▌
```

환영 메시지를 출력하는 doWelcome() 함수를 실행한 다음, 시작 장소와 프롬프트를 표시하는 doStart() 함수를 실행합니다. S를 선택하여 구조물로 접근하면 이번에는 doStructure() 함수를 실행하고 다음 내용을 출력합니다.

```
무엇을 하고 싶으세요? [P/S/B/R]s
여러분은 이상한 구조물을 조사합니다.
안에서는 오싹하면서도 기이한 소리가 들립니다.
문도 없고 창문도 없습니다.
아니, 문처럼 보여서 한번 열어 보려고 합니다.
그리고 삐 소리가 들립니다. 어디서 나는 소리일까요?
여러분이 할 수 있는 일:
S = 시작 지점으로 돌아간다
D = 문을 연다
B = 삐 소리가 나는 곳으로 간다
R = 도망간다!
무엇을 하고 싶으세요? [S/D/B/R]▌
```

이후도 이와 마찬가지로 진행합니다. 꼭 짚고 넘어가야 할 함수는 바위 더미를 조사하는 doBoulder()입니다. 이는 앞으로 중요한 장소가 됩니다. 이곳에서 열쇠를 찾을 수도 있습니다. 그러나 지금은 텍스트만 출력할 뿐 아무런 선택지도 없습니다. 이처럼 선택할 내용이 없다면 게임을 어떻게 진행할까요? 다음 코드를 봅시다.

```
# 장소: 바위 더미
def doBoulders():
    # 텍스트 출력하기
    print("정말인가요? 그건 바위 더미입니다.")
    print("크고 무겁고 단순한 바위입니다.")
    # 시작 위치로 돌아가기
    doStart()
```

doBoulder() 함수는 텍스트를 출력하고 doStart()를 실행하여 바로 사용자를 시작 위치로 되돌립니다.

바위더미는 열쇠를 찾을 수 있는 곳으로 게임에서 중요한 장소가 될 것입니다. 15-2절에서 doBoulders() 함수에 기능을 추가할 것입니다. 이 게임에는 플레이어가 돌아다니는 것 외에는 특별한 기능이 없습니다. 둘째마당을 진행하면서 기능을 하나씩 더합니다.

알아 두면 좋아요!

실행을 멈추려면?

테스트할 때는 프로그램을 끝까지 실행하지 않아도 되며 언제든 실행을 멈출 수도 있습니다. 터미널 창 오른쪽에 있는 휴지통 아이콘 🗑을 클릭하면 터미널 세션을 종료하므로 실행하던 프로그램이 멈춥니다. 그리고 준비되었을 때 다시 실행하면 됩니다.

출력 사이에 여백 넣기

게임을 실행하면 여백 없이 꽉 들어찬 수많은 텍스트를 볼 수 있습니다. 이럴 때는 다음과 같이 인수 없는 print() 함수로 빈 줄을 추가하면 읽기 편합니다.

```
print()
```

나만의 게임을 기획해 보세요

첫째마당의 [도전해 보세요]는 선택 과제였다면 앞으로 모든 [도전해 보세요]는 꼭 해결해 보세요!
이번 도전 과제는 시간이 좀 필요합니다. 여기서 소개하는 내용은 둘째마당 마지막까지 작업할 모든
프로그래밍의 기초가 됩니다.

그러면 13장을 시작하기 전에 여러분이 만들 게임을 기획해 보세요. 기획 단계일 뿐 아직 코딩은 이
릅니다. 물론 필자가 제공하는 예제를 기초로 이용할 수도 있지만, 될 수 있으면 여러분만의 아이디
어를 준비하세요. 장소는 적어도 10개가 필요하며 많을수록 좋습니다. 여러 장소를 이동하는 경로
도 준비해야 합니다.

흐름을 따라 생각하세요. 처음부터 모든 장소로 이동할 수 없어도 됩니다. 특정 장소를 거쳐야만 갈
수 있는 장소도 있을 겁니다. 머릿속에 떠오른 내용을 종이 위에 지도처럼 그려 보는 것도 좋습니다.

기획을 완성했다면 각 장소를 함수로 만드는 것부터 시작해 보세요. 모든 함수는 접근할 수 있어야
하며 플레이어에게 선택지를 제공해야 합니다. 선택에 따라 플레이어가 계속 돌아다니게 하는 것도
괜찮습니다. 그런 다음, 모든 선택을 시험해 보세요. 이곳저곳 옮겨 다니면서 기대한 대로 움직이는
지 모두 확인하세요.

🖝 13장
코드 정리하기

12장부터는 텍스트 기반 어드벤처 게임을 만들기 시작했습니다. 게임이 실행되고, 플레이어 선택에 따라 행동이나 장소가 바뀔 수 있습니다. 하지만 아직 손볼 곳이 많습니다. 이 장에서는 코드를 수정하고 발전시키려고 합니다. 또한 코드를 간결하게 하기 위한 문자열 외부화 작업을 알아봅니다.

⦿ 13-1
코드 최적화하기

코딩을 시작하기 전에 먼저 게임을 기획해야 합니다. 기획이 탄탄할수록 이후 코딩 과정이 수월해집니다. 그러나 기획이 아무리 충실하더라도 실제 코딩을 해보지 않고는 발견할 수 없는 개선 사항도 있습니다. 대표적인 개선 사항으로 다음 예를 들 수 있습니다.

- 깔끔하고 간단한 코드를 만들고자 특정 코드를 다른 곳으로 옮깁니다.
- 중복 코드는 없앱니다.
- 다시 사용할 수 있도록 주 코드에서 분리할 수 있는 곳은 없는지 확인합니다.
- 성능이 좋아지도록 특정 코드를 개선합니다.

시간이 지나고 경험을 거듭하면 처음부터 더 나은 코드를 작성할 수 있습니다. 그러나 경험이 풍부한 프로그래머라 하더라도 개선할 곳이 없는지 항상 확인해야 합니다. 여기서는 앞서 예로 든 개선 사항 가운데 첫 번째 유형을 알아봅니다. 코드를 깔끔하고 간단하게 하고자 특정 코드를 다른 곳으로 옮겨 봅시다.

Main.py는 게임의 주 파일로, 12장에서 보았듯이 다음과 같이 텍스트를 출력하는 함수 여러 개로 이루어집니다. 그러면 이들 함수는 어떻게 구성했을까요? doWelcome() 함수부터 살펴봅시다.

```python
# 플레이어 환영 메시지
def doWelcome():
    # 텍스트 출력하기
    print("탐험가 여러분을 환영합니다!")
    print("혼란스러운 상태에서 잠을 깬 여러분은 아무것도 떠오르지 않습니다.")
    print("겨우 방문까지 기어가 손잡이를 돌렸더니 문이 열립니다.")
    print("밖으로 나가 봐도 모든 것이 낯설기만 합니다.")
    print("바깥 풍경은 척박하고 황량한 붉은 흙만이 흩날릴 뿐입니다.")
    print("우주복을 입은 자신을 발견하곤 모든 것이 궁금해집니다.")
```

여러 개의 print() 함수로 많은 텍스트를 출력하는 함수입니다. 다음으로 doStart() 함수를 봅시다.

```python
# 장소: 출발점
def doStart():
    # 텍스트 출력하기
    print("주위를 둘러봐도 붉은 사막과 바위 더미와 먼지뿐입니다.")
    print("여러분 앞에는 이상하게 생긴 팔각형 구조물이 있습니다.")
    print("가까이 가니 삐 소리가 들립니다. 그리곤 멈춥니다. 아니, 계속됩니다.")
```

이 역시 많은 print() 함수와 텍스트로 이루어집니다. 다음 doRun() 함수도 마찬가지입니다.

```python
# 플레이어가 도망가기를 선택하기
def doRun():
    # 텍스트 출력하기
    print("한동안 달립니다.")
    print("그리곤 허공에 뜬 자신을 발견합니다. 아래로, 아래로, 아래로.")
    print("아주 깊은 골짜기로 떨어지며 다시는 빛을 보지 못하리라는 생각이 듭니다.")
    print("그리 용감한 행동은 아니었네요. 그렇죠?")
```

12장에서 만든 `Main.py` 파일을 살펴보면 print() 함수로 텍스트를 출력하는 부분이 많다는 것을 알 수 있습니다. 주 코드에 이처럼 많은 텍스트를 넣으면 다음과 같은 문제가 생깁니다.

- 이야기를 구성하는 텍스트가 여기저기 흩어져 있으면 관리하기 어렵습니다. 또한 문장의 일관성이나 목소리 톤 등을 유지하기도 어렵습니다.
- 캐릭터의 이름이나 설명 등을 수정하기가 어렵습니다. 여러 곳에서 관리하다 보면 실수가 생기기 마련입니다.
- 여러분이 만든 게임이 유명해져서 다국어 버전을 배포하기로 했다고 합시다. 이때 여러 곳에 흩어져 있는 텍스트 조각을 번역하기란 쉽지 않을 겁니다.
- 가장 중요한 것은 이런 텍스트가 개발을 방해한다는 점입니다. 게임 기능을 개발하는 데 집중하고 싶을 때 몇백 줄이나 되는 텍스트를 위아래로 스크롤하고 싶지 않기 때문입니다.

이런 이유로 개발자는 텍스트를 바깥으로 옮기고자 하는데, 이를 **외부화**라고 합니다. 주 코드에서 텍스트를 분리하여 텍스트 전용 파일 등으로 정리합니다.

🖊 **용어 익히기**

외부화 주 파일에서 특정 내용을 분리하여 다른 파일로 옮겨서 유지·보수하기 쉽도록 하는 것을 **외부화**(externalize)라고 합니다.

13-2
다른 곳으로 문자열 옮기기

앞서 이야기한 여러 가지 이유 때문에 코드 최적화에서 문자열을 바깥으로 옮기는 것은 매우 중요합니다. 여러 가지 방법 중 원할 때 필요한 텍스트를 반환하는 함수로 이루어진 새로운 파일을 만들고 이곳에 모든 텍스트를 옮기는 방법을 알아보겠습니다.

문자열 전용 파일 만들기

doWelcome() 함수의 텍스트부터 바깥으로 옮겨 봅시다.

```
# 플레이어 환영 메시지
def doWelcome():
    # 텍스트 출력하기
    print("탐험가 여러분을 환영합니다!")
    print("혼란스러운 상태에서 잠을 깬 여러분은 아무것도 떠오르지 않습니다.")
    print("겨우 방문까지 기어가 손잡이를 돌렸더니 문이 열립니다.")
    print("밖으로 나가 봐도 모든 것이 낯설기만 합니다.")
    print("바깥 풍경은 척박하고 황량한 붉은 흙만이 흩날릴 뿐입니다.")
    print("우주복을 입은 자신을 발견하곤 모든 것이 궁금해집니다.")
```

이 코드를 다음과 같이 바꿉니다.

```
# 플레이어 환영 메시지
def doWelcome():
    # 텍스트 출력하기
    print(문자열_가져오기_함수())
```

없는 함수를 호출하므로 doWelcome() 함수는 아직 제대로 작동하지 않습니다. 여기서는 개념만 살펴보겠습니다. 수많은 print() 함수를 사용하여 텍스트를 하드 코딩하지 않고, 지정한 함수가 반환하는 내용을 하나의 print() 함수로 간단히 출력할 수 있습니다.

프로그래머는 **문자열_가져오기_함수()**를 포함하여 작성한 코드처럼 떠올린 아이디어를 테스트하고 싶을 때 더미 코드를 사용하곤 합니다. 개발하는 동안 개념을 설명하는 가짜 코드로, 이를 **의사코드**라고 합니다.

📖 **용어 익히기**

의사코드 의사코드(pseudocode)란 한마디로 가짜 코드입니다. 컴퓨터가 이해할 수 있는 실제 코드가 아니라 사람이 읽고 이해할 수 있는 텍스트를 이용하여 프로그래밍 아이디어를 표현하는 것을 말합니다.

Adventure 폴더 안에 Strings.py라는 이름으로 파일을 만들고 다음 코드를 입력합니다.

Do it! 코딩해 보세요   📄 파일 이름: 13/Strings.py

```
###############################################
# Strings.py
# 문자열 외부화하기
###############################################


def get(id):
    if id == "Welcome":
        return ("탐험가 여러분을 환영합니다!\n"
```
> \n은 줄 바꿈을 뜻하는 특수 문자입니다.

> 처리를 멈추고 결과를 반환합니다.

```
                "혼란스러운 상태에서 잠을 깬 여러분은 아무것도 떠오르지 않습니다.\n"
                "겨우 방문까지 기어가 손잡이를 돌렸더니 문이 열립니다.\n"
                "밖으로 나가 봐도 모든 것이 낯설기만 합니다.\n"
                "바깥 풍경은 척박하고 황량한 붉은 흙만이 흩날릴 뿐입니다.\n"
                "우주복을 입은 자신을 발견하곤 모든 것이 궁금해집니다.")
    elif id == "Start":
        return ("주위를 둘러봐도 붉은 사막과 바위 더미와 먼지뿐입니다.\n"
                "여러분 앞에는 이상하게 생긴 팔각형 구조물이 있습니다.\n"
                "가까이 가니 삐 소리가 들립니다. 그리곤 멈춥니다. 아니, 계속됩니다.")
    elif id == "Boulders":
        return ("정말인가요? 그건 바위 더미입니다.\n"
                "크고 무겁고 단순한 바위입니다.")
```

```
    elif id == "Structure":
        return ("여러분은 이상한 구조물을 조사합니다.\n"
                "안에서는 오싹하면서도 기이한 소리가 들립니다.\n"
                "문도 없고 창문도 없습니다.\n"
                "아니, 문처럼 보여서 한번 열어 보려고 합니다.\n"
                "그리고 삐 소리가 들립니다. 어디서 나는 소리일까요?")
    elif id == "StructureDoor":
        return ("문은 잠긴 듯합니다.\n"
                "둥근 구멍이 보입니다. 열쇠 구멍일까요?")
    elif id == "StructureDoorNoKey":
        return ("그쪽으로 손을 내밀지만 파란빛이 번쩍이며 닫혀 버립니다!\n"
                "계획한 대로는 잘 안 되는군요.")
    elif id == "Run":
        return ("한동안 달립니다.\n"
                "그리곤 허공에 뜬 자신을 발견합니다. 아래로, 아래로, 아래로.\n"
                "아주 깊은 골짜기로 떨어지며 다시는 빛을 보지 못하리라는"
                "생각이 듭니다.\n"
                "그리 용감한 행동은 아니었네요. 그렇죠?")
    elif id == "GameOver":
        return "게임 오버!"
    else:
        return ""
```

이 파일에는 다음 함수 하나만 있습니다.

```
def get(id):
```

get() 함수에는 id라는 이름의 변수를 지정합니다. 그러므로 get()을 호출할 때는 id를 반드시 전달해야 합니다. 그 아래 코드는 if ~ elif ~ else문으로 이루어지며 가장 먼저 다음을 확인합니다.

```
if id == "Welcome":
```

get() 함수에 "Welcome"을 인수로 전달하면 이 조건은 True가 되므로 그 아래에 들여 쓴 코드를 실행합니다. 이 코드는 다음과 같은 여러 줄의 텍스트를 반환합니다.

```
return ("탐험가 여러분을 환영합니다!\n"
        "혼란스러운 상태에서 잠을 깬 여러분은 아무것도 떠오르지 않습니다.\n"
        "겨우 방문까지 기어가 손잡이를 돌렸더니 문이 열립니다.\n"
        "밖으로 나가 봐도 모든 것이 낯설기만 합니다.\n"
        "바깥 풍경은 척박하고 황량한 붉은 흙만이 흩날릴 뿐입니다.\n"
        "우주복을 입은 자신을 발견하곤 모든 것이 궁금해집니다.")
```

그다음 이어지는 elif문 역시 마찬가지입니다. id를 확인하고 이에 따라 텍스트를 반환합니다.

마지막 else문도 마찬가지입니다. 유효하지 않은 id를 get() 함수에 전달하면 이 코드는 빈 문자열을 반환합니다.

```
else:
    return ""
```

get() 함수는 텍스트를 출력하지 않고 호출한 코드로 반환만 합니다. 이 텍스트로 무엇을 할지는 호출한 쪽에서 정하므로 출력하고 싶다면 이를 출력하면 됩니다.

예를 들어, get("Welcome")이라고 함수를 호출하면 환영 메시지를 반환하며 다른 문자열도 마찬가지입니다.

제대로 작동하는지 확인하려면 Strings.py 파일 끝에 다음 코드를 추가해 봅시다.

```
print(get("Welcome"))
```

알아두면 좋아요!

텍스트 여러 줄 사용하기

텍스트를 여러 줄 사용할 때 참고할 다음 2가지를 소개합니다.

1. 긴 텍스트는 여러 줄로 나뉠 수 있는데, 이때 줄 앞뒤에 큰따옴표를 각각 붙이면 됩니다. 그러면 파이썬은 이를 한 줄로 된 긴 텍스트로 이해합니다.

2. 텍스트에 있는 \n에 주목하세요. 이는 앞서도 살펴본 줄 바꿈 문자로, 터미널 창에 출력할 때 강제로 줄을 바꿉니다.

이 코드를 실행하면 Welcome과 연결한 텍스트를 출력할 겁니다. get("Welcome")이 반환한 텍스트를 print() 함수로 출력하기 때문이죠. 다른 id도 전달하여 올바르게 작동하는지 테스트하고, 테스트를 모두 마치면 print() 함수는 지웁니다. 게임에 새로운 텍스트가 필요할 때마다 필요한 부분을 이 함수에 추가하면 됩니다. 물론 각 부분에는 Welcome과 같은 고유한 id를 지정해야 합니다. 이 id를 인수로 전달하여 get() 함수를 호출하면 해당하는 텍스트를 반환합니다.

참, return문을 짚고 넘어가야겠네요. 텍스트마다 있는 return문은 함수 처리를 멈추고 결과 (여기서는 텍스트)를 반환합니다. 이렇게 하면 변수에 텍스트를 저장하지 않고 바로 반환할 수 있습니다. 물론 if문 안에서 변수에 저장하고 마지막에 이를 반환해도 좋습니다.

외부화한 문자열 사용하기

주 코드가 담긴 Main.py에서 Strings.py 파일과 get() 함수는 어떻게 사용할까요? 알고 보면 Strings.py 파일은 파이썬 라이브러리입니다. 그래서 다음과 같이 코드를 추가하여 불러올 수 있습니다.

```
# 불러오기
import Strings
```

> **알아두면 좋아요!**
>
> **라이브러리 이름을 지을 때는 조심하세요**
> Strings.py 파일을 호출하면 라이브러리 이름도 Strings이 됩니다. 앞서 배웠듯이 파이썬에는 String이라는 내장 라이브러리가 있습니다. 파일 이름을 String.py라고 지으면 이 내장 라이브러리를 덮어쓰게 됩니다. 그러나 s를 추가하여 Strings.py처럼 이름을 다르게 하면 괜찮습니다.

그다음, Main.py에서 get() 함수를 사용하고자 하드 코딩한 텍스트를 모두 함수 호출로 바꿉니다. doWelcome() 함수부터 시작합니다. 모든 print() 함수를 없애고 이를 다음 코드로 바꿔 봅시다.

```
# 플레이어 환영 메시지
def doWelcome():
    # 텍스트 출력하기
    print(Strings.get("Welcome"))
```

`Strings.get()`은 `Strings.py` 파일 안에 있는 `get()` 함수를 가리킵니다. 여기서는 doWelcome() 함수이므로 "Welcome" 텍스트를 반환하도록 `Strings.get("Welcome")`을 사용합니다. 그리고 이 텍스트를 `print()` 함수에 전달합니다.

이제 **doWelcome()** 함수는 한 줄로 간단해졌습니다.

문자열 저장하기

여기서는 출력할 문자열을 주 코드에서 커다란 `if`문 안으로 옮겼습니다. 이렇게 하면 문자열이 수십, 수백 개쯤 되어도 문제없을 겁니다. 그러나 대형 애플리케이션은 이 방법을 쓰지 않고 다양한 형태의 데이터베이스에 텍스트를 저장해 두었다가 필요할 때마다 꺼내 씁니다. 데이터베이스를 사용한다는 것은 파일을 쓰고 읽는 것과 비슷한 개념으로, 문자열을 외부에 저장해 두고 필요할 때마다 꺼내서 사용합니다. 문자열을 저장하는 방법은 그때그때 필요에 따라 고르면 됩니다.

도전해 보세요

텍스트를 바깥으로 옮겨 보세요

여러분이 만들 애플리케이션의 모든 텍스트를 외부에 저장하세요. 적어도 출력할 텍스트는 모두 바깥에 두어야 합니다. 선택 프롬프트 문장이나 다른 출력 문장도 이렇게 처리해 보세요.

이로써 게임은 파일 2개로 이루어집니다. 다음 장에서는 13-1절에서 설명한 코드 최적화를 위한 방법 중 하나를 적용한 세 번째 파일을 추가해 보겠습니다.

14장

코드 줄이고 다시 사용하여 리팩터링하기

13장에서는 코드 정리에 초점을 두었으므로 프로그래밍 부분은 설명하지 않았습니다. 이 장에서는 계속해서 프로그래밍을 살펴봅니다.

리팩터링을 이용하면 코드를 지속적으로 개선할 수 있습니다. 코드를 다시 사용할 수 있도록 리팩터링할 곳은 없는지 확인하거나 문자열을 바깥으로 옮기도록 합니다. 그 결과 파일 여러 개로 구성한 애플리케이션을 만듭니다.

◎ 14-1
리팩터링 이해하기

13장에서는 어떻게 하면 더 나은 코드를 만들 수 있는지를 다루었습니다. 이는 끝이 없는 작업으로, 언제나 무언가 최적화하고 수정할 곳이 생깁니다. 이것이 바로 프로그래머가 긴 시간을 투자하여 정기적으로 코드를 리팩터링하는 이유입니다. **리팩터링**이란 코드의 성능을 향상하는 과정입니다.

> 🔧 **용어 익히기**
>
> **리팩터링** 코드의 성능을 향상하는 과정을 **리팩터링**(refactoring)이라고 합니다. 코드를 리팩터링하면 기능은 그대로이면서도 성능은 더 뛰어나게 만들 수 있습니다. 리팩터링에서 중요한 점은 기능을 추가하거나 수정하는 것이 아니라는 것입니다. 그러므로 리팩터링에서는 무엇을 하는지가 아니라 어떻게 하는지만 바뀝니다. 이때 오류가 발생할 확률이 높아지고 어디가 잘못되었는지 찾기 어려워질 수 있으므로 코드를 한꺼번에 많이 바꾸는 것은 좋지 않습니다. 코드를 리팩터링한 후 여러분의 애플리케이션은 이전과 똑같이 작동해야 합니다. 이렇게 해야 모든 것이 올바르게 작동하는지 확인하기 쉽습니다.

리팩터링이라는 용어가 어려울 수 있는데 여러분은 이미 코드 리팩터링을 경험했습니다. 앞서 텍스트를 바깥으로 옮긴 것이 바로 리팩터링의 예입니다. 13장을 끝낼 무렵의 코드는 12장에서 만든 코드와 똑같은 기능을 합니다. 즉, 코드가 하는 일을 바꾼 것이 아니라 정리와 최적화를 이용하여 어떻게 더 효율적으로 수행할지 방법을 바꾼 것입니다. 이것이 바로 리팩터링의 목적입니다.

앞서 중복된 부분을 찾아 이를 제거하고 정리해 보았습니다. 거듭 말하지만 코드를 중복하는 것은 전혀 바람직하지 않습니다. 그러나 코드를 작성하다 보면 나도 모르는 사이에 똑같거나 일부만 다른 코드를 만들기도 합니다. 이러한 중복을 없애는 것 역시 리팩터링의 중요한 목적입니다.

리팩터링이 필요한 곳 찾기

리팩터링에 정해진 규칙은 없습니다. 코드 어디를 어떻게 최적화할 것인가는 프로그래머인 여러분의 몫입니다.

여러분은 지금 간단한 텍스트 기반 어드벤처 게임을 개발하고 있습니다. 이 게임에서는 플레이어가 다양한 장소를 돌아다닐 수 있습니다.

코드를 봅시다. 중복된 부분을 찾을 수 있나요? 모든 장소에서는 다음을 반복합니다.

1. 선택할 수 있는 행동 옵션을 출력합니다.

2. 무엇을 할 것인지를 선택하도록 하는 프롬프트를 표시합니다.

3. 입력한 선택이 올바른지 확인하고 그렇지 않다면 2번 단계로 돌아갑니다.

선택할 수 있는 행동은 장소에 따라 다르지만 그 흐름은 같습니다. 12장에서 만든 다음 코드 두 곳을 비교해 봅시다. 먼저 doStart() 함수입니다.

```python
# 장소: 출발점
def doStart():
    # 텍스트 출력하기
    print(Strings.get("Start"))
    # 플레이어 행동 선택 프롬프트
    choice = " "
    while not choice in "PSBR":
        print("여러분이 할 수 있는 일:")
        print("P = 바위 더미를 조사한다")
        print("S = 구조물에 접근한다")
        print("B = 삐 소리가 나는 곳으로 간다")
        print("R = 도망간다!")
        choice = input("무엇을 하고 싶으세요? [P/S/B/R]").strip().upper()
    # 행동 실행하기
    if choice == 'P':
        doBoulders()
    elif choice == 'S':
        doStructure()
    elif choice == 'B':
        doBeeping()
    elif choice == 'R':
        doRun()
```

이 코드는 Strings.get() 함수를 이용하여 텍스트를 출력하고 선택할 수 있는 행동과 선택 입력 프롬프트를 표시합니다. 다음으로 doStructure() 함수입니다.

```python
def doStructure():
    # 텍스트 출력하기
    print(Strings.get("Structure"))
    # 플레이어 행동 선택 프롬프트
    choice = " "
    while not choice in "SDBR":
        print("여러분이 할 수 있는 일:")
        print("S = 시작 지점으로 돌아간다")
        print("D = 문을 연다")
        print("B = 삐 소리가 나는 곳으로 간다")
        print("R = 도망간다!")
        choice = input("무엇을 하고 싶으세요? [S/D/B/R]").strip().upper()
```

플레이어 행동 선택 프롬프트 부분을 비교해 봅시다. 두 코드 모두 내용은 다르나 흐름은 같습니다. 선택할 수 있는 행동을 출력하고 while 루프 안에서 input() 함수를 이용하여 프롬프트를 표시합니다. 함수가 10개, 15개 등으로 많아질수록 비슷한 코드를 계속 반복할 겁니다. 이런 종류의 코드가 바로 리팩터링 대상입니다.

◉ 14-2

사용자 선택 구성 요소 만들기

사용자가 선택할 수 있는 행동과 이를 입력하는 프롬프트를 반복해서 출력하는 부분을 리팩터링해 봅시다. 행동을 고르도록 하는 프롬프트를 표시하는 함수는 다음과 같이 간단하게 만들 수 있습니다.

```python
def startChoice():
    choice = " "
    while not choice in "PSBR":
        print("여러분이 할 수 있는 일:")
        print("P = 바위 더미를 조사한다")
        print("S = 구조물에 접근한다")
        print("B = 삐 소리가 나는 곳으로 간다")
        print("R = 도망간다!")
        choice = input("무엇을 하고 싶으세요? [P/S/B/R]").strip().upper()
    return choice
```

이 코드는 startChoice()라는 함수를 정의합니다. 이 함수에는 doStart() 함수에서 복사한 코드가 있는데, `print()` 함수를 이용해 플레이어가 선택할 수 있는 행동을 출력하고 `input()` 함수를 이용한 프롬프트를 출력해 그 선택이 올바른지를 확인하는 코드입니다. doStart() 함수와의 차이는 사용자가 선택을 반환하는 `return choice`가 있다는 것입니다. 이 함수를 이용하면 doStart() 함수를 다음과 같이 바꿀 수 있습니다.

```python
# 장소: 출발점
def doStart():
    # 텍스트 출력하기
    print(Strings.get("Start"))
    # 플레이어 선택 얻기
```

```
    choice = startChoice()
    # 행동 실행하기
    if choice == 'P':
        doBoulders()
    elif choice == 'S':
        doStructure()
    elif choice == 'B':
        doBeeping()
    elif choice == 'R':
        doRun()
```

doStart() 함수가 훨씬 깔끔해졌습니다. 텍스트를 출력하고 플레이어의 선택에 따라 행동합니다. 텍스트 출력과 프롬프트 입력 부분을 함수 밖으로 모두 옮기고 choice = startChoice() 라는 코드 한 줄로 대신했습니다.

```
    choice = startChoice()
```

코드는 더 깔끔해졌지만 startChoice() 함수는 doStart()에서만 사용할 수 있습니다. 장소를 나타내는 각 함수에 있는 플레이어의 선택과 관련된 코드들은 서로 다르므로 각각 함수를 만들어야 합니다. 그것도 거의 같은 내용으로 말이죠.

플레이어의 선택 코드를 장소를 나타내는 함수 밖으로 옮기는 것은 좋은 생각이지만, 이렇게만 해서는 올바르게 구현할 수 없습니다.

재사용 구성 요소 설계하기

어떻게 개선하면 될까요? 바로 정해진 선택 사항을 하드 코딩하지 않고 모든 선택 내용을 출력할 수 있는 목적의 함수 하나를 만들면 됩니다. 이 함수를 getUserChoice()라고 합시다. 필요한 선택지를 인수로 전달하면 이 함수는 전달한 선택지를 출력하고 그중에 사용자가 선택한 하나를 반환합니다. 이렇게 하면 선택지 코드를 분리하면서도 함수는 하나만 새로 만들면 된다는 이점이 있습니다. 그렇다면 getUserChoice() 함수는 어떤 모습일까요? 다음 코드를 봅시다.

```
    def getUserChoice(letter, prompt):
```

이 함수에는 getUserChoice("R", "도망간다!")처럼 문자 하나와 출력할 프롬프트 문자열을 인수로 지정할 수 있습니다. 그러면 전달한 문자와 프롬프트 문자열을 화면에 표시합니다. 그러나 이 함수는 그 장소에 행동 선택지가 하나일 때에만 사용할 수 있습니다. 특정 장소에 행동 선택지가 2개라면 어떻게 해야 할까요? 이럴 때는 다음처럼 인수를 늘리면 됩니다.

```
def getUserChoice(letter1, prompt1, letter2, prompt2):
```

이렇게 하면 행동 선택지 2개를 처리할 수 있습니다. 그러면 행동 선택지가 3개, 5개, 심지어 12개라면요? 아니면 하나만 선택할 수 있는 장소라면 어떻게 하나요? 유연하고 더 나은 인수 전달 방법을 생각해 봅시다.

행동 선택지를 필요한 만큼 저장할 수 있는 변수를 사용할 수 있습니다. 또한 리스트를 사용하는 방법도 있습니다. 다음과 같이 함수를 정의해 봅시다.

```
def getUserChoice(options):
```

그리고 다음과 같이 options 인수에 리스트를 전달합니다.

```
options = ["E", "탐험한다", "R", "도망간다!"]
getUserChoice(options)
```

이렇게 선택지마다 요소를 2개씩 추가하면 원하는 만큼 전달할 수 있습니다. 이후 코드에서 options[0]은 첫 번째 전달한 문자이고 options[1]은 이에 해당하는 프롬프트 문장이 됩니다. 이후도 마찬가지입니다.

더 나은 방법은 없을까요? 6장에서 리스트를 살펴볼 때 리스트를 요소로 하는 리스트를 만들 수 있다고 했습니다. 즉, 리스트 안에 리스트가 있는 형태입니다.

List7.py이라는 이름으로 파일을 만들고 다음 코드를 입력해 봅시다. 이 파일은 어드벤처 게임 일부가 아니므로 위에 있는 Python 폴더에 저장하는 것이 좋습니다.

```python
# 리스트로 이루어진 리스트 만들기
options = [["P", "바위 더미를 조사한다"],
           ["S", "구조물에 접근한다"],
           ["B", "삐 소리가 나는 곳으로 간다"],
           ["R", "도망간다!"]]

# 출력 테스트
print(options)
print(len(options))
print(len(options[0]))
print(options[0])
print(options[1])
print(options[1][0])
print(options[1][1])
```

> 읽기 쉽도록 여러 줄로 입력합니다.

> 테스트 코드입니다.

알아두면 좋아요!

리스트 안의 줄 바꿈
이번 예제처럼 리스트가 길면 읽기 쉽도록 줄 바꿈 해서 여러 줄로 나타낼 수도 있습니다. 단, 쉼표로 요소를 올바르게 구분해야 합니다.

이 리스트는 어딘가 낯설어 보이는데, 어떤 점이 그런지는 코드 설명과 함께 살펴보겠습니다. 실행하면 다음과 같이 출력합니다.

```
[['P', '바위 더미를 조사한다'], ['S', '구조물에 접근한다'], ['B', '삐 소리가 나는 곳으로 간다'], ['R', '도망간다!']]
4
2
['P', '바위 더미를 조사한다']
['S', '구조물에 접근한다']
S
구조물에 접근한다
```

살펴볼 내용이 많으므로 일단 코드를 봅시다. 다음 코드는 어떤 역할을 할까요?

```
print(options)
```

이 코드는 리스트 안의 모든 내용을 출력합니다. 그렇다면 다음 코드는 무엇을 출력할까요?

```
print(len(options))
```

options에 든 요소는 모두 4개이므로 len(options)는 4를 반환합니다. 그러므로 4를 출력합니다.

앞서 살펴봤듯이 리스트는 대괄호로 감싸므로 [1, 2, 3, 4]는 4개의 요소로 이루어진 리스트입니다. 이 코드 역시 요소 4개로 이루어진 리스트를 만듭니다. 다음은 그 첫 번째입니다.

```
["P", "바위 더미를 조사한다"]
```

요소 4개는 쉼표로 구분합니다.

```
options = [["P", "바위 더미를 조사한다"],
          ["S", "구조물에 접근한다"],
          ["B", "삐 소리가 나는 곳으로 간다"],
          ["R", "도망간다!"]]
```

그러나 여기서는 각 요소가 다시 리스트입니다. 각 요소는 요소 2개로 이루어진 리스트이므로 이 역시도 대괄호로 감싸야 합니다. 읽기 쉽도록 여러 줄로 나눈 것도 이런 이유에서입니다. options 리스트는 대괄호 2개로 시작하고 대괄호 2개로 끝납니다. 첫 번째 [는 바깥쪽 리스트를 만듭니다. 두 번째 [는 안쪽 첫 번째 리스트를 만듭니다. 끝나는 대괄호도 마찬가지입니다. 첫 번째]는 안쪽 마지막 리스트의 끝이고, 두 번째]는 바깥쪽 리스트의 끝입니다. 그림으로 설명하면 다음과 같습니다.

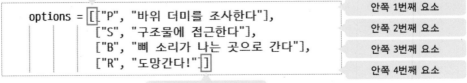

len() 함수로 리스트의 리스트 다루기

이 예제에서 리스트의 길이는 얼마일까요? options에는 요소가 4개이므로 len(options)는 4를 반환합니다. 이처럼 각 리스트는 하나의 요소입니다. 따라서 요소가 2개인 options[0] 리스트의 길이 len(options[0])은 2를 반환합니다. options[1]과 options[2] 리스트도 마찬가지입니다.

리스트의 리스트의 리스트…

리스트와 함께 리스트로 이루어진 리스트도 살펴보았습니다. 리스트로 이루어진 리스트는 거듭하여 계속 만들 수 있습니다. 어떤 언어에서는 리스트로 이루어진 리스트를 **2차원 배열**, 리스트의 리스트의 리스트를 **3차원 배열**이라고 합니다. 물론 4차원 이상으로 확장할 수도 있답니다.

그러면 각 요소에는 어떻게 접근하면 될까요?

[index] 표기를 이용하여 리스트 요소에 접근한다는 것은 이미 배웠습니다. options[0]은 리스트의 첫 번째 요소를 반환합니다. 그러므로 이는 options 리스트의 첫 번째 요소 ["P", "**바위 더미를 조사한다**"] 리스트를 반환합니다. 마찬가지로 options[1]은 두 번째 요소인 ["S", "**구조물에 접근한다**"] 리스트를 반환합니다. print() 함수로도 이를 확인할 수 있습니다.

그렇다면 options[1]의 개별 요소에는 어떻게 접근할 수 있을까요? 다음 코드를 살펴봅시다.

```
print(options[1][0])
print(options[1][1])
```

첫 번째 print() 함수는 options[1]의 첫 번째 요소인 S를 출력합니다. 두 번째 print() 함수는 options[1]의 두 번째 요소인 "**구조물에 접근한다**"를 출력합니다.

> 📄 List7.py 파일을 수정하여 다양한 내용을 출력해 보고 다른 선택지로 바꿔 보면서 [index][index] 사용에 익숙해지기 바랍니다.

이러한 리스트를 사용하면 getUserChoice() 함수에 선택지를 효율적으로 전달할 수 있습니다. 이 형식은 문자와 프롬프트 문자열 등 요소 2개로 구성한 선택지 리스트를 추가하는 데도 편리합니다. 원하는 만큼 추가할 수 있을 뿐 아니라 사용자 정의 함수도 깔끔하게 유지할 수 있습니다.

리스트의 장점은 이뿐만이 아닙니다. 앞서 살펴본 대로 append() 함수를 이용하면 리스트에 요소를 추가할 수 있습니다. 이것이 왜 도움이 될까요? 선택지가 3개인 게임 시나리오를 떠올려 보세요. 이때 사용자가 열쇠와 같은 아이템을 찾았다면 문을 여는 네 번째 선택지가 필요할 겁니다. 기본 선택지를 만든 다음, if문을 이용하여 사용자가 열쇠를 가졌는지 확인하고, 그렇다면 append() 함수를 이용하여 **"문을 연다"**라는 선택지를 추가합니다.

사용자 선택지 함수 만들기

그럼 getUserChoice() 함수를 만듭시다. 이 함수는 리스트로 이루어진 인수 하나를 이용하여 사용자가 선택한 내용을 반환합니다. 이 게임 외에서도 사용할 수 있도록 별도의 파일로 저장합니다.

먼저 Adventure 폴더에 Utils.py라는 이름으로 파일을 만듭니다. 이 파일에 getUserChoice() 함수를 비롯한 다양한 유틸리티 함수를 작성할 겁니다.

Do it! 코딩해 보세요　　　　　　　　　　　　　　📄 파일 이름: 14/Utils.py

```python
#############################################
# Utils.py
# 유틸리티 함수
#############################################

# getUserChoice()
# 선택지 리스트와 선택 프롬프트를 출력하고 사용자 선택을 반환합니다.
# [["문자", "출력 텍스트"]]와 같이 리스트로 이루어진 리스트 형식으로 전달합니다.
# 예: [["A", "A 선택"], ["B", "B 선택"], ["C", "C 선택"]]
# 선택한 문자 반환하기
def getUserChoice(options):
    # 유효한 입력을 저장할 변수 초기화
    validInputs = ""
    # 선택지 루프
    for opt in options:
        # 유효한 입력 목록에 선택 가능한 문자 추가하기
        validInputs += opt[0]
        # 출력하기
        print(opt[0], "-", opt[1])
```

```python
    # 프롬프트 만들기
    prompt = "무엇을 하고 싶으세요? [" + validInputs + "]: "
    # 변수 초기화하기
    choice = ""
    done = False
    # 메인 루프
    while not done:
        # 대문자 하나 가져오기
        choice = input(prompt).strip().upper()
        # 사용자가 2자 이상 입력했을 때
        if len(choice) > 1:
            # 첫 문자만 사용
            choice = choice[0]
        # 입력한 문자가 유효한지?
        if len(choice) == 1 and choice in validInputs:
            # 그렇다면 빠져나가기
            done = True
    # 선택한 옵션 반환하기
    return choice
```

지금은 이 코드를 테스트할 수 없습니다. 함수는 정의했지만 실행하지는 않아 아무것도 출력하지 않기 때문입니다.

주석 사용하기

Utils.py 파일 윗부분의 # 기호로 감싼 부분은 2가지 역할을 합니다.

1. #는 주석의 시작을 나타내므로 파이썬은 그 뒤에 오는 모든 문장을 무시합니다. 그러므로 파일 위의 블록 전체가 하나의 주석입니다. 왜 이렇게 작성할까요? 프로그래머는 무슨 파일인지, 무엇을 하는지, 누가 만들었는지 등의 정보를 시작으로 파일을 작성합니다. 바로 이 정보를 표시하려고 사용한 것입니다.

2. 긴 # 기호 줄은 단순히 주석을 두드러지게 하는 역할을 합니다.

함수를 테스트하고자 맨 아래에 다음 코드를 추가합니다.

```
choices = [["A", "A 선택"],
           ["B", "B 선택"],
           ["X", "X 선택"],
           ["3", "그리고 숫자 하나"]]


choice = getUserChoice(choices)
print(choice)
```

코드를 실행하면 선택지와 사용자 선택 프롬프트를 표시하고 선택한 내용을 출력합니다. 여기서 getUserChoice() 함수는 어떤 일을 할까요? 인수가 하나뿐이므로 함수 정의는 간단합니다.

```
def getUserChoice(options):
```

getUserChoice() 함수는 유효한 선택 문자만 입력할 수 있도록 사용자의 입력을 제한해야 합니다. 여기서는 함수에 전달한 인수에 따라 달라지므로 선택이 유효한지를 확인하는 코드를 하드 코딩해서는 안 됩니다. 그 대신 사용자 입력을 확인하는 데 사용할 유효한 선택 목록을 만들어야 합니다. 먼저 다음과 같이 빈 문자열로 초기화한 변수로 시작합니다.

```
# 유효한 입력을 저장할 변수 초기화
validInputs = ""
```

for문을 이용하여 모든 선택지를 대상으로 루프를 돕니다.

```
# 선택지 루프
for opt in options:
```

반복할 때마다 opt에 요소 2개로 이루어진 선택지 리스트 하나를 저장합니다. opt[0]은 선택 문자를, opt[1]은 프롬프트 문자열을 나타냅니다. 루프 안에서는 각 선택지를 대상으로 2가지를 처리합니다.

```
# 유효한 입력 목록에 선택 가능한 문자 추가하기
validInputs += opt[0]
```

이 코드는 선택 문자를 validInputs에 추가합니다. 처음에는 빈 변수이지만 앞의 테스트 코드라면 첫 번째 반복에서는 "A", 두 번째 반복에서는 "AB", 그다음은 "ABX"이며 마지막으로 "ABX3"이 되므로 사용자는 이 문자들 중에서만 입력할 수 있습니다. 이 변수는 이후 함수에서 사용합니다.

그리고 나서 다음 코드로 선택 목록을 출력합니다.

```
# 출력하기
print(opt[0], "-", opt[1])
```

테스트 코드에서 반복하는 첫 번째 요소는 ["A", "A 선택"] 리스트입니다. 리스트에서 [0] 요소는 "A"이고 [1] 요소는 "A 선택"이므로 A - A 선택을 출력합니다.

선택 목록 출력이 끝나면 input() 함수를 이용하여 사용자 선택 프롬프트를 표시합니다. input() 프롬프트에서는 입력할 수 있는 선택 문자도 함께 표시하려고 합니다. 이는 validInputs 변수에 저장했으므로 다음 프롬프트를 만듭니다.

```
# 프롬프트 만들기
prompt = "무엇을 하고 싶으세요? [" + validInputs + "]: "
```

이번 테스트에서는 prompt 변수에 **무엇을 하고 싶으세요? [ABX3]**이라는 문자열을 저장합니다. 그리고 필요한 변수를 초기화합니다.

```
# 변수 초기화하기
choice = ""
done = False
```

choice 변수에는 사용자가 입력한 선택 문자를 저장합니다. done 변수는 True나 False만 저장할 수 있는 불(bool) 자료형으로, 여기서는 False로 지정했습니다. 사용자가 유효한 문자를 입력하여 선택을 끝내면 True로 바뀝니다. 그리고 앞서 여러 번 살펴본 while 루프로 input() 함수를 반복합니다.

```
# 메인 루프
while not done:
```

done 변수를 False로 초기화했으므로 done이 True가 될 때까지 while 루프를 반복합니다.
이 코드는 다음과 같이 작성해도 됩니다. 결과는 똑같지만 while not done이 더 깔끔해 보입
니다.

```
# 메인 루프
while done == False:
```

while 루프 안에서는 다음 코드를 반복합니다.

```
# 대문자 하나 가져오기
choice = input(prompt).strip().upper()
# 사용자가 2자 이상 입력했을 때
if len(choice) > 1:
    # 첫 문자만 사용
    choice = choice[0]
# 입력한 문자가 유효한지?
if len(choice) == 1 and choice in validInputs:
    # 그렇다면 빠져나가기
    done = True
```

이 코드에서는 먼저 input() 함수를 이용하여 선택을 입력받고 공백을 없앤 다음, 이를 대문
자로 변환합니다. 그리고 사용자가 한 문자만 입력했는지를 확인하여 그렇지 않다면 choice
= choice[0] 코드로 첫 번째 문자만 저장합니다. 이렇게 하면 필요한 내용만 쉽게 얻을 수 있
습니다.

마지막으로 choice의 길이를 확인하고 이곳에 저장한 선택 문자가 validInputs에 있는지를
확인합니다. 길이도 올바르고 choice도 validInputs에 있다면 done 변수를 True로 바꾸어
while 루프를 빠져나갑니다.

올바르게 선택 문자를 입력 받았다면 다음 코드를 통해 getUserChoice() 함수는 choice를
반환합니다.

```
# 선택한 옵션 반환하기
return choice
```

리스트의 요소를 추가, 삭제하거나 모든 조합을 테스트하여 올바르게 작동하는지 확인합니다. 테스트를 마쳤다면 함수 아래에 추가했던 테스트 코드는 지웁니다.

코드 업데이트하기

getUserChoice() 함수가 있는 Utils.py 파일을 만들었으므로 이를 어드벤처 게임에 사용해 봅시다. 이로써 프로그램은 파일 3개로 구성됩니다. Main.py에는 주 코드가, Strings.py에는 바깥으로 옮긴 문자열이, Utils.py에는 getUserChoice() 함수가 있습니다. Main.py에서 Utils.py에 있는 함수를 사용하려면 앞서 Strings.py와 마찬가지로 Utils.py를 Main.py 파일로 불러와야 합니다. Main.py 파일은 다음과 같은 import문으로 시작합니다.

```
# 불러오기
import Strings
import Utils
```

알아두면
좋아요!

import문 합치기
파이썬에서는 라이브러리가 여러 개일 때 한 줄로 불러올 수 있습니다.

```
import Strings
import Utils
```
=
```
import Strings, Utils
```

결과는 같으므로 어느 것을 사용해도 됩니다.

그러면 새로 만든 getUserChoice() 함수를 사용할 수 있도록 코드를 수정하겠습니다. 다음은 업데이트한 doStart() 함수입니다.

```
# 장소: 출발점
def doStart():
    # 텍스트 출력하기
    print(Strings.get("Start"))
    # 플레이어가 선택할 수 있는 행동은?
    choices = [
```

```
        ["P", "바위 더미를 조사한다"],
        ["S", "구조물에 접근한다"],
        ["B", "삐 소리가 나는 곳으로 간다"],
        ["R", "도망간다!"]
    ]

    # 플레이어 행동 선택 프롬프트
    choice = Utils.getUserChoice(choices)        ┌─ Utils.py 파일에 있는 getUserChoice()
    # 행동 실행하기                                 │  함수를 호출합니다.
    if choice == 'P':
        doBoulders()
    elif choice == 'S':
        doStructure()
    elif choice == 'B':
        doBeeping()
    elif choice == 'R':
        doRun()
```

리팩터링을 했으므로 파일을 실행하면 차이는 없습니다. 다만, 플레이어가 고를 수 있는 행동
선택지를 모두 저장한 choices 변수가 새로 생겼는데, 이는 리스트로 이루어진 리스트입니다.

```
choices = [
    ["P", "바위 더미를 조사한다"],
    ["S", "구조물에 접근한다"],
    ["B", "삐 소리가 나는 곳으로 간다"],
    ["R", "도망간다!"]
]
```

그리고 새로 만든 getUserChoice() 함수를 이용하여 사용자의 선택을 입력받습니다.

```
# 플레이어 행동 선택 프롬프트
choice = Utils.getUserChoice(choices)
```

getUserChoice() 함수는 Utils 라이브러리에 있으므로 이를 사용하려면 Utils.
getUserChoice()와 같이 씁니다. 그리고 리스트로 이루어진 리스트인 choices를 인수로 전

달합니다. 이 함수가 반환한 사용자 선택 문자는 choice 변수에 저장합니다. doStart() 함수의 나머지 부분은 이전과 마찬가지입니다.

리팩터링을 통해 얻은 것을 정리해 보면 다음과 같습니다.

- 사용자 입력 루프를 다른 곳으로 옮겼으므로 Main.py의 코드는 깔끔해졌습니다.
- 게임을 플레이하는 동안 플레이어의 행동 선택지를 깔끔하고 유연하게 처리할 수 있습니다.
- 사용자 선택을 입력 받는 부분은 외부 함수이므로 필요한 곳 어디서든 사용자 선택 프롬프트를 표시할 수 있습니다. 색을 더하거나 버튼을 만드는 등의 게임 업그레이드가 필요할 때도 이 함수만 수정하면 이를 사용하는 모든 곳에 바뀐 내용을 적용할 수 있습니다.

  지금 바로 테스트해 볼 수도 있습니다. getUserChoice() 함수에서 선택지를 출력할 때마다 사용하는 print(opt[0], "-", opt[1])라는 코드가 있습니다. 여기서 붙임표(-)를 등호(=)나 콜론(:) 등으로 바꿔 보세요. 이것만으로도 출력하는 선택 목록의 형식이 바뀝니다.

도전해 보세요

게임을 더 리팩터링해 보세요
Challenge 14.1.py

여러분이 만든 게임을 리팩터링하세요.
새로운 getUserChoice() 함수를 사용하도록 모든 장소 함수를 업데이트해 보세요.

도전해 보세요

함수를 추가하세요
Challenge 14.2.py

11장에서 inputNumber() 함수를 만들었습니다. 이 함수 역시 게임에 유용하므로 Utils.py 파일 안에 붙여 넣어 코드를 발전시켜 보세요.

도전해 보세요

새로운 함수를 더 만들어 보세요
Challenge 14.3.py

무기를 줍겠습니까?, **포기하겠습니까?**와 같이 예, 아니오로 사용자에게 물어 게임을 전개하고 싶을 때가 있을 겁니다. Y 또는 N을 사용자에게 입력 받는 함수를 Utils.py 파일에 정의해 봅시다. 이때, 함수 이름은 inputYesNo()로 정합니다. 새로 정의한 함수는 다음과 같은 예처럼 사용할 수 있습니다.

```
pickUpGun = inputYesNo("총을 줍겠습니까?")
```

inputYesNo() 함수는 텍스트를 인수로 전달하면 입력 프롬프트를 표시하고 그 결과를 반환합니다. inputNumber() 함수를 참고해서 직접 만들어 보세요.

15장

아이템 사용하기

13장과 14장에서는 코드를 정리하는 데 중점을 두고 설명하느라 게임 코딩은 잠시 쉬었습니다. 이 장부터 게임에서 아이템을 사용할 수 있도록 코딩해 봅시다.

파이썬의 딕셔너리를 사용하여 아이템을 저장하는 방법을 배운 뒤, 이를 이용하여 딕셔너리와 래퍼 함수를 사용한 인벤토리 시스템을 만듭니다. 그리고 게임 안에서 인벤토리를 어떻게 사용하는지도 알아봅니다.

인벤토리 시스템 기획하기

어드벤처 게임에서 플레이어는 아이템을 얻어서 사용합니다. 때로는 동전을 모아 아이템을 사기도 합니다. 그리고 구입한 아이템과 마찬가지로 모은 동전 역시 아이템으로 사용할 수 있습니다. 잠긴 문을 열려면 열쇠라는 특별한 아이템을 찾아야 합니다. 아이템의 종류는 지도, 식량, 물약, 무기 등 다양합니다. 예를 들어 이번 게임에서 구조물의 닫힌 문을 열려고 하면 다음과 같은 메시지를 볼 수 있습니다.

```
무엇을 하고 싶으세요? [SDBR]: d
문은 잠긴 듯합니다.
둥근 구멍이 보입니다. 열쇠 구멍일까요?
그쪽으로 손을 내밀지만 파란빛이 번쩍이며 닫혀 버립니다!
계획한 대로는 잘 되지 않는군요.
```

게임에서는 열쇠를 직접 찾으라고 하지는 않습니다. 이처럼 플레이어는 힌트를 이용하여 게임을 계속하는 데 필요한 아이템을 찾아야 합니다.

아이템을 적용하려면 게임을 플레이하는 동안 이를 저장하고 꺼내는 방법이 있어야 합니다. 이것이 바로 인벤토리 시스템입니다. 그럼 아이템 정보는 어떻게 저장해야 할까요? 다음처럼 변수를 여러 개 이용해 저장하는 방법이 있습니다.

```
# 인벤토리
coins = 0
sonicKey = False
jetPack = False
food = 100
```

이렇게 하면 플레이어가 동전을 모을 때마다 coins 변수에 저장할 수 있습니다. 무엇이든 여는 열쇠나 하늘을 누비는 제트팩을 얻었다면 각각 sonicKey와 jetPack 변수를 True로 설정합니다. 식량은 100에서 시작하여 시간과 함께 줄어들므로 food 변수에서 저장된 수 또한 줄어듭니다. 추가 식량을 찾았다면 더합니다. 하지만 이처럼 모든 아이템을 변수로 처리하는 것은 바람직하지 않습니다. 루프를 반복하기도 쉽지 않고, 저장하고 꺼내는 것도 번거롭고, 실수로 변수를 덮어쓸 위험이 뒤따릅니다. 그럼 리스트는 어떨까요?

```
# 인벤토리
inv = [0, False, False, 100]
```

이렇게 하면 `inv[0]`은 동전을, `inv[1]`은 열쇠를 가리킬 수 있겠네요. 그런데 이 방법도 올바르지 않습니다. 실수로 잘못된 아이템을 가리키기 쉽기 때문입니다. 리스트는 첫째마당에서 살펴본 동물 리스트처럼 같은 종류를 모으는 데는 좋은 수단이지만, 종류가 서로 다른 아이템을 모으기에는 어울리지 않습니다. 그럼 어떻게 해야 할까요?

딕셔너리 만들기

이럴 때를 위해 파이썬은 또 하나의 자료형을 제공합니다. **딕셔너리**(dictionary)는 다양한 유형의 값을 여러 개 저장할 수 있다는 점에서는 리스트와 비슷하지만, 사전처럼 이름을 붙여 각 요소를 저장한다는 점에서 차이가 있습니다. `Dict1.py`라는 이름으로 파일을 만들고 다음 코드를 입력합시다. 게임에는 사용하지 않으므로 Adventure 폴더가 아닌 Python 폴더에 저장하세요.

Do it! 코딩해 보세요   📄 파일 이름: 15/Dict1.py

```
pet = {
    "animal": "Iguana",
    "name": "Iggy",
    "food": "Veggies",
    "mealsPerDay": 1
}
```

코드를 실행해도 아무것도 출력하지는 않습니다. 출력은 잠시 미뤄둡니다. 이 코드는 `pet`이라는 이름으로 변수를 만듭니다. 이 변수에는 중괄호(`{ }`) 안에 값이 여러 개 있습니다. `{ }`는 딕셔너리임을 파이썬에 알리는 역할을 합니다.

알아두면 좋아요!   **{} 와 [] 구분하기**

중괄호와 대괄호는 구별해서 써야 합니다. `pet = []`는 리스트를 만들고 `pet = {}`는 딕셔너리를 만듭니다. 참고로 `pets = [{}, {}]`는 딕셔너리로 이루어진 리스트를 만듭니다.

딕셔너리의 각 요소는 키:값 쌍 형식으로 정의합니다. 키(key)는 요소 이름이며 항상 큰따옴표로 감싼 문자열입니다. 값(value)은 무엇이든 상관없습니다. 예제처럼 숫자나 문자열일 수도 있고 심지어는 리스트, 딕셔너리 등도 값으로 사용할 수 있습니다.

Dict1.py에 작성한 코드 아래에 다음 코드를 추가하면 pet 딕셔너리의 요소 개수를 알 수 있습니다.

```
print(len(pet))
```

실행하면 len(pet)이 반환한 4를 출력합니다.

딕셔너리의 특정 요소에 접근하려면 다음과 같이 키를 이용합니다.

```
pet = {
    "animal": "Iguana",
    "name": "Iggy",
    "food": "Veggies",
    "mealsPerDay": 1
}

print(pet["name"], "the", pet["animal"])
print("eats", pet["mealsPerDay"], "times a day")
```

이 코드를 실행하면 어떤 내용을 출력할까요? pet["animal"]은 키가 "animal"인 값 Iguana를 뜻하며, pet["name"]은 키가 "name"인 값 Iggy를 뜻합니다. 그러므로 이 코드를 실행한 결과는 다음과 같습니다.

```
Iggy the Iguana
eats 1 times a day
PS D:\Python>
```

딕셔너리 다루기

이처럼 딕셔너리는 서로 다르지만 관련 있는 정보를 그룹화하는 데 어울립니다. 딕셔너리를 수정하는 방법은 간단합니다. Dict2.py라는 이름으로 파일을 만들고 다음 코드를 입력합시다.

```
pet = {
    "animal": "Iguana",
    "name": "Iggy",
    "food": "Veggies",
    "mealsPerDay": 1
}


pet["mealsPerDay"] = 2


print(pet["name"], "eats", pet["mealsPerDay"], "meals")
```

앞서 만든 딕셔너리와 똑같으나 여기서는 **mealsPerDay** 요소의 값을 업데이트합니다. 그러므로 이번에는 **Iggy eats 2 meals**를 출력합니다.

알아 두면 좋아요!

update() 함수로 딕셔너리 값 수정하기

딕셔너리의 요소에 새로운 값을 할당하는 방법은 다음과 같습니다.

```
pet["mealsPerDay"] = 2
```

이 방법 외에 다음처럼 update() 함수를 이용할 수도 있습니다.

```
pet.update({"mealsPerDay": 2})
```

update()를 이용하면 여러 개의 키:값 쌍을 한 번에 바꿀 수 있습니다.

유용한 딕셔너리 함수를 더 알아봅시다.

함수	설명
clear()	딕셔너리의 모든 요소를 삭제합니다.
copy()	딕셔너리를 복사합니다.
keys()	딕셔너리의 모든 키를 리스트로 반환합니다.
values()	딕셔너리의 모든 값을 리스트로 반환합니다.

딕셔너리로 이루어진 리스트 만들기

Dict3.py라는 이름으로 새로운 파일을 만들고 다음 코드를 입력합시다.

```
Do it! 코딩해 보세요                        📁 파일 이름: 15/Dict3.py

pets = [          리스트 시작
    {             딕셔너리 시작
        "animal": "Iguana",
        "name": "Iggy",
        "food": "Veggies",
        "mealsPerDay":1
    },
    {

        "animal": "Goldfish",
        "name": "Goldy",
        "food": "Flakes",
        "mealsPerDay":3
    }
]
for pet in pets:        pets는 리스트이고 pet은 딕셔너리입니다.
    print(pet["animal"], "-", pet["name"])
```

실행하면 다음처럼 결과를 출력합니다.

```
Iguana - Iggy
Goldfish - Goldy
PS D:\Python> █
```

이 코드에서 pets는 무엇일까요? 대괄호로 감싸므로 리스트인 건 분명합니다. 리스트 안에는
요소가 2개 있으며 각 요소는 { }로 감싼 딕셔너리 형태입니다. pets 리스트를 대상으로 for
루프를 반복하여 pet이라는 이름의 딕셔너리 변수를 만들고 이를 출력합니다.

15-2
인벤토리 시스템 개발하기

인벤토리 시스템에는 딕셔너리가 어울리므로 다음과 같은 인벤토리를 만들어 봅시다.

```
inv = {
    "StructureKey": False,
    "Coins": 0
}
```

이렇게 하면 inv["StructureKey"]를 확인하여 플레이어가 열쇠를 가졌는지를 확인하고 이에 따라 반응할 수 있습니다. 그리고 사용자가 열쇠를 찾았을 때는 inv["StructureKey"] = True로 바꾸기만 하면 됩니다. 이것으로도 충분하지만 **래퍼 함수**를 이용하면 코드를 개선할 수 있습니다.

🕹 용어 익히기

래퍼 함수 다른 코드를 호출하는 것을 목적으로 할 때 **래퍼 함수**(wrapper function)를 사용합니다. 코드를 감싸므로(wrap) 이런 이름이 붙었습니다.

다음 코드 조각을 보면서 래퍼 함수를 이해해 봅시다.

```
inv = {
    "StructureKey": False,
    "Coins": 0
}

def takeStructureKey():
    inv["StructureKey"] = True

def hasStructureKey():
    return inv["StructureKey"]
```

이 코드는 inv 딕셔너리와 지원 함수 2개를 만듭니다. 플레이어가 열쇠를 찾았을 때는 인벤토리에 추가하고자 takeStructureKey() 함수를 호출하여 StructureKey의 값을 True로 바꾸기만 하면 됩니다.

그리고 열쇠가 있는지 확인할 때는 다음처럼 hasStructureKey() 함수를 이용합니다.

```
if hasStructureKey():
```

hasStructureKey()는 if문에 사용하기 편하도록 True나 False를 반환합니다. 이 래퍼 함수는 어디까지나 선택 사항입니다. 래퍼 함수가 없어도 언제든 딕셔너리 요소에 직접 접근할 수 있기 때문이죠. 그러나 이를 사용하면 코드를 읽고 사용하기가 편합니다.

인벤토리 만들기

게임에 쓸 인벤토리 시스템을 만들어 봅시다. 지금 당장은 열쇠만으로도 충분하지만 나중을 위해 동전 아이템과 관련된 코드도 함께 추가하겠습니다. Adventure 폴더에 Inventory.py 라는 이름으로 파일을 만들고 다음 코드를 입력합니다.

Do it! 코딩해 보세요　　　　　　　　　　　파일 이름: 15/Inventory.py

```
#########################################
# Inventory.py
# 인벤토리 시스템
#########################################

inv = {
    "StructureKey": False,
    "Coins": 0
}

# 인벤토리에 열쇠 추가하기
def takeStructureKey():
    inv["StructureKey"] = True
```

```python
# 인벤토리에서 열쇠 없애기
def dropStructureKey():
    inv["StructureKey"] = False


# 플레이어는 열쇠를 가졌나요?
def hasStructureKey():
    return inv["StructureKey"]


# 동전을 인벤토리에 추가하기
def takeCoins(coins):
    inv["Coins"] += coins


# 인벤토리에서 동전 없애기
def dropCoins(coins):
    inv["Coins"] -= coins


# 플레이어가 가진 동전은 몇 개인가요?
def numCoins():
    return inv["Coins"]
```

이 코드는 inv라는 이름의 인벤토리용 딕셔너리 정의로 시작합니다. 여기에는 아이템이 2개 있는데, StructureKey는 플레이어가 열쇠를 가졌는지를 나타내고(False로 초기화) coins는 플레이어가 가진 동전의 개수를 뜻합니다(0으로 초기화).

그다음은 래퍼 함수입니다. 각 아이템을 대상으로 아이템 얻기, 아이템 버리기, 아이템 확인 하기 등 3가지 행동을 할 수 있습니다. 아이템당 래퍼 함수 3개, 아이템이 2개이므로 모두 6개 의 래퍼 함수를 만듭니다.

열쇠와 같은 인벤토리 아이템은 True 또는 False이므로 아이템 얻기 함수(True로 지정), 아 이템 버리기 함수(False로 지정), 아이템 확인 함수(현재 상태 반환)가 필요합니다.

인벤토리 아이템 중에는 동전과 같이 여러 개를 얻을 수 있는 것도 있는데, 여기에는 아이템 얻기 함수(값 증가), 아이템 버리기 함수(값 감소), 아이템 확인 함수(몇 개인지 확인)가 필요합니다. 추가 아이템이 필요하다면 키:값 쌍을 딕셔너리에 추가하고 필요한 래퍼 함수를 만들기만 하면 됩니다.

> **알아두면 좋아요!**
>
> **인벤토리에 사용할 자료형 정하기**
> 인벤토리에는 불 자료형과 숫자 자료형 외에도 다양한 자료형을 넣을 수 있는데, 예제에서 이 두 자료형을 선택한 이유는 가장 자주 사용하기 때문입니다. 그러므로 이 코드는 이후 아이템이나 래퍼 함수를 추가할 때 샘플 코드로 사용할 수 있습니다.

인벤토리 시스템 적용하기

인벤토리 시스템을 만들었으므로 주 코드에 적용해 봅시다. 여기서도 import문을 사용하면 됩니다. Main.py 파일의 import문을 다음과 같이 수정합니다.

```
# 불러오기
import Strings
import Utils
import Inventory as inv        불러온 Inventory 라이브러리를 가리키고자 줄여 씁니다.
```

라이브러리에 있는 함수를 실행할 때는 다음과 같이 라이브러리 이름을 포함하여 함수 이름을 적어야 합니다. Inventory라고 써도 상관없으나 반복해서 쓰기에는 좀 길어 보입니다.

```
Inventory.takeStructureKey()
```

이럴 때는 별칭(alias)을 쓰면 좋습니다. 다음과 같이 as를 사용하여 별칭을 작성합니다.

```
import Inventory as inv
```

이렇게 하면 Inventory 라이브러리를 가리킬 때 다음과 같이 inv라고 줄여 쓸 수 있습니다.

```
inv.takeStructureKey()
```

인벤토리 시스템 사용하기

필요한 몇 가지 문자열을 `Strings.py` 파일의 `get()` 함수에 추가합니다. 구조물 입구에서 열쇠 없이 문을 열려고 했을 때의 메시지는 이미 있으므로 여기서는 열쇠로 문을 열 때의 메시지가 필요합니다. 추가할 `elif`문은 다음과 같습니다.

```
elif id == "StructureDoorKey":
    return ("손에 쥔 열쇠를 바라봅니다.\n"
            "이 열쇠는 열쇠 구멍과 마찬가지로 파랗게 빛납니다.")
```

그럼 플레이어는 열쇠를 어디서 얻을 수 있을까요? 열쇠는 바위 더미에 숨겨 둘 것이므로 다음 `elif`문을 추가합니다.

```
elif id == "BouldersKey":
    return ("가까이 다가갑니다. 저 푸른 불빛은 뭐지?\n"
            "바위틈으로 손을 뻗어 무언가를 더듬습니다.\n"
            "그것은 다름이 아니라 파랗게 빛나는 열쇠였습니다.")
```

이제는 플레이어가 열쇠를 찾도록 해야 합니다. 여기서는 바위 더미로 가면 발견하도록 간단하게 처리합니다. 16장에서 진행 과정 추적 기능(플레이어 시스템)을 추가하여 이 과정을 더 어렵게 만들 겁니다. 여기서는 다시 `Main.py` 파일로 돌아가 `doBoulder()` 함수를 다음과 같이 수정합니다.

```
# 장소: 바위 더미
def doBoulders():
    # 플레이어는 열쇠를 가졌나요?
    if not inv.hasStructureKey():
        # 아니요, 텍스트 출력하기
        print(Strings.get("BouldersKey"))
        # 열쇠를 인벤토리에 추가하기
        inv.takeStructureKey()
    else:
        # 예, 그러므로 평범한 바위 설명 출력하기
        print(Strings.get("Boulders"))
    # 시작 위치로 돌아가기
    doStart()
```

수정한 함수에서 처음으로 inv.hasStructureKey() 래퍼 함수를 사용하여 플레이어가 열쇠를 가졌는지 확인합니다. 아직 가지지 않았다면 메시지를 출력합니다. 그리고 다음과 같이 열쇠를 인벤토리에 추가합니다.

```
# 열쇠를 인벤토리에 추가하기
inv.takeStructureKey()
```

이미 열쇠가 있다면, 즉 바위 더미에 두 번째로 왔다면 이전 메시지를 출력합니다. 이로써 열쇠를 찾을 수 있습니다.

다음으로, 구조물 입구 코드를 수정해야 합니다. 앞서 플레이어가 문으로 다가가면 열쇠가 필요하다는 메시지를 출력했습니다. 이제는 열쇠를 가졌는지에 따라 다르게 반응하는 코드가 필요합니다. 업데이트한 doStructureDoor() 함수는 다음과 같습니다.

```
# 장소: 구조물 입구
def doStructureDoor():
    # 텍스트 출력하기
    print(Strings.get("StructureDoor"))
    if inv.hasStructureKey():
        print(Strings.get("StructureDoorKey"))        ◄ 열쇠가 있을 때 출력할 메시지
    else:
        print(Strings.get("StructureDoorNoKey"))      ◄ 열쇠가 없을 때 출력할 메시지
    # 플레이어가 선택할 수 있는 행동은?
    choices = [
        ["S", "구조물로 돌아간다"],
        ["R", "도망간다!"]
    ]
    # 플레이어는 열쇠를 가졌나요?
    if inv.hasStructureKey():
        # 예, choices에 열쇠 풀기 추가하기
        choices.insert(0, ["U", "문 열쇠 풀기"])
    # 플레이어 행동 선택 프롬프트
    choice = Utils.getUserChoice(choices)
```

```
# 행동 실행하기
if choice == 'S':
    doStructure()
elif choice == 'R':
    doRun()
elif choice == 'U':
    doEnterStructure()
```

먼저 기본 구조물 입구 메시지를 출력합니다. 그런 다음, 열쇠를 가졌는지 확인하고 이 코드를 이용하여 열쇠를 가지고 있을 때와 가지고 있지 않을 때를 구분하여 메시지를 출력합니다.

```
# 텍스트 출력하기
print(Strings.get("StructureDoor"))
if inv.hasStructureKey():
    print(Strings.get("StructureDoorKey"))
else:
    print(Strings.get("StructureDoorNoKey"))
```

다음은 선택할 수 있는 행동입니다. 열쇠를 가졌을 때 할 수 있는 행동도 추가합니다.

```
# 플레이어가 선택할 수 있는 행동은?
choices = [
    ["S", "구조물로 돌아간다"],
    ["R", "도망간다!"]
]
# 플레이어는 열쇠를 가졌나요?
if inv.hasStructureKey():
    # 네, choices에 열쇠로 문 열기 추가하기
    choices.insert(0, ["U", "열쇠로 문을 연다"])
```

choices 변수는 이전과 마찬가지로 2가지 선택지로 시작합니다. 열쇠를 가졌다면 choices 변수에 해당 선택지를 추가합니다. 이때 열쇠로 문 열기 선택지는 리스트의 첫 번째 요소여야 합니다. 그러므로 append() 함수를 이용하여 ["U", "열쇠로 문을 연다"]를 추가하는 것이 아니라 insert() 함수를 이용하여 0 위치에 넣어 첫 번째 선택지로 만듭니다.

마지막으로 문이 열렸을 때 어떻게 할 것인지도 추가합니다.

```
elif choice == 'U':
    doEnterStructure()
```

이 코드를 실행하려면 doEnterStructure() 함수가 정의되어 있어야 하는데 일단 pass만 입력해 둡니다.

이제 getUserChoice() 함수의 가치와 유용함을 알았을 겁니다. 이처럼 인벤토리나 다른 기준에 따라 그때그때 선택지를 바꾸는 코드는 게임을 좀 더 역동적으로 만듭니다. 완성된 코드를 실행해 보세요.

```
밖으로 나가 봐도 모든 것이 낯설기만 합니다.
바깥 풍경은 척박하고 황량한 붉은 흙만이 흩날릴 뿐입니다.
우주복을 입은 자신을 발견하곤 모든 것이 궁금해집니다.
주위를 둘러봐도 붉은 사막과 바위 더미와 먼지뿐입니다.
여러분 앞에는 이상하게 생긴 팔각형 구조물이 있습니다.
가까이 가니 삐 소리가 들립니다. 그리곤 멈춥니다. 아니, 계속됩니다.
P - 바위 더미를 조사한다
S - 구조물에 접근한다
B - 삐 소리가 나는 곳으로 간다
R - 도망간다!
I - 인벤토리
무엇을 하고 싶으세요? [PSBRI]: ▌
```

S를 입력하여 구조물에 접근하고 문을 열고자 D를 입력합니다.

```
문은 잠긴 듯합니다.
둥근 구멍이 보입니다. 열쇠 구멍일까요?
그쪽으로 손을 내밀지만 파란빛이 번쩍이며 닫혀 버립니다!
계획한 대로는 잘 되지 않는군요.
S - 구조물로 돌아간다
R - 도망간다!
무엇을 하고 싶으세요? [SR]: ▌
```

열쇠가 없으므로 문은 열리지 않습니다. S를 입력하여 구조물로 돌아간 다음, 다시 S를 입력하고 시작 지점으로 돌아갑니다. 그리고 P를 입력하여 바위 더미를 조사합니다.

```
가까이 다가갑니다. 저 파란빛은 뭐지?
바위틈으로 손을 뻗어  무언가를 더듬습니다.
그것은 다름이 아니라 파랗게 빛나는 열쇠였습니다.
주위를 둘러봐도 붉은 사막과 바위 더미와 먼지뿐입니다.
여러분 앞에는 이상하게 생긴 팔각형 구조물이 있습니다.
가까이 가니 삐 소리가 들립니다. 그리곤 멈춥니다. 아니, 계속됩니다.
P - 바위 더미를 조사한다
S - 구조물에 접근한다
B - 삐 소리가 나는 곳으로 간다
R - 도망간다!
I - 인벤토리
무엇을 하고 싶으세요? [PSBRI]: █
```

이제 열쇠를 얻었습니다. 과정이 너무 간단하지만, 이는 다음 장에서 보완하려고 합니다. S를
입력하여 구조물로 돌아간 다음, D를 눌러 다시 문을 열어 봅니다.

```
문은 잠긴 듯합니다.
둥근 구멍이 보입니다.  열쇠 구멍일까요?
손에 쥔 열쇠를 바라봅니다.
이 열쇠는 열쇠 구멍과 마찬가지로 파랗게 빛납니다.
U - 열쇠로 문을 연다
S - 구조물로 돌아간다
R - 도망간다!
무엇을 하고 싶으세요? [USR]: █
```

열쇠가 있으므로 이번에는 다른 메시지를 출력하네요. 만약 바위 더미로 다시 돌아가면 다음
과 같이 평범한 메시지가 나타날 겁니다.

```
정말인가요? 그건 바위 더미입니다.
크고 무겁고 단순한 바위입니다.
```

이로써 인벤토리 시스템을 갖추었으므로 선택에 따라 다르게 반응할 수 있습니다.

인벤토리 출력하기

인벤토리 마지막입니다. 게임에는 대부분 아이템 목록을 표시하는 방법이 있습니다. 이는 쉽게
구현할 수 있습니다. 다음 함수를 Inventory.py 파일 마지막에 추가하세요.

```python
# 인벤토리 출력하기
def display():
    print("**** 인벤토리 ****")
```

```
print("가진 동전은 ", numCoins(), "개입니다.")
if hasStructureKey():
    print("파랗게 빛나는 열쇠가 있습니다.")
print("****************")
```

현재 아이템 목록을 출력하는 display()라는 함수를 정의합니다. inv 딕셔너리 아이템에 직접 접근하지 않고 래퍼 함수를 사용했다는 점에 주목하세요. 그 이유는 무엇일까요? 항상 같은 방법으로 아이템에 접근하려면 일관된 코드로 실행해야 하기 때문입니다.

인벤토리는 어떻게 출력할까요? display() 함수를 호출하기만 하면 됩니다. Main.py 파일의 doStart() 함수의 choices 리스트에 다음 선택지를 추가합니다.

```
["I", "인벤토리"]
```

그런 다음, if문 마지막에 다음을 추가합니다.

```
elif choice == "I":
    inv.display()
    doStart()
```

이렇게 하면 I를 선택했을 때 인벤토리를 출력하고 doStart() 함수를 다시 실행하여 선택지를 출력합니다. 이처럼 doStart() 함수 안에서도 doStart() 함수를 호출할 수 있는데, 이를 **재귀**라고 합니다.

🔧 용어 익히기

재귀 재귀(recursion)란 자기 자신을 호출하는 것을 말합니다. 예를 들어 doStart()라는 함수 안에서 다시 doStart()를 호출하는 것입니다. 올바르게 사용하면 엄청난 위력을 발휘합니다.

도전해 보세요

아이템을 추가해 보세요   ⊞ Challenge 15.1.py

인벤토리 시스템을 만드는 데 필요한 모든 것을 배웠습니다. 그럼 추가 인벤토리 아이템을 사용할 수 있는 장소를 정해서 필요한 아이템(예를 들어 광선총, 수류탄, 방패 등)을 인벤토리에 추가하고 그에 따른 래퍼 함수를 만들어 보세요.

16장
클래스로 정리하기

이제 플레이어가 아이템을 보관하고 사용할 수 있는 인벤토리 시스템이 생겼습니다. 이 게임에서 아이템은 중요한 역할을 하게 되었습니다.

다음으로 필요한 것은 플레이어 관리 시스템입니다. 이 시스템을 만들려면 이 장의 주제인 클래스 개념을 알아야 합니다. 15장에서 만든 인벤토리 시스템과 클래스를 연결하여 새로운 기능을 추가합니다.

16-1
플레이어 시스템 만들기

15장에서는 딕셔너리를 이용하여 인벤토리 시스템을 만들었습니다. 그리고 잠긴 문을 열 수 있는 열쇠를 찾아 이 딕셔너리에 저장하도록 했습니다. 그런데 열쇠를 숨기는 작업이 너무 어설퍼 보입니다. 플레이어가 바위 더미로 가자마자 열쇠를 발견하니까요.

실제 게임에서는 열쇠를 발견하기 전에 퍼즐 등을 풀도록 하는 것이 일반적입니다. 또는 삽 같은 아이템이 필요할 수도 있으며, 몇 단계를 거친 후에 열쇠가 나타나게 한다든지 또는 게임 안에서 거래를 통해 얻도록 할 수도 있습니다. 여기에서는 바위 더미를 여러 번 방문해야 열쇠를 얻을 수 있도록 하겠습니다. 이렇게 하려면 방문 횟수를 기록할 방법이 있어야 하는데, 이 장에서 만들 플레이어 시스템이 바로 그 역할을 담당합니다.

플레이어 시스템은 플레이어의 행동, 상태 등을 추적하고 기록합니다. 구체적으로는 방문 횟수, 남은 라이프 개수, 사용한 체력, 플레이 시간, 누적 점수 등을 추적하고 기록합니다. 이는 열쇠 아이템처럼 주워서 사용하는 것이 아니므로 인벤토리 시스템에 저장할 수는 없습니다. 그러므로 플레이어 시스템이 따로 필요합니다. 이를 만들려면 새로운 파이썬 객체인 클래스가 필요합니다. 클래스 자체는 이미 사용한 적이 있습니다. 아래 코드가 기억이 나나요?

> 📖 클래스의 인스턴스, 즉 클래스형 변수를 객체 (object)라 부릅니다. 16-2절을 참고하세요.

```
name = "Shmuel"
```

name 변수는 파이썬의 문자열 클래스인 str 클래스입니다. 이 변수의 자료형을 확인하려면 다음과 같이 합니다.

```
print(type(name))
```

그러면 `<class 'str'>`을 출력합니다. 이번에는 upper()와 같은 함수를 사용해 봅시다.

```
name = name.upper()
```

정확하게는 str 클래스의 upper()라는 함수를 호출하는 것입니다. 이처럼 우리는 이미 수많은 클래스를 사용해 보았습니다. 그러나 아직 나만의 클래스를 만든 적은 없습니다.

클래스? 딕셔너리?

인벤토리 시스템에는 파이썬 딕셔너리를 사용하고 플레이어 시스템에는 파이썬 클래스를 사용합니다. 왜 그럴까요? 실제로는 두 시스템 모두 클래스나 딕셔너리를 사용해도 됩니다. 여기서는 딕셔너리와 클래스 사용 방법을 알아보려고 두 시스템에서 각각 사용해 본 것입니다. 여러분이 만들 프로그램에서는 어느 것이든 원하는 대로 사용하면 됩니다.

그리고 한 가지 더! 딕셔너리 역시 클래스입니다. 즉, 딕셔너리는 dict 클래스입니다.

player 클래스 만들기

클래스에 대해 더 알아봅시다. 프로그래밍에서는 변수가 객체이듯이 클래스 역시 객체입니다. 그러나 클래스는 하는 일이 조금 특별합니다. 다음 셋째마당에서는 다양한 클래스를 살펴볼 겁니다. 지금은 데이터와 함수를 모두 담을 수 있는 클래스를 이해하는 것이 먼저입니다.

앞서 만들어 본 리스트와 딕셔너리에는 데이터만 담았습니다. 이들은 모두 변수를 담을 수 있는 변수입니다. 즉, 딕셔너리와 리스트에는 함수를 담을 수 없습니다.

이와 달리 클래스에는 속성(property)이라고 하는 데이터와 메서드(method)라고 하는 함수를 담을 수 있습니다. 예를 들어 앞서 살펴본 str 클래스에는 변수에 저장한 문자열과 같은 데이터와 upper() 함수와 같은 메서드가 있습니다. 데이터와 데이터에 접근하는 함수 모두 담을 수 있으므로 다시 사용할 수 있는 독립적인 코드를 작성하는 데는 클래스가 안성맞춤입니다. 클래스에는 이 밖에도 많은 내용이 있습니다. 여기서는 앞서 살펴본 내용만으로 player 클래스를 만들어 봅니다.

클래스 만들기

별도 파일로 클래스를 만들 것이므로 Adventure 폴더에 Player.py라는 이름으로 파일을 만들고 다음 코드를 입력합니다.

Do it! 코딩해 보세요   ⊞ 파일 이름: 16/Player.py

```
##########################################
# Player.py
# player 클래스
##########################################
```

```
# player 클래스 정의하기
class player:
    pass
```

코드를 실행해도 아무것도 나타나지 않을 겁니다. 이 코드는 class 키워드, 클래스 이름, 콜론으로 클래스를 만들 뿐입니다. 클래스를 구성하는 내용은 if문, while문, def문과 마찬가지로 class문 아래에 들여 써야 합니다. 아직 클래스에는 아무것도 없으므로 우선은 pass문을 넣어 오류가 발생하지 않도록 했습니다. 이로써 클래스가 생겼으므로 이곳에 여러 내용을 추가해 봅시다.

속성 정의하기

앞서 설명했듯이 클래스에는 데이터를 담을 수 있는데, 이 데이터를 **속성**이라고 합니다.

> 🛠 용어 익히기
>
> **속성** 클래스 안에 든 데이터를 **속성**(property)이라고 합니다. 이는 모든 프로그래밍 언어에서도 마찬가지입니다. 파이썬에서는 **속성**을 포함한 클래스에 있는 모든 데이터와 클래스에 관한 정보 모두를 가리킬 때에도 **속성**(attribute)이라는 용어를 사용합니다. 그러나 이 책에서 사용하는 속성은 property만 생각하면 됩니다.

속성은 어떻게 만들까요? 속성은 변수이므로 다음 코드처럼 변수를 만들 듯이 하면 됩니다.

Do it! 코딩해 보세요   📄 파일 이름: 16/Player.py

```
###########################################
# Player.py
# player 클래스
###########################################


# player 클래스 정의하기
class player:

    # 속성
    name = "탐험가"
    livesLeft = 3
    boulderVisits = 0
```

pass문을 없애고 속성 3개를 추가합니다. name에는 플레이어 이름을 저장하여 플레이어마다 다른 메시지를 표시하도록 합니다. 여기서는 "탐험가"로 초기화합니다. 플레이어의 라이프 가 몇 개 남았는지를 추적하고 기록하는 livesLeft 속성도 만들고 3으로 초기화합니다. boulderVisits 속성은 0으로 초기화합니다. 이 속성은 플레이어가 바위 더미를 방문할 때 마다 1씩 늘어납니다.

알아두면 좋아요!

속성은 항상 초기화할 것!

속성은 항상 기본값으로 초기화해야 합니다. 이렇게 하면 속성의 값을 명시적으로 지정하지 않더라도 코드는 항상 올바르게 작동합니다.

변경 사항을 저장합니다. 이 클래스를 테스트하려면 코드 아래에 다음 코드를 추가하고 실행 합니다.

```
p = player()
print(p.livesLeft)
```

첫 번째 줄은 player 클래스의 **인스턴스**인 p라는 변수를 만듭니다. 클래스 이름 뒤에 괄호가 있다는 점에 주목하세요. p = player라고만 해도 되지만, 일반적으로 괄호를 포함하여 필요 할 때 클래스에 인수를 전달할 수 있도록 합니다.

🛠 용어 익히기

인스턴스 클래스형 변수를 만들 때 이를 클래스의 **인스턴스**(instance)를 만든다고 표현합니다. 그리고 인스 턴스를 만드는 행위를 **인스턴스화**(instantiation)라고 합니다. 그러므로 실제로는 클래스 변수를 만드는 것 이 아니라 클래스의 **인스턴스를 인스턴스화**하는 것입니다. 프로그래머는 이렇게 표현한답니다.

두 번째 줄은 p 클래스에 있는 livesLeft 속성의 값을 출력합니다. 그렇다면 이 코드는 무엇 을 출력할까요? 바로 livesLeft의 값인 3입니다. 다른 속성도 테스트해 보세요. 테스트가 끝 나면 이 코드는 삭제합니다.

클래스를 만든다는 것은 새로운 유형의 변수를 만드는 것입니다. print(type(p)) 문으로 확 인하면 p는 실제로 class player 유형임을 알 수 있습니다. 이렇게 만든 클래스는 파이썬 내 장 클래스와 마찬가지 방법으로 사용할 수 있습니다.

어떤 자료형이든 속성이 될 수 있습니다

여기서는 클래스에 문자 자료형과 숫자 자료형만 만들었지만 속성은 간단할 수도, 복잡할 수도 있습니다. 리스트나 딕셔너리뿐 아니라 심지어는 다른 클래스도 속성이 될 수 있습니다.

모든 클래스 속성 출력하기

클래스에 있는 모든 요소를 리스트로 만들려면 dir() 함수를 사용합니다. 즉, 클래스 인스턴스의 이름이 p라면 dir(p)로 모든 요소를 얻을 수 있습니다. dir()는 리스트를 반환하므로 다음과 같이 for 루프를 이용하면 각 요소를 반복할 수 있습니다.

```
p = player()
for att in dir(p):
    print (att, getattr(p, att))
```

for문은 dir()가 반환한 리스트를 대상으로 루프를 돌며 att라는 변수에 리스트의 각 요소를 저장합니다. 그런 다음, print()로 요소 이름과 getattr() 함수로 얻은 요소의 값을 출력합니다. 이 코드는 클래스의 속성 외에 내장 속성이나 메서드도 모두 출력합니다.

메서드 만들기

필요한 속성을 준비했으니 이번에는 메서드를 만들겠습니다. 다음 코드를 속성 아래에 추가합니다.

```
# name 속성 얻기
def getName(self):              ◁ self는 클래스의 인스턴스를 가리킵니다.
    return self.name            ◁ self 인스턴스의 name 속성에 접근합니다.


# 플레이어 라이프 개수 얻기
def getLivesLeft(self):
    return self.livesLeft


# 플레이어 죽음
def died(self):
    if self.livesLeft > 0:
        self.livesLeft -= 1


# 플레이어가 살았다면
def isAlive(self):
```

```
    return True if self.livesLeft > 0 else False
```
한 줄로 작성한 인라인 if문

```
# 바위 더미 방문 횟수 얻기
def getBoulderVisits(self):
    return self.boulderVisits


# 플레이어 바위 더미 방문하기
def visitBoulder(self):
    self.boulderVisits += 1
```

코드 대부분은 쉽게 이해할 수 있을 겁니다. 함수를 만들 때와 마찬가지로 **def**를 이용하여 메
서드를 정의합니다.

📷 메서드 역시 클래스 안에 있는 함수입니다.

함수와 다른 점은 **self**라는 인수가 있다는 것입니다. 이것은 무엇일까요? 클래스 안에 메서
드를 만들 때 메서드 역시 클래스에 접근할 수 있어야 합니다. **self**는 단순히 클래스의 인스
턴스를 가리키므로 메서드에 **self**를 전달하면 클래스의 속성에 접근할 수 있습니다. 그러므
로 플레이어의 이름을 얻으려면 다음 메서드를 사용합니다.

```
# name 속성 얻기
def getName(self):
    return self.name
```

getName() 메서드에 자신의 클래스 인스턴스를 가리키는 인수 **self**를 전달하면 이를 이용하
여 현재 클래스(self)의 name 속성을 뜻하는 **self.name**을 반환합니다. 조금은 이상해 보일지
도 모르겠지만, 지금은 모든 클래스 메서드의 첫 번째 인수를 **self**로 한다는 것만 기억하면
됩니다. 다른 예를 살펴봅시다.

```
# 플레이어 라이프 개수 얻기
def getLivesLeft(self):
    return self.livesLeft
```

이 역시 간단합니다. **getLivesLeft()**는 livesLeft 속성을 반환하므로 플레이어의 남은 라
이프가 몇 개인지 알 수 있습니다. 메서드에는 단순히 속성의 값을 반환하는 것 외에도 재미
있는 기능이 많습니다. 다음 코드를 봅시다.

```
# 플레이어가 살았다면
def isAlive(self):
    return True if self.livesLeft > 0 else False
```

남은 라이프가 몇 개인지를 알면 플레이어가 살았는지를 확인할 수 있습니다. 그런데 코드 곳곳에서 이를 계산하는 것보다 어디서나 호출할 수 있는 isAlive() 메서드를 이용하는 것이 좋습니다. 라이프가 남았다면, 즉 livesLeft > 0이면 True를 반환하고 그렇지 않다면 False를 반환(플레이어 죽음)합니다. 게임에서는 간단히 다음과 같이 사용할 수 있습니다.

```
if p.isAlive():
```

알아두면 좋아요!

꼭 self가 아니어도 됩니다

여러분이 원하는 이름을 클래스 메서드의 첫 번째 인수로 사용할 수도 있습니다. 단, 파이썬 프로그래머는 self를 표준 이름처럼 사용하므로 코드 대부분은 이를 사용할 겁니다. 다른 이름을 쓰고 싶다면 여러분이 원하는 대로 선택하면 됩니다.

인라인 if문으로 코드 줄이기

isAlive() 메서드의 return문은 자주 보던 것과는 조금 다릅니다. 바로 if와 else를 한 줄에 작성하는 인라인 if문을 사용했다는 점입니다. 전문 용어로는 **삼항 조건 연산자**(ternary conditional operator)라고 하는데, 여기서는 인라인 if문이라고 하겠습니다. 다음 코드를 보세요.

```
return True if self.livesLeft > 0 else False
```

이 코드는 다음 코드와 똑같습니다.

```
if self.livesLeft > 0:
    return True
else:
    return False
```

어떤 문법이든 상관없습니다. 여기서는 전문가답게 깔끔하게 정리하고자 인라인 if문을 사용했습니다.

isAlive() 메서드는 self 인수를 이용하여 def isAlive(self):로 정의했으나 앞서 본 if p.isAlive():에서는 아무런 인수 없이 호출했습니다. 그럼 self는 무엇일까요? 걱정하지 않아도 됩니다. 클래스 메서드를 호출할 때는 self 인수는 무시하고 필요한 인수와 함께 메서드를 호출하기만 하면 나머지는 파이썬이 알아서 처리합니다.

메서드는 속성을 반환하기만 해도 괜찮습니다. 그러나 클래스가 좀 더 쓸모 있으려면 필요한 내용을 처리하고 그 결과를 반환하는 메서드가 필요합니다.

방문 횟수를 이용하여 바위 더미에 숨겨진 열쇠를 찾을 수 있도록 필요한 메서드를 만듭니다. 첫 번째 메서드는 다음과 같습니다.

```
# 플레이어 바위 더미 방문하기
def visitBoulder(self):
    self.boulderVisits += 1
```

바위 더미를 방문할 때마다 `visitBoulder()` 메서드를 호출합니다. 이 메서드는 `boulderVisits`를 1씩 늘려 몇 번 방문했는지를 추적하고 기록합니다. 방문 횟수를 알려면 다음 메서드를 호출합니다.

```
# 바위 더미 방문 횟수 얻기
def getBoulderVisits(self):
    return self.boulderVisits
```

클래스 초기화하기

클래스를 사용하기 전에 살펴볼 내용이 하나 더 있습니다. 클래스를 인스턴스화할 때 때로는 몇 가지 기본 코드를 실행해야 합니다. 여기서는 간단하게 클래스 정의 안에서 바로 할당했으므로 필요 없지만, 보통은 속성을 초기화하는 데 사용합니다. 물론 그 밖의 이유도 있습니다.

클래스를 만들 때는 자동으로 실행하는 메서드인 **생성자**를 정의할 수 있습니다.

> 🎮 용어 익히기
>
> **생성자** 클래스를 인스턴스화할 때 자동으로 호출하는 메서드를 **생성자**(constructor)라고 합니다.

이 클래스에서는 생성자가 필요 없지만, 생성자가 무엇이고 어떻게 생겼는지는 알아야 합니다. 파이썬에서 생성자는 항상 `__init__()`라는 이름으로 만듭니다. init 앞뒤로 밑줄 2개가 있습니다. 다음 코드를 예로 살펴봅시다.

```
# 클래스와 속성 초기화
def __init__(self):
    self.name = "탐험가"
    self.livesLeft = 3
    self.boulderVisits = 0
```

이 코드는 생성자가 속성을 어떻게 초기화하는지를 설명합니다. 그러나 앞서 말했듯이 이미 초기화했으므로 이 클래스에서는 필요 없습니다. 물론, 원한다면 클래스에 추가해도 됩니다.

16-3
새로 만든 클래스 사용하기

새로 만든 플레이어 시스템을 게임에 적용하여 바위 더미 방문과 열쇠 찾기 코드를 업데이트합니다. 첫 번째로 할 일은 새로 만든 Player.py 파일을 불러오는 것입니다. Main.py 파일의 import문을 다음과 같이 수정합니다.

```
# 불러오기
import Strings
import Utils
import Inventory as inv
import Player
```

다음으로, 새로운 클래스의 인스턴스를 만들어야 합니다. 다음 코드를 import문 다음에 추가합니다.

```
# player 객체 생성하기
p = Player.player()
```

player 클래스는 Player 라이브러리에 있으므로 이를 가리킬 때는 Player.player()라고 씁니다. 실행하면 player 클래스를 인스턴스화하므로 새로 만든 p라는 인스턴스를 사용할 수 있습니다.

게임에 사용할 추가 문자열이 필요합니다. 플레이어가 바위 더미를 조사할 때와 열쇠를 찾았을 때 표시할 문장은 이미 있으므로, 여기서는 두 번째와 네 번째 이후 방문했을 때 표시할 문자열을 추가합니다. Strings.py 파일의 get() 함수에 다음을 추가합니다.

```
elif id == "Boulders2":
    return ("바위 더미에는 무슨 일로 또 온 거죠?\n"
        "여전히 크고 무겁고 단순한 바위 더미일 뿐입니다.")
```

다시 `Main.py`로 돌아가 `doBoulder()` 함수를 다음과 같이 업데이트해 봅시다.

```
# 장소: 바위 더미
def doBoulders():
    # 이 방문 추적하기
    p.visitBoulder()
    # 텍스트 출력하기
    if p.getBoulderVisits() == 1:
        print(Strings.get("Boulders"))
    elif p.getBoulderVisits() == 3:
        print(Strings.get("BouldersKey"))
        inv.takeStructureKey()          3번째 바위 더미 방문이라면 열쇠 얻기
    else:
        print(Strings.get("Boulders2"))
    # 시작 위치로 돌아가기
    doStart()
```

업데이트한 함수를 살펴봅시다. 먼저 플레이어가 바위 더미에 몇 번 방문했는지를 추적, 기록하는 코드가 필요합니다.

```
# 이 방문 추적하기
p.visitBoulder()
```

알다시피 player 클래스의 visitBoulder() 메서드는 boulderVisits 속성을 1씩 늘립니다. 그러므로 플레이어가 처음 바위 더미를 방문하면 이 값은 1로, 두 번째는 2로 늘어납니다.

그다음은 if문입니다. 첫 번째 방문이라면 Boulders 메시지를 표시합니다. 두 번째 방문이라면 else문으로 Boulders2 메시지를 표시합니다. 세 번째 방문이라면 elif문으로 BouldersKey 메시지를 표시하고, 다음 코드로 열쇠를 인벤토리에 추가합니다.

```
inv.takeStructureKey()
```

네 번째 이후 방문일 때는 else문으로 다시 Boulders2 메시지를 표시합니다. 올바르게 작동하는지 테스트해 볼까요?

게임을 시작하고 I를 입력하여 인벤토리를 출력합니다. 물론 인벤토리에는 아무것도 없습니다.

```
****** 인벤토리 ******
가진 동전은  0 개입니다.
**********************
```

P를 입력하여 바위 더미를 조사합니다.

```
정말인가요? 그건 바위 더미입니다.
크고 무겁고 단순한 바위입니다.
주위를 둘러봐도 붉은 사막과 바위 더미와 먼지뿐입니다.
여러분 앞에는 이상하게 생긴 팔각형 구조물이 있습니다.
가까이 가니 삐 소리가 들립니다. 그리곤 멈춥니다. 아니, 계속됩니다.
P - 바위 더미를 조사한다
S - 구조물에 접근한다
B - 삐 소리가 나는 곳으로 간다
R - 도망간다!
I - 인벤토리
무엇을 하고 싶으세요? [PSBRI]: █
```

첫 번째 바위 더미 방문 메시지를 표시합니다. 아직 아무런 힌트도 없습니다. 플레이어가 알아낼 수 있을까요? P를 입력하여 다시 바위 더미를 조사합니다.

```
무엇을 하고 싶으세요? [PSBRI]: p
바위 더미에는 무슨 일로 또 온 거죠?
여전히 크고 무겁고 단순한 바위 더미일 뿐입니다.
주위를 둘러봐도 붉은 사막과 바위 더미와 먼지뿐입니다.
여러분 앞에는 이상하게 생긴 팔각형 구조물이 있습니다.
가까이 가니 삐 소리가 들립니다. 그리곤 멈춥니다. 아니, 계속됩니다.
P - 바위 더미를 조사한다
S - 구조물에 접근한다
B - 삐 소리가 나는 곳으로 간다
R - 도망간다!
I - 인벤토리
무엇을 하고 싶으세요? [PSBRI]: █
```

이번에는 두 번째 바위 더미 방문 메시지를 표시합니다. 자세히 보면 메시지가 조금 달라졌으며 두 번째 방문에서 무언가 달라졌다는 힌트를 얻을 수 있습니다. 그럼 P를 눌러 한 번 더 바위 더미를 조사해 봅시다.

```
가까이 다가갑니다. 저 파란빛은 뭐지?
바위틈으로 손을 뻗어 무언가를 더듬습니다.
그것은 다름이 아니라 파랗게 빛나는 열쇠였습니다.
주위를 둘러봐도 붉은 사막과 바위 더미와 먼지뿐입니다.
여러분 앞에는 이상하게 생긴 팔각형 구조물이 있습니다.
가까이 가니 삐 소리가 들립니다. 그리곤 멈춥니다. 아니, 계속됩니다.
P - 바위 더미를 조사한다
S - 구조물에 접근한다
B - 삐 소리가 나는 곳으로 간다
R - 도망간다!
I - 인벤토리
무엇을 하고 싶으세요? [PSBRI]: ▮
```

드디어 열쇠를 찾았습니다! I를 입력해 인벤토리를 표시해 봅시다.

```
****** 인벤토리 ******
가진 동전은  0 개입니다.
파랗게 빛나는 열쇠가 있습니다.
*********************
```

게임 기획대로 찾은 열쇠는 인벤토리에서 확인할 수 있습니다. 그럼 바위 더미를 다시 방문하면 어떻게 될까요?

```
무엇을 하고 싶으세요? [PSBRI]: p
바위 더미에는 무슨 일로 또 온 거죠?
여전히 크고 무겁고 단순한 바위 더미일 뿐입니다.
주위를 둘러봐도 붉은 사막과 바위 더미와 먼지뿐입니다.
여러분 앞에는 이상하게 생긴 팔각형 구조물이 있습니다.
가까이 가니 삐 소리가 들립니다. 그리곤 멈춥니다. 아니, 계속됩니다.
P - 바위 더미를 조사한다
S - 구조물에 접근한다
B - 삐 소리가 나는 곳으로 간다
R - 도망간다!
I - 인벤토리
무엇을 하고 싶으세요? [PSBRI]: ▮
```

네 번째 이후는 두 번째 방문 때와 같은 메시지를 표시합니다.

함수를 수정해 보세요

Challenge 16.1.py

player 클래스에는 이름을 표시할 때 사용할 수 있는 name 속성이 있습니다. doWelcome() 함수를 수정하여 플레이어가 이름을 입력하도록 하고 이를 player 클래스에 저장하도록 코드를 수정해 봅시다. 이때, 수정 방법으로 p.name = input() 형태의 코드를 사용할 수도 있고 player 클래스에 setName()이라는 메서드를 추가할 수도 있습니다.

플레이어 이름을 표시할 때는 p.getName()을 사용합니다. 그리고 Strings.py 파일의 get() 함수를 수정하여 메시지에도 플레이어의 이름을 넣고 싶습니다. get() 함수의 두 번째 인수로 p.getName() 을 전달하고 이를 이용하여 표시할 메시지를 구성하는 간단한 방법으로 해결해 보세요.

라이프 시스템을 적용해 보세요

Challenge 16.2.py

'도망간다는 것'은 플레이어의 죽음을 뜻합니다(doRun() 함수). 그러면 코드를 수정하여 도망갈 때마다 라이프가 하나씩 줄어들도록 합시다. 필요한 메서드는 클래스에 이미 있습니다.

그런 다음, if문에서 isAlive()를 이용합니다. 라이프가 남았다면 게임을 계속하도록 doStart() 함수를 사용해 출발 지점으로 보내고, 그렇지 않다면 게임을 끝내는 gameOver() 함수를 호출합니다.

17장
게임에 색을 입히자!

지금까지 게임의 기초는 마련했습니다. 그런데 흑백 텍스트뿐이어서 너무 단순해 보입니다. 이 장에서는 서드파티 파이썬 라이브러리 설치 방법을 알아보고, 그 가운데 하나를 이용하여 게임에 색을 더해 보겠습니다.
서드파티 라이브러리를 설치하고 사용하는 방법을 알아보고 컬러라마 라이브러리를 이용하여 게임을 다양한 색으로 물들여 봅니다.

⊚ 17-1
서드파티 라이브러리 설치하기

3장에서 서드파티 라이브러리를 잠깐 설명한 적이 있습니다. 파이썬 자체에도 내장 라이브러리가 다양하며 지금까지 여러 가지를 사용했습니다. 서드파티 라이브러리는 다른 회사나 개인 개발자가 만든 것으로, 내장 라이브러리와 같은 방식으로 사용할 수 있습니다.

이 라이브러리를 사용하려면 먼저 설치해야 합니다. 여기서는 잘 알려진 서드파티 라이브러리인 **컬러라마**(Colorama)를 사용하여 게임에 색을 더하고자 합니다. 이 라이브러리를 사용하지 않고도 ESC [31 m과 같은 코드를 출력에 더하면 빨간색을 표현할 수 있습니다. 그러나 컬러라마를 이용하면 RED와 같이 직관적으로 표현할 수 있습니다.

먼저 서드파티 라이브러리는 어떻게 설치할까요? 1장에서 파이썬을 설치할 때 여러 가지 도구와 유틸리티도 함께 설치했습니다. 그중에 서드파티 라이브러리를 설치할 때 사용하는 PIP이라는 도구를 이용하여 터미널 창에서 라이브러리를 설치합니다. 운영체제별 컬러라마 설치 명령은 다음과 같습니다.

- 윈도우 사용자: pip install colorama
- macOS나 크롬북 사용자: pip3 install colorama

명령을 입력하고 실행하면 다음 화면을 볼 수 있습니다.

```
Collecting colorama
  Downloading colorama-0.4.5-py2.py3-none-any.whl (16 kB)
Installing collected packages: colorama
Successfully installed colorama-0.4.5
```

PIP이란?

PIP(핍)은 pip installs packages 또는 pip installs python의 머리글자입니다. 네, 첫 단어가 머리글자 PIP과 같습니다! 이것이 프로그래머의 유머랍니다. PIP이 preferred installer program의 머리글자라고 말하는 사람도 있는데, 이보다는 앞에서 소개한 머리글자가 더 그럴 듯해 보입니다.

PIP은 파이썬으로 작성된 패키지 소프트웨어를 설치하고 관리하는 도구라고 할 수 있습니다. 앞에서 보았듯이 명령어 한 줄로 소프트웨어를 설치할 수 있어 매우 편리한 것이 PIP의 장점입니다.

버전이 달라도 걱정하지 마세요. 라이브러리 개발자가 수정하고 업데이트하면 버전은 자동으로 바뀝니다. Successfully installed라는 메시지가 표시되면 이것으로 라이브러리를 사용할 준비가 끝났습니다.

◉ 17-2
컬러라마 사용하기

터미널 창에 출력하는 텍스트에 색을 더하려면 **이스케이프 시퀀스**(escape sequences)라는 특별한 내장 코드를 사용해야 했습니다. 이스케이프 시퀀스 대신 이번에는 컬러라마를 사용해 출력되는 텍스트에 색을 입혀 봅시다. 예를 들어 빨간색으로 텍스트를 표시하려면 다음과 같이 작성하면 됩니다.

```
print(colorama.Fore.RED + "안녕하세요, 이 줄은 빨간색으로 표시합니다. ")
```

라이브러리 불러와 초기화하기

컬러라마를 사용하려면 먼저 import를 사용해 라이브러리를 불러와야 합니다.

```
import colorama
```

이번에는 15장에서 Inventory.py 파일을 불러올 때처럼 다음과 같이 colorama를 줄여 봅시다.

```
import colorama as col
```

이렇게 하면 앞의 코드를 다음과 같이 줄일 수 있습니다.

```
print(col.Fore.RED + "안녕하세요, 이 줄은 빨간색으로 표시합니다.")
```

여기까지는 익숙한 코드들입니다. 다음은 조금 낯선 방법으로 라이브러리를 불러오겠습니다. 다음 import문을 살펴봅시다.

```
from colorama import Fore
```

이 import문은 조금 독특합니다. colorama 라이브러리에서 Fore 부분만 불러와 전체 경로가 아닌 Fore만으로도 접근할 수 있도록 합니다.

```
print(Fore.RED + "안녕하세요, 이 줄은 빨간색으로 표시합니다.")
```

코드가 더 짧아졌습니다. 어떤 방식이든 상관없으나 여기서는 위의 방식을 사용할 것이므로 잘 기억하기 바랍니다. colorama 라이브러리 가운데 필요한 부분은 라이브러리를 초기화하는 init와 전경색 코드가 있는 Fore 2가지입니다. 그러므로 import 코드 블록을 다음과 같이 Main.py 파일에 업데이트해 봅시다.　　　　　　　　　📱 전경색이란 텍스트 색을 말합니다.

```
# 불러오기
import Strings
import Utils
import Inventory as inv
import Player
from colorama import init, Fore
```

컬러라마를 사용하기 전에 이를 초기화해야 합니다. Main.py 파일의 player 클래스 인스턴스화 코드 앞이나 뒤에 다음 코드를 추가합니다.

```
# colorama 초기화하기
init()
```

코드를 테스트해 오류가 없는지 확인합니다. 아직 아무런 색도 표시하지 않지만, 필요한 준비는 이것으로 끝입니다. 이어서 실제로 텍스트에 색을 더해 봅시다.

출력 메시지에 색 더하기

터미널 창에서 텍스트에 사용할 수 있는 기본색은 BLACK, RED, GREEN, YELLOW, BLUE, MAGENTA, CYAN, WHITE입니다. 컬러라마는 노란색 배경에 빨간 글씨처럼 배경색도 지원하지만, 여기서는 간단히 전경색만 사용하겠습니다. 그리고 내용에 따라 서로 다른 색을 지정해 보겠습니다.

메인 게임 텍스트에는 녹색(GREEN)을, 선택지 메뉴에는 밝고 선명하게 표시하고자 노란색(YELLOW)을, 무언가 잘못되었을 때는 빨간색(RED)을, 인벤토리에는 청록색(CYAN)을 쓰겠습니다.

색을 더하려면 print() 함수 안에 코드를 직접 입력하면 됩니다. 예를 들어 다음은 doWelcome() 함수의 환영 메시지에 녹색을 더한 코드입니다.

```python
# 플레이어 환영 메시지
def doWelcome():
    # 텍스트 출력하기
    print(Fore.GREEN + Strings.get("Welcome"))
```

바뀐 부분은 표시할 텍스트 앞에 삽입한 **Fore.GREEN +** 가 전부입니다. 플레이어가 문을 열려고 할 때 문제가 없다면 녹색(GREEN)으로 메시지를 표시합니다. 그러나 문을 열 수 없는 상황이라면 메시지를 빨간색(RED)으로 표시합니다.

다음은 doStructureDoor() 함수의 코드 조각입니다.

```python
# 장소: 구조물 입구
def doStructureDoor():
    # 텍스트 출력하기
    print(Fore.GREEN + Strings.get("StructureDoor"))
    if inv.hasStructureKey():
        print(Fore.GREEN + Strings.get("StructureDoorKey"))
    else:
        print(Fore.RED + Strings.get("StructureDoorNoKey"))
```

알아두면 좋아요!

사용자 정의 출력 함수 만들기

색 지정 지시를 이곳저곳에 삽입하기보다는 유틸리티 함수로 만들어 Utils.py 파일에 저장하는 것이 바람직합니다. 예를 들어 printGreen() 함수를 만들어 이곳에 문자열을 전달하면 Fore.GREEN을 붙여 출력하는 방법 등입니다. 또는 printMessage(), printErrorMessage(), printMenuText() 등의 함수를 만들어 이 안에 원하는 색을 지정해도 좋습니다. .

이번에는 Inventory.py 파일을 열고 Fore.CYAN을 삽입해 보세요. 그러면 다음 그림처럼 VS 코드가 Fore에 물결 모양의 밑줄을 표시합니다.

```
# 인벤토리 출력하기
def display():
    print(Fore.CYAN+"****** 인벤토리 ******")
    print(Fore.CYAN+"가진 동전은 ", numCoins(), "개입니다.")
    if hasStructureKey():
        print(Fore.CYAN+"파랗게 빛나는 열쇠가 있습니다.")
    print(Fore.CYAN+"**********************")
```

이유는 무엇일까요? Main.py 파일의 코드는 컬러라마를 알지만 Inventory.py 파일의 코드는 그렇지 않기 때문입니다. 그러므로 이 파일에도 import문을 추가해야 합니다. Inventory.py 파일을 열고, 위 줄에 다음 코드를 추가합시다.

```
# 불러오기
from colorama import Fore
```

컬러라마는 다시 초기화하지 않아도 되므로 여기서는 Fore만 있으면 됩니다. print() 함수로 출력하는 선택지에도 색을 더하려면 Utils.py 파일에도 똑같은 내용을 추가해야 합니다. 게임을 실행하면 사용한 색에 따라 텍스트를 다음과 같이 출력합니다.

```
****** 인벤토리 ******
가진 동전은  0 개입니다.
**********************
```

주위를 둘러봐도 붉은 사막과 바위 더미와 먼지뿐입니다.
여러분 앞에는 이상하게 생긴 팔각형 구조물이 있습니다.
가까이 가니 삐 소리가 들립니다. 그리곤 멈춥니다. 아니, 계속됩니다.
P – 바위 더미를 조사한다
S – 구조물에 접근한다
B – 삐 소리가 나는 곳으로 간다
R – 도망간다!
I – 인벤토리
무엇을 하고 싶으세요? [PSBRI]: s
여러분은 이상한 구조물을 조사합니다.
안에서는 오싹하면서도 기이한 소리가 들립니다.
문도 없고 창문도 없습니다.

아니, 문처럼 보여서 한번 열어 보려고 합니다.

그리고 삐 소리가 들립니다. 어디서 나는 소리일까요?

S - 시작 지점으로 돌아간다

D - 문을 연다

B - 삐 소리가 나는 곳으로 간다

R - 도망간다!

무엇을 하고 싶으세요? [SDBR]: d

문은 잠긴 듯합니다.

둥근 구멍이 보입니다. 열쇠 구멍일까요?

그쪽으로 손을 내밀지만 파란빛이 번쩍이며 닫혀 버립니다!

계획한 대로는 잘 안 되는군요.

S - 구조물로 돌아간다

R - 도망간다!

무엇을 하고 싶으세요? [SR]:

원한다면 색을 더 늘릴 수도, 줄일 수도 있습니다. 이때 다음 내용을 명심하세요.

- 내용에 맞는 색을 고르세요. 오류나 경고에는 녹색이 어울리지 않습니다.

- 메뉴나 메시지에는 같은 색을 쓰는 등 일관성을 유지하세요. 그러면 플레이어는 색을 통해 무엇인지, 어떤 내용인지를 쉽게 알 수 있습니다.

- 효과를 최대화하려면 배경색을 쓰는 것도 좋습니다. 이때는 import문에 Back을 추가하고 Back.WHITE + Fore.RED와 같이 사용합니다.

- 색에는 지속성이 있습니다. print() 함수 안에 색을 지정하지 않으면 마지막으로 지정한 색이 자동으로 적용됩니다. 즉, 색을 한 번 지정하면 바꿀 때까지 그 색을 계속 유지합니다. 그러므로 기대한 대로 색이 표시되지 않는다면 색을 다시 지정하지 않아 이전에 지정한 색을 계속 사용한 것이라고 생각하면 됩니다. 배경색도 마찬가지입니다.

- 애플리케이션을 끝낼 때는 원래 색으로 되돌려야 합니다. 그렇지 않으면 마지막으로 사용한 색이 터미널 창에 그대로 남습니다. 이럴 때는 gameOver() 함수에서 색을 Fore.WHITE로 되돌려야 합니다.

> 📋 사용한 색이 남지 않도록 하려면 init()를 init (autoreset = True)로 바꿉니다. 이렇게 하면 색은 해당 print() 함수에만 적용됩니다.

도전해 보세요

게임 전체를 색으로 물들여 보세요   💾 Challenge 17.1.py

출력할 텍스트에 색을 지정하는 방법을 알았으므로 더 나아가 컬러라마로 게임 전체에 색을 입혀 보세요.

🔊 18장
게임 업그레이드하기

한정된 기능이나마 텍스트 기반 어드벤처 게임을 만들어 보았습니다. 게임다운 게임으로 업그레이드하는 데 필요한 라이브러리와 함수, 리스트와 딕셔너리, 클래스도 살펴보았습니다.

이 장에서는 다음으로 무엇을 하면 좋을지 몇 가지 아이디어를 소개하고, 그 아이디어를 어떻게 펼칠지도 함께 알아봅니다. 텍스트 기반 어드벤처 게임을 업그레이드하는 데 사용할 수 있는 다양한 아이디어와 기법을 살펴보고 셋째마당에서 그래픽에 기반한 게임을 만들 때 이 기술을 이용하겠습니다.

◎ 18-1

체력과 라이프

대부분의 게임에서는 플레이어가 죽어도 라이프 하나만 줄이고 계속 플레이하다가 남은 라이프가 없으면 비로소 게임이 끝납니다. 여기서 만드는 게임에서도 player 클래스의 속성과 메서드를 이용하여 라이프를 구현합니다.

이 게임에서는 체력을 적용하여 라이프와 연동하도록 합니다. 이를 실현하려면 어떻게 해야할까요? 먼저 Player.py 파일의 player 클래스에 다음과 같이 몇 가지 속성을 추가합니다.

```
# 속성
name = "탐험가"
livesLeft = 3
boulderVisits = 0
maxHealth = 100
health = maxHealth
```

maxHealth에는 플레이어의 최대 체력을 지정합니다. 이를 속성으로 만들면 코드 곳곳에서 이용할 수 있습니다. 이렇게 하면 한 곳에서만 값을 바꾸면 됩니다. 여기서는 maxHealth를 100으로 초기화하지만, 게임에 필요한 어떤 값으로도 바꿀 수 있습니다.

health에는 플레이어의 현재 체력 수준을 저장합니다. 게임을 시작할 때는 완전한 체력 상태이므로 maxHealth로 초기화합니다. 물론 게임을 어떻게 진행하는지에 따라 다른 초깃값을 사용할 수도 있습니다. 예를 들어 절반의 체력으로 시작하고 이를 보강하는 아이템을 찾도록 할수도 있습니다.

이제 라이프와 체력을 담당할 메서드가 필요합니다. 먼저 라이프를 늘리거나 줄이는 메서드부터 정의해 봅시다. 아이템, 물약, 생명력 구매 등으로 플레이어의 라이프를 늘릴 수 있다면이 정보를 이용하여 플레이어 시스템을 업데이트할 방법을 찾아야 합니다. 다음 addLives() 메서드를 player 클래스에 추가합시다.

```
# 라이프 추가하기
def addLife(self, lives = 1):      기본값을 지정하여 메서드 정의합니다.
    # 라이프 늘리기
    self.livesLeft += lives
    # 체력 충전하기
    self.health = self.maxHealth
```

addLife() 메서드에는 2가지 기능이 있습니다. 첫 번째 줄은 livesLeft 속성의 값을 늘려 라이프를 추가합니다. 게임에서는 라이프가 늘어날 때 체력도 함께 채우곤 합니다. 이에 두 번째 줄에서는 플레이어의 체력을 maxHealth로 되돌립니다. 그럴 필요가 없다면 두 번째 줄은 없앱니다.

이 함수는 클래스의 메서드이므로 16장에서 살펴본 것처럼 첫 번째 인수는 항상 self입니다. 그런데 두 번째 인수 형태가 조금 이상하군요. lives = 1은 무엇을 뜻할까요? 여기서 = 1은 lives 인수의 기본값을 지정합니다. 이렇게 하면 lives 인수를 선택 사항으로 만들 수 있습니다.

이 게임에서는 라이프를 한 번에 하나씩만 늘리므로 다음과 같이 간단하게 addLife() 메서드를 정의합니다.

```
def addLife(self):
    self.livesLeft += 1
    self.health = self.maxHealth
```

addLife() 메서드를 호출하면 += 1 코드가 livesLeft를 1 늘립니다. 그런데 어느 시점에 라이프를 한꺼번에 여러 개 추가해야 한다면 어떻게 해야 할까요? 이럴 때는 라이프를 여러 개 추가할 수 있도록 다음과 같이 인수를 추가한 메서드를 이용합니다.

```
def addLives(self, lives):
    self.livesLeft += lives
    self.health = self.maxHealth
```

지금 당장은 필요하지 않을 수도 있는 기능이지만, 앞일은 누구도 모르므로 일단 2개를 준비했습니다.

그리고 이 둘을 합쳐 하나의 메서드로 어느 때든 사용할 수 있도록 addLife(self, lives = 1)로 정의했습니다. 이 함수에서는 lives 인수가 선택 사항이므로 이 인수를 전달하지 않으면 기본값을 사용합니다. 코드에서는 다음과 같이 메서드를 호출합니다.

```
p.addLife()
```

이처럼 lives 인수가 없을 때는 1을 기본값으로 합니다. 그리고 다음과 같이 작성하면 전달한 3을 사용합니다.

```
p.addLife(3)
```

라이프를 여러 개 추가하는 기능은 필요 없을지도 모릅니다. 그러나 코드를 추가하지 않아도 이 기능을 지원할 수 있으며 기본값은 **p.addLife()**면 충분하므로 호출 방식도 간단합니다. 이제 라이프를 줄이는 메서드를 살펴봅시다.

```python
# 플레이어 라이프 감소
def loseLife(self, lives = 1):
    # 라이프 줄이기
    self.livesLeft -= lives
    # 0 아래로 내려가지 않도록 하기
    if self.livesLeft < 0:
        # 그렇다면 0으로 지정
        self.livesLeft = 0
    # 라이프가 없다면
    if self.livesLeft == 0:
        # 체력도 없다면
```

```
        self.health = 0
    # 라이프가 남았다면
    elif self.livesLeft >= 1:
        # 체력을 최댓값으로 설정하기
        self.health = self.maxHealth
```

loseLife() 메서드는 더 복잡해 보이지만 내용은 간단합니다. addLife() 메서드와 마찬가지로 선택 사항인 lives 인수를 전달하며 기본값은 1입니다. 먼저 livesLeft 속성의 값을 줄입니다. 그러나 늘릴 때와 달리 lives를 0 미만으로 줄일 수는 없으므로 이를 코드에 반영합니다.

```
# 0 아래로 내려가지 않도록 하기
if self.livesLeft < 0:
    # 그렇다면 0으로 지정하기
    self.livesLeft = 0
```

livesLeft가 0 미만이라면 0으로 되돌립니다. 이렇게 하면 라이프는 음수가 되지 않습니다. 나머지 코드는 health를 설정합니다. 새로운 라이프일 때는 health를 maxHealth로 설정합니다. 그리고 남은 라이프가 없다면 health를 0으로 설정합니다. 이로써 필요한 만큼 라이프를 줄이거나 늘릴 수 있습니다.

health도 마찬가지입니다. 먼저 현재 health 속성의 값을 얻는 함수부터 시작합니다.

```
# 체력 얻기
def getHealth(self):
    return self.health
```

현재 health 속성의 값을 얻으면 되므로 getHealth()는 간단합니다. 그리고 체력을 더하거나 잃는 기능을 추가합니다. 다음은 필요한 메서드 2개를 작성한 것입니다.

```
# 체력 더하기
def addHealth(self, health):
    self.health += health
    # maxHealth를 넘지 않도록
    if self.health > self.maxHealth:
```

```
        # 더 높아지면 최댓값으로
        self.health = self.maxHealth


    # 체력 잃기
    def loseHealth(self, health):
        self.health -= health
        # 0 아래로 내려가지 않도록
        if self.health < 0:
            # 라이프 잃기
            self.loseLife()
```

addHealth()에는 체력을 얼마만큼 더할 것인가를 인수로 전달합니다. 그러면 self.health += health 코드로 넘어온 health를 health 속성에 더합니다. if문은 health가 maxHealth를 넘지 않도록 합니다. 예를 들어 현재 health가 75이고 물약 마시기 등으로 50이 늘어도 이를 maxHealth인 100으로 조정합니다.

health 속성에서 값을 빼는 loseHealth()는 그 반대 역할을 합니다. 이때 health가 0 미만으로 내려간다면 loseLife()를 호출하여 앞서 본 것처럼 livesLeft를 하나 줄이고 health를 다시 설정합니다.

이로써 속성과 메서드를 통해 라이프 기능과 체력 기능을 갖추었습니다. 그럼 다음에는 무엇을 해야 할지 정리해 봅시다.

- 게임 코드를 수정하여 플레이어가 라이프를 얻거나 잃을 수 있는 장치를 만들어야 합니다.
- 체력을 사용하고 얻는 방법 역시 준비해야 합니다.
- 앞서 인벤토리를 표시한 것처럼 라이프와 체력을 표시하는 기능이 필요합니다.
- 게임을 더 정교한 수준으로 만들고 싶다면 체력 수치도 표시할 수 있어야 합니다. 그러려면 상태를 표시하는 데 필요한 체력의 최댓값과 현재 수준 이렇게 2가지를 인수로 전달받는 함수를 만듭니다. 이때 현재 수준이 50% 이상이면 녹색, 25~50%면 노란색, 25% 이하면 빨간색으로 표시하는 등 색을 이용해도 됩니다.

알아두면
좋아요!

변수 이름에 주의하세요
코드를 이렇게 작성하면 안 된다는 것을 알려 주는 좋은 예가 addHealth()와 loseHealth() 메서드입니다. 다행히 작동은 하지만, 인수 이름을 속성 이름과 똑같이 하면 나중에 문제가 될 수 있습니다. 예를 들어 속성을 health라고 했다면 인수는 might 또는 strength처럼 의미가 비슷한 다른 이름으로 지어야 안전합니다. 다른 게임을 만든다면 참고하세요!

아이템 구매하기

게임에서 아이템을 사고파는 것은 흔한 일입니다. 어떤 아이템은 게임을 진행하는 데 필수이고, 어떤 아이템은 게임을 흥미롭게는 하지만 클리어하는 데는 필요 없는 선택 사항일 때도 있습니다. 여러 가지 아이템을 사용하면 다양한 게임 경험을 제공할 수 있습니다.

인벤토리 시스템에 동전을 넣기는 했으나 이를 이용하는 코드는 아직 아무것도 없습니다. 그럼 아이템을 사는 코드는 어떻게 만들까요? 다음은 이에 필요한 몇 가지 내용입니다.

- 플레이어가 동전을 얻는 방법이 있어야 합니다. 퍼즐을 풀면 보상으로 동전을 줄 수도 있고 적이 떨어뜨린 동전을 주울 수도 있습니다. 동전을 여러 곳에 숨겨 놓고 이를 찾으면 플레이어의 인벤토리에 추가하기도 합니다. 이때 두 번 이상 동전이 있는 곳에 방문했을 때를 대비해야 합니다. 예를 들어 방문할 때마다 동전을 얻도록 할 것인지 아니면 한 번으로 끝낼 것인지 등을 정합니다.
- 아이템 상점을 언제든 사용할 수 있도록 할 것인지, 아니면 특정 장소에만 둘 것인지를 정해야 합니다.
- 살 수 있는 아이템 목록을 표시하는 방법을 준비해야 합니다.
- 아이템을 샀을 때 인벤토리에서 동전은 줄어들고, 그 대신 방금 산 아이템을 추가해야 합니다.

이런 기능을 실현하는 데는 여러 가지 방법이 있지만, 여기서는 살 수 있는 아이템 목록을 만들고 이를 플레이어에게 표시하는 방법을 살펴보겠습니다. 다음은 아이템 목록을 저장한 `Items.py` 파일입니다.

Do it! 코딩해 보세요　　　　　　　　　　　🖾 파일 이름: 18/Items.py

```
######################################
# Items.py
# 살 수 있는 아이템
######################################

items = [
    {
```

```
    "id": "health",
    "description": "체력 회복 물약",
    "key": "H",
    "cost": 100
},
{

    "id": "blaster",
    "description": "광선총",
    "key": "B",
    "cost": 250
},
{

    "id": "grenades",
    "description": "우주 수류탄 3개",
    "key": "G",
    "cost": 300
},
{

    "id": "shield",
    "description": "적의 공격을 반으로 줄이는 방패",
    "key": "S",
    "cost": 500
},
{

    "id": "life",
    "description": "라이프 추가",
    "key": "L",
    "cost": 1000},
]
```

플레이어가 살 수 있는 아이템을 리스트로 표현할 때 아이템의 가격, 아이템에 대한 설명 등을 담아야 하므로 위와 같이 딕셔너리로 이루어진 리스트를 작성합니다.

딕셔너리로 이루어진 각 아이템은 게임 안에서 살 수 있는 하나의 아이템이 됩니다. 아이템이 더 필요하다면 딕셔너리로 만들어 리스트에 추가합니다. 그리고 나서 필요한 함수를 만듭니다. 다음은 살 수 있는 아이템을 가져오는 함수를 정의하는 예제입니다.

```python
# 아이템 얻기
# getUserChoice()에서 사용하는 형식으로 반환하기
def getItems():
    # 결과 저장 변수
    result = []
    # 아이템 루프
    for item in items:
        # 빈 리스트 만들기
        i = []
        # 이름(키) 추가하기
        i.append(item["key"])
        # description + cost 추가하기
        i.append(item["description"] + " (" + str(item["cost"]) + ")")
        # 이 아이템을 결과에 추가하기
        result.append(i)
    # 결과 반환하기
    return result
```

getItems() 함수를 살펴봅시다. 14장에서 본 것처럼 getUserChoice() 함수에는 리스트로 이루어진 리스트를 전달해야 합니다. 그러나 살 수 있는 아이템 목록은 딕셔너리로 이루어진 리스트입니다. 그러므로 getItems() 함수는 아이템을 대상으로 루프를 반복하고 getUserChoice() 함수로 전달할 수 있도록 리스트로 이루어진 리스트를 만듭니다. 다음과 같이 결과를 저장할 빈 리스트를 만드는 것으로 시작합니다.

```
result = []
```

그다음에 for 루프를 이용하여 아이템을 반복합니다. 아이템마다 임시 리스트 변수 i를 만들어 이곳에 요소를 저장합니다.

```
# 빈 리스트 만들기
i = []
```

이 리스트에는 2가지 요소를 추가합니다. 첫 번째는 사용자가 아이템을 선택할 때 입력할 문자이고 두 번째는 아이템 설명입니다. 입력할 문자는 다음과 같이 추가합니다.

```
# 이름(키) 추가하기
i.append(item["key"])
```

append() 함수는 리스트에 요소를 추가하므로 여기서는 현재 아이템의 "key"에 해당하는 값을 더합니다. 아이템 설명은 다음과 같이 description과 cost로 구성합니다.

```
# description + cost 추가하기
i.append(item["description"] + "(" + str(item["cost"]) + ")")
```

다시 append() 함수를 이용하여 이를 임시 변수 i에 추가합니다. 예를 들어 첫 번째 아이템이라면 ['H', '체력 회복 물약(100)']이라는 리스트가 되는데, 이것이 바로 원하는 데이터 형식입니다. 이 아이템을 결과에 저장합니다.

```
# 이 아이템을 결과에 추가하기
result.append(i)
```

이를 모든 아이템에 대해 반복하고 완성한 결과를 반환합니다. 이제 다음과 같이 메뉴를 출력하는 함수를 이용하여 아이템 목록을 표시할 수 있습니다.

```
# 쇼핑 목록 출력하기
choice = Utils.getUserChoice(Items.getItems())
```

아이템과 아이템 구매 기능을 만들 때는 다음 내용을 고려하세요.

- 플레이어가 동전을 얻는 방법이 있어야 합니다.

- 아이템 상점과 아이템을 표시할 방법을 정해야 합니다.

- 구매 과정을 루프 안에 두어 구매가 끝날 때까지 계속 살 수 있도록 하는 것이 좋습니다.

- 살 수 있는 아이템만 표시하는 것도 좋습니다. 플레이어가 가진 동전 개수를 인수로 전달할 수 있도록 getItems() 함수를 수정합니다. 그리고 아이템 리스트를 만들 때는 if문으로 확인하여 살 수 있는 것만 추가합니다.

- 구입한 아이템은 인벤토리에 추가합니다. 체력이나 라이프를 샀다면 체력을 더하고 라이프를 늘려야 하므로 player 클래스의 해당 메서드를 호출합니다.

무작위 이벤트

시간의 흐름에 따라 정해진 순서대로 게임이 진행되기를 원하는 사람도 있지만, 변화를 추구하여 매번 다른 흐름으로 진행되기를 원하는 사람도 있습니다. 여기에는 옳고 그름이 없으므로 프로그래머인 여러분이 게임 흐름을 직접 정하면 됩니다.

변화를 추구하는 방법으로 무작위 이벤트를 들 수 있는데, 이는 03장에서 배운 random 라이브러리를 이용하면 만들 수 있습니다. 다음 코드는 동전 100개를 발견하여 인벤토리에 추가하는 예입니다.

```
# 4번에 1번꼴로 동전 100개가 나옴
if random.randrange(1, 5) == 1:
    # 플레이어에게 메시지 표시하기
    print("길에서 동전 100개를 발견했습니다.")
    print("동전을 줍습니다.")
    # 인벤토리에 추가하기
    inv.takeCoins(100)
```

이 코드에서는 random을 이용하여 동전을 네 번에 한 번꼴로 발견합니다. randrange(1, 5) 함수는 1부터 4까지 숫자 가운데 무작위로 하나를 고릅니다. 5는 포함하지 않는다는 것은 알고 있죠? 즉, 1/4 확률로 1을 반환하고 1/4 확률로 2를 반환하는 등입니다. if문은 randrange() 함수가 1을 반환한다면 동전을 발견하고 줍도록 합니다. 그러므로 1/4 확률로 동전을 얻습니다. 1/3 확률로 바꾸고 싶다면 범위를 (1, 4)로 지정하면 됩니다.

그러나 이보다는 무작위 이벤트의 발생 여부와 확률을 정할 수 있는 함수가 더 나을 겁니다. Utils.py에 추가할 수 있는 다음 함수를 보세요.

```
# 무작위 이벤트가 발생할 확률은?
# 발생 빈도 전달하기(2 = 2번 중 1번, 3 = 3번 중 1번 등)
def randomEvent(freq):
    return True if random.randrange(0, freq) == 0 else False
```

randomEvent() 함수에는 얼마만큼의 빈도로 이벤트가 발생하는지를 지정하는 인수 하나를 전달합니다. 예를 들어 4를 전달하면 4번 중 한 번은 True를 반환하고 3번은 False를 반환합니다. 2를 전달하면 반은 True를, 그리고 나머지 반은 False를 반환합니다. 앞서 본 코드와 로직은 같지만, 여기서는 사용자가 빈도를 지정합니다.

randomEvent() 함수를 이용하면 프로그램 안에 randrange()를 직접 사용하는 것보다 코드 양은 늘지만, 값을 지정할 수 있다는 장점이 있습니다. 이 방법은 초보 개발자가 코드를 깔끔하게 유지하는 데도 도움이 됩니다. 이와 함께 코드를 이곳저곳 손대지 않고 함수 하나만 수정하면 무작위 작동 방식을 쉽게 바꿀 수 있습니다. 이 함수는 다음과 같이 사용합니다.

```
# 4번에 1번꼴로 동전 100개가 나옴
if Utils.randomEvent(4):        Utils.py 파일에 있는 randomEvent() 함수를 사용합니다.
    # 플레이어에게 메시지 표시하기
    print("길에서 동전 100개를 발견했습니다.")
    print("동전을 줍습니다.")
    # 인벤토리에 추가하기
    inv.takeCoins(100)
```

결과는 같지만 코드는 좀 더 깔끔해졌습니다. Utils.randomEvent(4) 함수는 4번에 1번꼴로 True를 반환하고, 이때 if 아래의 코드를 실행하여 동전을 얻도록 합니다.

다음 예제처럼 무작위를 좀 더 추가할 수도 있습니다.

```
# 4번에 1번꼴로 동전 1~100개가 나옴
if Utils.randomEvent(4):
    # 무작위로 동전 개수 고르기
    coins = random.randrange(1, 101)
    # 플레이어에게 메시지 표시하기
    print("길에서 동전 ", coins, "개를 발견했습니다.")
```

```
    print("동전을 줍습니다.")
    # 인벤토리에 추가하기
    inv.takeCoins(coins)
```

이렇게 하면 무작위로 동전 1~100개를 1/4 확률로 얻게 됩니다. 무작위는 게임을 재미있게
만드는 좋은 방법입니다.

◎ 18-4
적 물리치기

적을 물리치는 장면 또한 게임에서 흔히 볼 수 있습니다. 이 장면을 구현하는 데 필요한 몇 가지 요령을 알아봅시다. 아이템과 마찬가지로 적도 속성입니다. 그러므로 다음과 같은 Enemies.py 파일이 필요합니다.

Do it! 코딩해 보세요 📁 파일 이름: 18/Enemies.py

```python
#########################################
# Enemies.py
# 지원 함수와 적 정의하기
#########################################


# 적 목록
# 각각에는 이름, 설명과 함께
# 적에게는 체력(높은 숫자 = 적을 물리치려면 더 큰 피해를 입혀야 함)과
# 방어력(낮은 숫자 = 적을 물리치기 쉬움)이 있어야 함
enemies = [
    {
        "id": "slug",
        "description": "우주 괴물",
        "strength": 10,
        "damageMin": 1,
        "damageMax": 3,
        "defense": 2
    },
    {
        "id": "eel",
```

```
        "description": "방사능 장어",
        "strength": 50,
        "damageMin": 10,
        "damageMax": 15,
        "defense": 1
    },
    {
        "id": "alien",
        "description": "녹색 촉수의 외계인",
        "strength": 25,
        "damageMin": 5,
        "damageMax": 10,
        "defense": 3
    }
]
```

이 코드는 적을 정의합니다. 각각에는 이름(id), 설명(description)과 함께 적의 능력과 행동을 설명하는 데이터가 있습니다. 적의 체력(strength)은 소진시키려면 얼마만큼의 피해를 입혀야 하는지를 나타냅니다. damageMin과 damageMax는 적이 플레이어에게 입힐 수 있는 피해 정도를 나타냅니다. 이렇게 하면 적이 공격할 때마다 플레이어는 해당 범위에서 무작위로 피해를 입게 됩니다. defense는 적이 플레이어의 공격을 얼마나 잘 피하는지를 나타냅니다. 예를 들어 "defense": 3은 적이 1/3 확률로 플레이어의 공격을 피한다는 뜻입니다.

이로써 요령을 모두 알려 드렸습니다. 설정한 대로 쓰지 않고 원하는 고정된 값 또는 범위를 이용해도 됩니다. 중요한 것은 적 데이터는 명확하게 정의하고 정리해야 한다는 점입니다. 이제 id 키를 이용하면 특정 적을 불러올 수 있습니다. 적을 무작위로 나타나게 하려면 다음과 같이 작성합니다.

```
# 무작위로 적 출현하기
def getRandomEnemy():
    # 무작위로 출현한 적 반환하기
    return random.choice(enemies)
```

이 코드는 그리 어렵지 않습니다. 어려운 부분은 실제 전투 메커니즘입니다. 이를 실현하는 방법은 여러 가지 있는데, 〈포켓몬〉 게임의 전투처럼 번갈아 공격하는 턴제를 자주 사용합니다.

- 무작위 등을 이용하여 한쪽이 먼저 공격하고 이후 교대로 공격합니다.
- 인벤토리에 있는 무기를 선택하고 사용할 수 있도록 합니다. 각각의 무기는 서로 다른 피해(공격)를 줄 수 있으며 한 번만 사용할 수 있는 무기도 있습니다.
- 전투할 때 물약 등으로 체력을 보강하는 것도 좋습니다.
- 사용한 무기, 피해 정도, 방어 능력에 따라 결국 한쪽이 이깁니다. 적의 체력(strength)이 0이 되면 플레이어가 승리한 것입니다. 반대로 플레이어의 체력이나 라이프가 다한다면 적이 승리한 것입니다.
- 전투가 끝나면 어떻게 해야 할까요? 그건 여러분 마음입니다. 전투는 도중에 만난 적을 물리쳐야 다음으로 나아갈 수 있는 여행의 일부일 수도 있습니다. 또는 적이 떨어뜨린 아이템을 주워 인벤토리에 보관할 수도 있습니다. 이 모든 것은 프로그래머인 여러분이 정하면 됩니다.

> 한 번만 사용할 수 있는 무기는 사용한 후 인벤토리에서 사라집니다.

앞서 말했듯이 적을 물리치는 장면을 실현하려면 요령이 필요합니다. 모든 게임에 전투가 있는 것은 아니지만, 일단 전투를 도입하기로 했다면 오랜 시간 신중하게 기획해야 합니다.

⚫ 18-5
게임 저장하고 불러오기

어떤 게임에서는 게임 진행 상태를 저장하고 나중에 불러오기도 합니다. 주로 단시간에 클리어하기 어려운 대규모 게임에서 흔히 볼 수 있습니다. 또는 보스 전투와 같이 새로운 무언가를 시도하기 전에 일단 진행을 저장하여 실패하더라도 📖 보스 전투란 보통의 적보다 훨씬 강한 적과 싸우는 것을 말합니다.
그곳에서 다시 시작하곤 합니다.

여기저기 흩어져 있는 변수가 아니라 딕셔너리, 클래스 등으로 잘 구성한 게임일수록 진행을 쉽게 저장할 수 있습니다. 이를 뒷받침하는 것이 pickle이라는 파이썬 라이브러리입니다.

그럼 게임을 어떻게 저장하고 불러올까요? 게임을 저장하는 과정은 다음과 같습니다.

1. 모든 게임 데이터를 저장할 변수 하나를 만듭니다.
2. 데이터는 파일로 저장할 것이므로 이때 사용할 파일 이름을 정합니다.
3. pickle로 데이터를 직렬화하고 이를 파일로 저장합니다.

이 과정을 반대로 하면 게임을 불러올 수 있습니다.

1. 저장한 파일에서 데이터를 읽습니다.
2. pickle을 이용하여 역직렬화합니다.
3. 데이터를 원래 변수로 되돌립니다.

> ⚒ 용어 익히기
>
> **직렬화** 파이썬에서 데이터 **직렬화**(serializing)란 변수, 리스트, 클래스, 딕셔너리 등의 파이썬 객체를 저장할 수 있는 바이트 문자열로 바꾸는 것을 말합니다. **역직렬화**(deserializing)는 그 반대로, 바이트 문자열을 다시 파이썬 객체로 바꿉니다.

**알아 두면
좋아요!**
> **왜 피클이라 부를까요?**
>
> 데이터를 저장하고 불러올 때는 pickle이라는 파이썬 라이브러리를 사용합니다. 피클, 즉 오이나 양파를 소금·설탕·식초 등에 절이는 것 자체가 보관이라 할 수 있는데, 파이썬의 pickle 라이브러리도 마찬가지로 데이터를 저장·보관할 때 사용합니다.

어떻게 작동하는지 이해할 수 있도록 다음 코드를 살펴봅시다.

```
# 불러오기
from os import path
import pickle

# 데이터 파일
saveDataFile = "savedGame.p"
```

첫 번째 import문은 컴퓨터에 있는 파일을 저장하고 읽을 때 사용하는 라이브러리를 불러옵니다. 두 번째 import문은 `pickle` 라이브러리를 불러옵니다. 그리고 파일 이름을 저장할 `saveDataFile` 변수를 만듭니다. 여기에는 게임 데이터를 저장할 실제 파일 이름을 지정합니다.

데이터를 저장하는 코드는 다음과 같습니다.

```
# 데이터 객체 만들기
db = {
    "inv": inv,          ◁ 아이템 소유 정보: Inventory.py의 inv 변수
    "player": player     ◁ 게임 상태 정보: Player.py의 player 인스턴스
}

# 저장하기
pickle.dump(db, open(saveDataFile, "wb"))
```

게임 데이터를 저장할 때 모든 데이터를 하나의 변수에 담습니다. 데이터베이스를 뜻하는 **db**라는 이름으로 딕셔너리를 만들고 **inv** 변수와 **player** 인스턴스를 저장합니다.

> 🖳 딕셔너리 이름은 db 말고 다르게 지정해도 됩니다.

그다음 코드에서 실제로 데이터를 저장합니다. `pickle.dump()`에는 저장할 데이터(여기서는 **db** 변수)와 이를 저장할 열린 파일을 인수로 전달합니다. 이때 **"wb"** 인수를 이용하여 `dump()` 함수에 데이터를 단순 텍스트가 아닌 바이너리로 저장하라고 알립니다. 이것으로 게임 데이터 저장은 끝입니다. 게임 데이터를 불러오려면 다음과 같이 반대로 진행하면 됩니다.

```
# 저장한 파일 읽기
if path.isfile(saveDataFile):
    db = pickle.load(open(saveDataFile, "rb"))
    inv = db["inv"]
    player = db["player"]
```

먼저 `path.isfile()`을 사용하여 저장한 게임 데이터 파일이 있는지를 확인합니다. 파일이 있다면 `pickle.load()`로 읽어서 데이터를 역직렬화한 다음, 원래 `inv` 변수와 `player` 인스턴스로 되돌립니다. `"rb"` 인수는 데이터를 바이너리로 읽으라고 `dump()` 함수에 알립니다.

이처럼 파이썬에서 게임 상태를 저장하고 불러오는 작업은 무척 쉽습니다. 다른 프로그래밍 언어에서는 간단하게 몇 줄로 끝낼 수 없을 때가 대부분입니다.

게임 저장하기와 불러오기를 만들 때는 다음 내용을 염두에 두세요.

- 이번처럼 모든 객체를 하나의 변수로 저장하는 것이 데이터를 저장하는 가장 간결하고 간단한 방법입니다. 수많은 변수를 따로 저장하고 불러올 필요가 없습니다.
- 저장할 변수에는 게임의 특정 상태를 되돌리는 데 필요한 모든 것을 저장해야 합니다.
- 저장할 파일을 하나로 할 것인지 아니면 여러 개로 할 것인지를 결정하세요. 파일이 하나라면 다루기 쉽고 간단하지만, 특정 지점의 게임 상태만 저장할 수 있습니다. 파일이 여러 개라면 원하는 대로 저장할 수는 있으나 불러올 게임 상태를 고르는 방법이 필요합니다.
- 게임을 시작할 때 저장한 게임 파일이 있는지 확인하고 저장한 게임이 있다면 이를 불러올 것인지 묻습니다.

셋째마당

그래픽을 이용한
파이썬 게임 만들기

첫째마당에서 파이썬과 VS 코드를 설치하여 코딩을 준비하고 간단한 게임을 직접 만들어 실행해 본 뒤, 둘째마당에서는 고전 스타일의 텍스트 기반 어드벤처 게임을 만들어 보면서 애플리케이션을 만드는 데 필요한 다양한 기법과 코딩 방법을 배웠습니다.

지금부터는 한 단계 업그레이드하여 그래픽을 이용한 게임을 만들어 봅니다. 텍스트 기반 어드벤처 게임에서 그랬던 것처럼 기초 지식부터 시작하여 각 장에서 게임에 필요한 기능을 추가하는 식으로 진행하겠습니다.

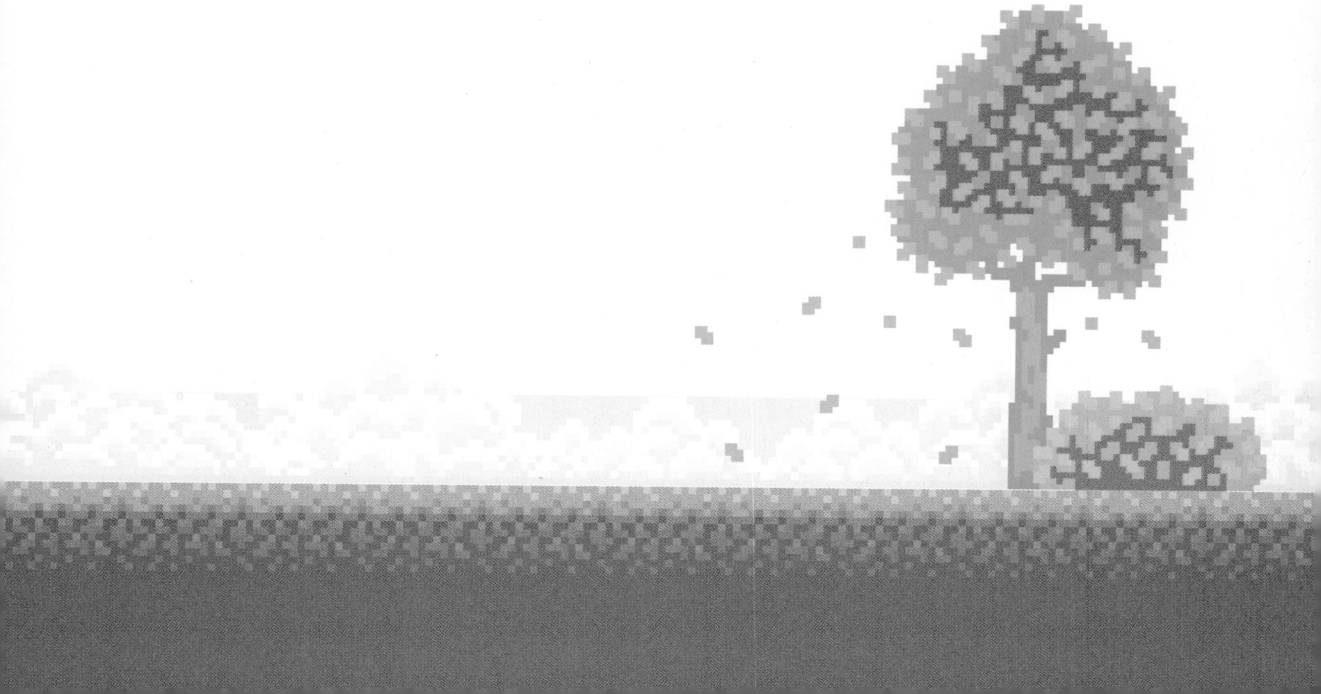

19장
크레이지 드라이버 게임
준비하기

그래픽을 이용한 게임은 만들기가 쉽지 않습니다. 문자열만 출력하면 되는 텍스트 기반 게임과 달리 화면 위의 이미지, 움직임, 물체 간의 상호작용, 키보드나 마우스 입력 등이 모든 것을 한 번에 다루어야 합니다. 즉, 많은 일이 동시에 일어납니다. 이제는 더 이상 input() 함수로 출력하고 기다리지 못합니다. 기다리는 동안 이미 너무 많은 일이 일어납니다.

이 장에서는 게임 엔진으로 파이게임을 설치하고 사용하는 방법을 알아봅니다. 다음 장에서는 그래픽을 출력할 수 있도록 게임 구조의 기초를 함께 마련해 보겠습니다.

⊚ 19-1
파이게임이란?

게임 개발자는 처음부터 모든 것을 만들지는 않습니다. 믿을 수 있고 증명된 게임 엔진을 사용하여 게임을 만듭니다. 이렇게 하면 게임을 프로그래밍하는 데 더 집중할 수 있으며 조명, 애니메이션, 움직임, 물리 등 낮은 수준의 세부 사항은 엔진에 맡길 수 있습니다.

파이게임(Pygame)은 파이썬 개발자를 위한 게임 엔진입니다. 강력하고 사용하기 쉽고 게다가 오픈소스이므로 무료입니다. 지금부터 우리가 만들 게임에 딱 맞습니다.

🏆 새로운 용어

오픈소스 누구나 살펴보고 수정하고 사용할 수 있도록 코드를 공개한 무료 소프트웨어를 **오픈소스**(open source)라고 합니다. 단, 용도에 따라 오픈소스 라이선스가 달리 적용될 수도 있습니다. 여기에서는 여러분이 게임을 만드는 데 사용할 수 있는 무료 소프트웨어가 오픈소스라는 정도로만 이해하세요.

⊚ 19-2

게임 개발 준비하기

코딩을 시작하기 전에 앞으로 만들 〈크레이지 드라이버(Crazy Driver)〉 게임을 살펴보고 필요한 내용을 준비합시다.

게임 구상하기

〈크레이지 드라이버〉 게임은 복잡한 도로에서 마주 오는 적을 피하는 간단한 자동차 경주 게임입니다. 그러나 자칫 잘못 운전하면 마주 오는 차와 충돌하고 마는, 여러분이 바로 '미친 운전자'가 될 수 있습니다.

**알아두면
좋아요!**

파이게임 더 알아보기

20여 년 전부터 수많은 파이썬 게임을 만드는 데 파이게임(Pygame)을 사용했습니다. 파이게임은 파이썬을 대상으로 만들었지만, 다른 라이브러리와 달리 개발할 때 파이썬 외 다른 언어도 사용했습니다. 성능을 높이고자 특정 부분은 C와 어셈블리로 만들어 파이썬보다 100배 이상 빠르게 움직입니다.

파이게임과 같은 대형 프로젝트에서는 SDL(Simple DirectMedia Layer)이라는 강력한 라이브러리를 이용하는데, 이를 통해 사운드, 키보드, 조이스틱, GPU 등에 접근할 수 있습니다. SDL은 밸브 코퍼레이션과 같은 전문 게임 개발 회사에서도 사용합니다.

결론은 파이게임은 강력하고 믿을 만하다는 것입니다. 여기서는 비교적 간단한 게임을 다루지만, 복잡하고 정교한 게임도 파이게임을 이용해 만들 수 있습니다. 한때 유행한 〈플래피 버드(Flappy Bird)〉 게임 역시 파이게임을 이용해 만들었습니다.

더 알고 싶다면 이 라이브러리를 사용한 다양한 예제를 볼 수 있는 pygame.org를 방문해 보세요.

〈크레이지 드라이버〉는 톱다운 뷰(톱뷰) 방식으로 다음과 같이 위에서 내려다보는 시점으로 게임을 진행합니다.

목표는 간단합니다. 화면 맨 아래에 있는 자동차를 좌우로 움직여서 마주 오는 자동차를 피하기만 하면 됩니다. 피하는 데 성공하면 점수가 오릅니다. 그리고 게임 역시 조금씩 빨라집니다.

파이게임 설치하기

파이썬에는 파이게임이 없으므로 따로 설치해야 합니다. 17장에서 컬러라마(Colorama)를 설치할 때와 마찬가지 방법으로 사용자의 운영체제에 따라 파이게임을 설치합니다.

- 윈도우 사용자: `pip install pygame`
- macOS 또는 크롬북 사용자: `pip3 install pygame`

17장에서와 마찬가지로 표시되는 버전이나 메시지가 다르더라도 상관없습니다. 중요한 것은 마지막 줄입니다. Successfully installed라는 메시지만 표시된다면 준비는 끝입니다.

```
Collecting pygame
  Using cached pygame-2.1.2-cp310-cp310-win_amd64.whl (8.4 MB)
Installing collected packages: pygame
Successfully installed pygame-2.1.2
```

작업 폴더 만들기

게임 파일을 저장할 작업 폴더를 만듭니다. VS 코드의 탐색기 패널로 이동하여 [PYTHON]을 클릭하고 도구 모음을 표시한 다음, 왼쪽에서 두 번째의 [새 폴더] 아이콘 ➕을 클릭합니다. 폴더 이름은 CrazyDriver라고 입력하겠습니다. 지금부터 이 폴더를 게임 폴더로 사용할 텐데, 이를 **애플리케이션 루트 폴더**라고도 합니다.

그래픽 게임에는 여러 가지 파일이 필요합니다. 일단 이미지 파일이 있어야 하고 음악 파일, 음향 효과 파일 등도 준비해야 합니다. 보통 이런 파일은 별도의 폴더로 관리합니다. 여기서는 하위 폴더를 생성하고 이곳에 파일을 용도별로 저장합니다. 이 게임에서는 그래픽 이미지를 사용하므로 새로 만든 폴더 아래에 Images라는 이름으로 폴더를 추가합니다.

> 📄 파일을 넣기 전이라면 VS 코드는 두 폴더를 한 줄로 표시합니다.

이로써 게임 파일을 저장할 폴더와 이미지 파일을 저장할 하위 폴더를 만들었습니다. 새 코드 파일을 추가할 때는 탐색기 패널에서 해당 폴더를 먼저 선택해야 합니다. 예를 들어 새로운 코드 파일을 추가할 때는 Images 폴더가 아닌 CrazyDriver 폴더를 먼저 클릭하여 이곳에 파일을 저장하면 됩니다.

```
∨ 📁 CrazyDriver
   > 📁 HelpDocs
   > 📁 Images
   > 📁 Music
   > 📁 SavedGames
   > 📁 Video
```

이미지 파일 가져오기

그래픽 게임은 이미지를 사용합니다. 아무리 간단한 게임이라도 최소한 배경과 자동차 이미지 파일은 있어야 합니다. 이때 이미지 파일은 PNG 형식을 사용합니다. 파이게임으로는 이미지를 만들 수 없으므로 포토샵과 같은 도구를 이용해야 합니다. 이미지를 직접 만들 수 있다면 좋겠지만, 그렇지 못한 사람을 위해 게임에 사용할 이미지를 준비했습니다. 자료실에서 내려받은 자료 중 GameImages.zip 파일로 압축한 이미지를 이용하세요.

ZIP 파일 압축을 풀거나 더블클릭하여 앞서 만든 Images 폴더 안으로 이미지 파일을 복사하여 붙여 넣습니다. 직접 만든 이미지가 있다면 역시 Images 폴더에 넣습니다.

◉ 19-3
게임 코딩 시작하기

지금부터 기능을 하나씩 더하면서 차근차근 게임을 만듭니다. 먼저 게임 플레이 공간을 정의 하는 것부터 시작해 봅시다.

 코드는 직접 입력해 보세요

둘째마당과 마찬가지로 셋째마당에서도 각 장을 거듭할 때마다 게임 코드를 업데이트하고 다듬습니다. 코드가 많은 편이 아니므로 직접 입력해 보면서 게임을 완성해 봅시다. 막히는 부분이 있다면 언제든지 필자가 제공하는 코드를 참고하세요.

파이게임 초기화하기

게임 루트 폴더에 파일을 만들고 다음 코드를 입력합니다. 여기에서는 파일 이름을 `Main.py` 라고 하겠습니다.

Do it! 코딩해 보세요　　　　　　　　　　　📑 파일 이름: 19/Main.py

```python
# 불러오기
import pygame


# 게임 색상 정의하기
BLACK = (0, 0, 0)
WHITE = (255, 255, 255)
RED   = (255, 0, 0)


# 게임 시작은 이곳에서
# 파이게임 초기화하기
pygame.init()
```

```
# 프레임 매니저 초기화하기
clock = pygame.time.Clock()
# 프레임 레이트 설정하기
clock.tick(60)


# 제목 표시줄 설정하기
pygame.display.set_caption("Crazy Driver")
```

코드를 실행해도 아무것도 나타나지 않습니다. 지금은 이것이 정상입니다. 그럼 코드를 살펴
봅시다. 먼저 파이게임 라이브러리를 불러옵니다. 다음으로, 게임에 사용할 색을 변수로 정의
합니다. 색은 다음과 같이 쉼표로 구분하여 RGB 색상값으로 지정합니다.

```
# 게임 색상 정의하기
BLACK = (0, 0, 0)
WHITE = (255, 255, 255)
RED   = (255, 0, 0)
```

알아두면 좋아요!

RGB 색상값으로 색 표현하기

컴퓨터 모니터는 빨간색, 녹색, 파란색의 빛을 조합하여 색을 표현합니다. 예를 들어 노란색
을 표시하려면 빨간색과 녹색을 주로 표시하고 파란색은 표시하지 않습니다. 이처럼 모든 색
을 빨간색, 녹색, 파란색 조합으로 만들므로 이를 RGB **색상값**이라고 합니다.

R, G, B는 각각 red, green, blue의 머리글자로, 3가지 색을 얼마나 표시할 것인지를 숫자
로 나타냅니다. 즉, R은 최대 밝기 255이고 G와 B는 완전히 어두운 0이라면 255, 0, 0 이렇
게 표시하고 빨간색을 의미합니다. 마젠타(자홍색)는 빨간색과 파란색을 최대 밝기로 하고
녹색은 전혀 없는 255, 0, 255입니다. 마찬가지로 검은색은 3가지 빛이 모두 없는 0, 0, 0
이고 흰색은 모든 빛을 최대 밝기로 한 255, 255, 255입니다.

0과 255 사이의 값도 당연히 사용할 수 있습니다. 이렇게 하면 모두 1,600만여 가지(256의
세제곱)의 색상 조합을 만들 수 있습니다. 파이썬 등의 프로그래밍 코드뿐 아니라 그래픽 관
련 소프트웨어에서도 RGB 색상값을 사용합니다.

변수 이름은 모두 대문자로?

여기서는 색상 변수를 black, Black이 아니라 BLACK처럼 모두 대문자로 정의했습니다. 알다
시피 파이썬은 대소 문자를 구분하므로 BLACK이라는 이름으로 변수를 만들면 사용할 때도
똑같이 써야 합니다. 그럼 왜 모두 대문자로 했을까요? 파이썬 프로그래머 사이에서 변하지
않는 변수는 모두 대문자로 표기하는 게 관례이기 때문입니다. 여기서도 마찬가지로 색은 바
뀌지 않으므로 이렇게 대문자로 표기합니다.

> lightGreen처럼 대소 문자를 섞어서 사용한 변수 이름은 자주 봤을 겁니다. 그러나 LIGHTGREEN처럼 변수가 모두 대문자라면 단어를 한눈에 구분하기 어려우므로 LIGHT_GREEN 과 같이 밑줄(_)을 추가하여 단어를 구분하곤 합니다.

다음은 라이브러리 초기화 코드입니다. 17장에서 살펴본 컬러라마와 마찬가지로 파이게임도 사용하기 전에 초기화해야 합니다.

```
# 파이게임 초기화하기
pygame.init()
```

알아 두면
좋아요!

튜플이란?

색상을 정의한 코드를 한번 봅시다. 지금까지와 다른 부분이 없는지 잘 살펴보세요. 앞서 자주 사용했던 리스트 같지만 어딘가 다릅니다. 리스트를 정의할 때는 값을 쉼표로 구분하고 대괄호로 감쌌습니다.

```
RED = [255, 0, 0]
```

다음 코드에서는 대괄호 대신 괄호를 사용했습니다.

```
RED = (255, 0, 0)
```

RED는 리스트처럼 보이지만 리스트는 분명히 아닙니다. 그럼 무엇일까요? 이것이 바로 리스트와 비슷하지만 한 가지가 다른 **튜플**(tuple)이라는 파이썬 자료형입니다. 리스트와 달리 튜플은 값을 바꿀 수 없습니다. 그러므로 요소를 더할 수도, 수정할 수도 없습니다. 이러한 튜플은 색상처럼 바뀌지 않는 변수를 만들 때 무척 유용합니다.

그래픽 게임 화면은 1초 동안에도 업데이트되어야 합니다. 이처럼 화면을 업데이트하는 비율을 **프레임 레이트**라고 합니다.

🏆 **새로운 용어**

프레임 레이트 영화를 보거나 비디오 게임을 플레이할 때 이미지는 계속 변하는 것처럼 보이지만, 사실은 그렇지 않습니다. 사람이 눈치챌 수 없는 속도로 화면을 1초에 여러 번 빠르게 바꾸어 마치 움직이는 듯한 착시를 일으키는 것입니다.

이처럼 화면이 바뀌는 빈도를 FPS(frames per second)로 나타내는데, 이 값을 **프레임 레이트**(frame rate)라고 합니다. 프레임 레이트가 높을수록 게임이 자연스럽고 현실적으로 보이지만, 프로세서 점유율 또한 높아집니다.

프레임 레이트는 시간을 단위로 하므로 시간을 측정하는 시계 인스턴스가 필요합니다. 이렇게 하면 프레임의 업데이트 횟수를 관리할 수 있습니다.

```
# 프레임 매니저 초기화하기
clock = pygame.time.Clock()
```

Clock은 파이게임의 `time` 라이브러리 안에 있으므로 `pygame.time.Clock()`이라고 쓰면 인스턴스화할 수 있습니다. 그러고 나서 시계 인스턴스를 이용하여 다음과 같이 게임의 프레임 레이트를 설정합니다.

```
# 프레임 레이트 설정하기
clock.tick(60)
```

`clock.tick(60)`은 1초에 60프레임 또는 그 이하로 화면을 업데이트하라고 파이게임에 지시합니다.

마지막으로 게임 플레이 창의 제목 표시줄을 설정하는 코드를 살펴봅시다. 이는 앞서 본 게임 화면에서도 확인할 수 있습니다.

```
# 제목 표시줄 설정하기
pygame.display.set_caption("Crazy Driver")
```

파이게임의 `display` 라이브러리는 화면에 표시하는 모든 것을 관리합니다. 여기서는 `set_caption()` 함수를 이용하여 제목 표시줄을 "Crazy Driver"라고 설정했습니다. 여기에 코드를 추가하여 현재 게임 점수도 함께 표시하도록 이후에 업데이트를 하겠습니다.

다음 코드를 추가해 봅시다. 게임 창이 열리는 크기를 정할 수 있습니다.

```
# 게임 화면 초기화하기
screen = pygame.display.set_mode((500, 800))
```

파이게임으로 만든 게임은 전체 화면이나 창 모드 등 다양한 상태로 실행할 수 있습니다. 이 코드는 가로 500픽셀, 세로 800픽셀 크기의 창에서 게임을 실행할 것이라고 파이게임에 알립니다. `set_mode()` 함수는 저장할 게임 영역을 `screen`이라는 변수에 반환합니다. 코드를 실행하면 가로 500픽셀, 세로 800픽셀의 검은색 상자가 잠깐 나타났다가 사라지는 것을 확인할 수 있습니다.

화면에 출력하기

이로써 **표면**이라 하는 게임 영역을 준비했습니다. 아이템 표시, 움직이기 등 게임에서 일어나는 모든 일은 이 게임 표면에서 일어납니다.

🏆 새로운 용어

표면 여기서 **표면**(surface)이란 이미지, 텍스트 등을 표시하는 화면 영역을 가리킵니다. 표면에 아이템을 배치하면 파이게임은 이를 표시합니다.

이제 게임 영역을 꾸며 봅시다. 게임 표면은 방금 만든 **screen** 변수를 이용하여 접근할 수 있습니다. **fill()** 함수를 이용하여 배경을 흰색으로 채웁시다. 게임 화면 크기를 정하는 코드 아래에 다음 코드를 추가합니다.

```
# 배경 색상 설정하기
screen.fill(WHITE)
```

알아 두면
좋아요!

픽셀과 해상도 이해하기

픽셀(pixel)은 picture element의 줄임말(pix=picture, el=element)로, 화면에 표시할 수 있는 최소 단위입니다. RGB 색상값 하나가 하나의 픽셀을 나타내며, 큰 사진이나 동영상은 수많은 픽셀로 이루어집니다. 매우 작은 픽셀이 수없이 모이면 각각의 픽셀이 아닌 하나의 이미지로 인식합니다. 해상도가 1,080인 이미지가 720인 이미지보다 선명하게 보이는 까닭입니다. 해상도 1,080은 720인 이미지와 같은 크기의 공간에 더 많은 픽셀을 담을 수 있으므로 각 픽셀은 더 작고 눈에 덜 띕니다. 물론 4K는 1,080보다 픽셀이 더 많으므로 훨씬 부드럽게 보입니다.

이름에서 알 수 있듯이 **fill()**은 지정한 색으로 화면을 채우는데, 여기에 앞서 정의한 **WHITE** 색을 전달합니다. **WHITE**는 만들지 않으면 사용할 수 없다는 점에 주의하세요. 예를 들어 만들지 않은 **BLUE**라는 색을 지정하면 오류가 발생합니다. 코드를 실행하면 여전히 검은색 상자가 잠깐 나타났다가 사라집니다. **fill(WHITE)**는 어떻게 된 걸까요?

파이게임뿐 아니라 모든 게임 엔진을 사용할 때는 다음을 명심하세요. 그래픽 게임은 화면을 자주 업데이트하는데, 때로는 한 번에 많은 변화가 일어나기도 합니다. 화면을 업데이트하는 데는 시간이 걸리므로 게임 엔진은 모든 변경 사항을 기억만 해두고 실행하라는 명령이 있을 때 비로소 이 모두를 업데이트합니다. 번거로울 수도 있지만, 이렇게 해야 훨씬 **빠르게 반응** 하는 게임을 만들 수 있습니다.

여기서도 마찬가지입니다. fill(WHITE)를 이용해 배경색을 지정하면 파이게임은 이를 내부에 있는 변경 내용 목록에 저장합니다. 그러나 이를 실행하라는 지시가 없으므로 화면을 아직 업데이트하지 않습니다. 그럼 화면을 어떻게 업데이트할까요? fill() 함수 뒤에 다음 코드를 추가하면 됩니다.

```
# 화면 업데이트하기
pygame.display.update()
```

테스트해 보면 이번에는 검은색 상자에 흰색이 잠시 반짝였다 사라집니다. 이처럼 display.update()는 대기 중인 모든 변경 내용을 화면에 표시합니다.

🎯 19-4
게임 루프 추가하기

게임이라고 하기에는 조금 과장인 듯하지만, 이 게임은 시작과 함께 끝납니다. 앞서 살펴본 대로 파이썬은 코드를 한 줄씩 실행하고 코드 마지막 줄을 실행하면 애플리케이션은 사라집니다. 게임이 끝날 때까지 계속 실행하려면 앞 장에서 여러 번 살펴봤던 루프를 사용하여 게임 전체를 이 루프 안에 넣습니다. 그러므로 루프가 끝나면 게임도 끝납니다.

이 게임의 루프 안에는 무엇을 넣어야 할까요? 이 게임에서는 자동차를 좌우로 움직일 수 있어야 하고, 플레이어를 향해 마주 오는 자동차도 있어야 합니다. 그리고 점수를 계산하고 게임 속도를 조절할 수도 있어야 합니다. 이 모든 것이 게임 루프 안에 들어갑니다.

간단한 루프 하나를 추가합시다. `Main.py` 파일 마지막에 다음 코드를 입력합니다.

```
# 메인 게임 루프
while True:          빠져나가기 전까지는 무한 루프를 돕니다.
    # 이벤트 확인하기
    for event in pygame.event.get():
        # 플레이어가 게임을 그만두는지?
        if event.type == pygame.QUIT:      [닫기] 아이콘을 눌렀다면
            # 게임 끝내기
            pygame.quit()
            sys.exit()

    # 화면 업데이트하기
    pygame.display.update()
```

변경 내용을 저장하고 게임을 실행합니다. 이번에는 흰색 배경의 게임 화면이 나타나며 오른쪽 위의 [닫기] 아이콘 ✕을 클릭하여 창을 닫을 때까지 그대로 있을 겁니다.

이 코드는 루프 구문으로 시작합니다.

```
# 메인 게임 루프
while True:
```

이는 앞에서도 여러 번 사용한 while 루프인데, 여기에는 True라는 조건 하나뿐입니다. 루프를 반복할 때마다 파이썬은 조건이 True인지 확인하는데, 계속 True이므로 끝없이 루프를 반복합니다. 보통은 바람직하지 않지만, 이렇게 해야 게임을 계속 실행할 수 있습니다.

다음은 for 루프를 이용하여 게임에서 응답이 필요한 이벤트가 발생했는지를 확인합니다. 이벤트는 사용자가 키를 입력하거나 마우스를 클릭하는 등의 동작을 하는 것을 말합니다. 이런 이벤트가 발생하면 그에 맞게 처리해야 합니다. 지금은 사용자가 창을 닫는 QUIT 이벤트만 있으면 됩니다. pygame.event.get()은 응답해야 할 이벤트를 리스트 형태로 반환하는데, 이를 for 루프에 넣어 모든 이벤트를 대상으로 반복합니다.

```
for event in pygame.event.get():
```

for 루프 안의 event 변수에는 응답해야 할 이벤트의 내용을 자세히 담습니다. 여기서는 QUIT 이벤트만 확인하고자 다음과 같이 if문을 사용했습니다.

```
# 플레이어가 게임을 그만두는지?
if event.type == pygame.QUIT:
```

플레이어가 창 오른쪽 위의 [닫기] 아이콘 ✕을 누르면 다음과 같이 pygame을 종료하고 이를
실행하던 창도 닫습니다.

```
# 게임 끝내기
pygame.quit()
sys.exit()
```

두 번째 줄은 파이썬 실행 환경을 다루는 함수가 있는 sys 라이브러리를 사용합니다. 그러므
로 import문을 사용하여 이를 불러와야 합니다.

```
import sys
```

게임 루프의 마지막 줄에서는 다음과 같이 화면을 반드시 업데이트해야 합니다.

```
# 화면 업데이트하기
pygame.display.update()
```

아직은 업데이트할 것이 없으므로 실제로 update() 함수는 아무 일도 하지 않습니다. 그러나
일종의 규칙처럼 게임 루프 마지막에서는 항상 화면을 업데이트하므로 이후 사용할 수 있도
록 이를 추가했습니다. 몇 곳만 더 수정하고 이 장을 마무리하겠습니다. 어떻게 작동하는지
Main.py 파일 전체를 한번 살펴보겠습니다.

Do it! 코딩해 보세요　　　　　　　　　　　　　📄 파일 이름: 19/Main.py

```
# 불러오기
import sys
import pygame
from pygame.locals import *        pygame 라이브러리의 모든 지역 변수를 불러오면
                                   코드 안의 지역 변수처럼 쓸 수 있습니다.

# 게임 색상 정의하기
BLACK = (0, 0, 0)
WHITE = (255, 255, 255)
RED   = (255, 0, 0)
```

```python
# 게임 시작은 이곳에서
# 파이게임 초기화하기
pygame.init()

# 프레임 매니저 초기화하기
clock = pygame.time.Clock()
# 프레임 레이트 설정하기
clock.tick(60)

# 제목 표시줄 설정하기
pygame.display.set_caption("Crazy Driver")

# 게임 화면 초기화하기
screen = pygame.display.set_mode((500, 800))

# 배경 색상 설정하기
screen.fill(WHITE)

# 화면 업데이트하기
pygame.display.update()

# 메인 게임 루프
while True:
    # 이벤트 확인하기
    for event in pygame.event.get():
        # 플레이어가 게임을 그만두는지?
        if event.type == QUIT:          # 불러온 지역 변수를 사용합니다.
            # 게임 끝내기
            pygame.quit()
            sys.exit()

    # 화면 업데이트하기
    pygame.display.update()
```

파이게임을 사용할 때에는 pygame.QUIT과 같은 이벤트를 반복해서 확인합니다. 이때 pygame 라이브러리를 접두사로 쓰지 않고 QUIT만으로 확인할 수 있다면 더 깔끔할 겁니다. 앞의 코드는 if문 안에서 이런 방식으로 QUIT을 사용합니다.

```
if event.type == QUIT:
```

QUIT은 pygame 라이브러리 안에 정의한 지역 변수입니다. 그러면 어떻게 pygame 라이브러리를 지정하지 않고도 QUIT을 쓸 수 있을까요? 이는 pygame 안에 있는 변수를 코드로 바로 불러 왔기 때문입니다. 코드 윗부분의 import문을 한번 보세요.

```
# 불러오기
import sys
import pygame
from pygame.locals import *
```

첫 번째와 두 번째 import문은 자주 사용해서 알겠지만 세 번째는 처음 보는 형태입니다. 이 구문은 pygame 라이브러리 안에 있는 모든 지역 변수를 불러와서 마치 코드 안 지역 변수처럼 쓸 수 있도록 합니다. 이렇게 하면 마치 지역 변수인 것처럼 QUIT을 사용할 수 있습니다.

도전해 보세요

창 크기를 변경하고 색을 정의해 보세요　　　　　　　　　🖥 Challenge 19.1.py

set_mode() 함수에 전달하는 창의 크기를 변경해 보세요. 더 크게, 더 작게, 더 넓게 등 원하는 대로 말이죠.

또한 여기서는 색을 3개 정의했습니다. 그럼 WHITE 대신 RED를 fill()에 전달하도록 코드를 수정해 보세요. 다른 색도 정의하고 사용해 보세요. RGB 색상값으로는 0과 255 사이를 쓸 수 있으나 이번에는 0과 255만을 사용하여 색을 만들어 보세요. 그러면 모두 8가지 색을 만들 수 있습니다.

20장
화면에 이미지 표시하기

19장에서 작성한 〈크레이지 드라이버〉 게임 코드를 발전시켜 진짜 게임처럼 꾸며 봅니다. 이미지를 게임 표면에 올리는 방법과 함께 파일과 폴더를 다루는 방법도 더 자세히 알아봅니다.

20-1
파일과 폴더 지정하기

지금은 파이썬 코드를 담은 `Main.py` 파일 하나가 〈크레이지 드라이버〉 게임의 전부입니다. 그러나 실제 게임은 많은 파일로 이루어집니다. 적어도 이미지 파일은 있어야 하며 동영상, 효과음 등 다른 파일이 필요할 수도 있습니다. 앞서 언급했듯이 이 파일은 용도별로 분류한 폴더(또는 디렉터리)에 저장하는 것이 좋습니다. 파일이 늘어날수록 관리하기 어렵기 때문입니다.

여기에서는 19장 **Images** 폴더에 저장한 이미지만 사용합니다. 동영상 파일, 음악 파일, 음향 효과 파일 등도 함께 사용한다면 종류별로 폴더를 만들어 저장하면 됩니다. 다음은 이번에 만들 게임에서 사용하는 다양한 파일을 보관한 폴더 구조 예입니다.

- ∨ 📁 CrazyDriver
  - 〉 📁 HelpDocs
  - 〉 📁 Images
  - 〉 📁 Music
  - 〉 📁 SavedGames
  - 〉 📁 Video

그리고 필요할 때 찾을 수 있도록 코드에 각 파일의 위치를 지정해야 합니다. 이때 **파일 경로**를 하드 코딩하는 것은 바람직하지 않습니다. 사용하는 운영체제나 어느 위치에서 게임을 실행하는지에 따라 파일과 폴더 경로가 다를 수 있기 때문입니다. 요컨대 여러분의 컴퓨터에서는 실행되지만 다른 사람의 컴퓨터에서는 그렇지 않을 수도 있다는 이야기입니다.

🏆 새로운 용어

> **경로** 컴퓨터에 있는 파일은 폴더에 저장합니다. 그리고 폴더 안에 또 폴더가 있을 수 있습니다. 이와 같은 폴더 구조를 포함한 정확한 파일 위치를 **경로**(path)라고 합니다.

이를 해결하는 방법은 동적으로 폴더 경로를 지정하는 것입니다. 게임을 시작할 때 어느 위치에서 실행되는지를 확인하고 폴더 경로를 담은 변수를 만듭니다. 그러면 이 변수를 이용하여 파일에 접근할 수 있습니다. 이처럼 코드 몇 줄만 추가하면 어디서나 사용할 수 있는 안전한 **포터블 코드** 애플리케이션을 만들 수 있습니다.

📖 설치하지 않고 바로 사용할 수 있는 프로그램은 포터블 프로그램이라고 합니다.

🏆 새로운 용어

포터블 코드 다른 컴퓨터, 장치, 운영체제에서도 안전하게 실행할 수 있도록 작성한 코드를 **포터블 코드**(portable code)라고 합니다. 프로그래머는 가능한 한 어디서나 사용할 수 있는 코드를 작성하려고 노력합니다.

실행하는 코드의 경로는 어떻게 알 수 있을까요? 테스트 파일(**test.py**)을 만들고 다음 코드를 실행해 보세요.

```
print(__file__)
```

__file__은 현재 실행하는 파일의 이름을 포함한 전체 경로를 담은 특별한 내장 변수입니다. 변수 앞뒤로 밑줄 2개가 있다는 점에 주의하세요.

실행한 파일의 전체 경로를 터미널 창에 출력합니다.

```
d:\Python\test.py
PS D:\Python> █
```

이로써 파일의 전체 경로를 알았습니다. 이번에는 파일 이름을 없앤 폴더 경로를 구해 봅시다. 전체 경로에서 폴더 경로만 뽑으려면 다음 코드를 사용합니다.

```
import os
print(__file__)
print(os.path.dirname(__file__))
```

실행하면 파일 이름을 포함한 전체 경로와 폴더 경로를 출력합니다.

```
d:\Python\test.py
d:\Python
PS D:\Python> █
```

os 라이브러리에는 파일뿐 아니라 운영체제와 관련한 함수가 많습니다. os.path.dirname()은 전체 경로를 전달하면 여기서 필요한 폴더 부분만 추출하여 반환합니다. 이를 이용하면 간단하게 게임 경로를 변수로 저장할 수 있습니다. 다음은 이를 적용한 코드입니다.

```
import os

# 게임 경로 설정하기
GAME_ROOT_FOLDER = os.path.dirname(__file__)
IMAGE_FOLDER = os.path.join(GAME_ROOT_FOLDER, "Images")

print("게임 루트:", GAME_ROOT_FOLDER)
print("이미지 폴더:", IMAGE_FOLDER)
```

실행하면 게임 루트 경로와 이미지 폴더 경로를 출력합니다. 코드는 간단합니다. 첫 번째 경로 변수는 다음과 같이 만듭니다. 이 코드는 폴더 경로를 추출하여 GAME_ROOT_FOLDER 변수에 저장합니다.

```
GAME_ROOT_FOLDER = os.path.dirname(__file__)
```

다음 줄은 게임 경로 안의 이미지 폴더 경로를 저장합니다. 이때는 다음과 같이 os.path.join()을 사용합니다.

```
IMAGE_FOLDER = os.path.join(GAME_ROOT_FOLDER, "Images")
```

join() 함수는 해당 운영체제에 알맞은 방법으로 경로를 추가할 때 사용합니다. 이렇게 하면 GAME_ROOT_FOLDER에 미리 만들어 둔 Images 폴더를 더해 동적으로 IMAGE_FOLDER 변수를 만들 수 있습니다. 경로를 표시할 때 사용하는 슬래시(/)나 역슬래시(\) 등의 기호는 join() 함수가 알아서 처리합니다.

프로그래머처럼 코딩하기

내장 라이브러리나 파이게임과 같은 서드파티 라이브러리 모두 수많은 함수로 이루어진 수
많은 모듈이 있습니다. 그러나 VS 코드에 이름 일부만 입력해도 필요한 것을 찾을 수 있으므
로 기억할 필요는 없습니다. 그래도 못 찾는다면 전문 프로그래머가 하는 것처럼 인터넷을 검
색하세요. '파이썬 파일 경로 찾기'로 검색하면 다양한 해결책을 찾을 수 있습니다.

도전해 보세요

필요한 폴더를 만들어 두세요

🖥 Challenge 20.1.py

여기서는 이미지만 사용하므로 Images 폴더만 있습니다. 이와 더불어 Sound나 Videos 폴더도 만들
어 봅시다. 각 폴더 경로를 저장한 변수는 마찬가지로 코드 한 줄이면 만들 수 있습니다.

◎ 20-2

게임 배경 설정하기

19장에서는 게임 창을 만들고 배경색을 흰색으로 설정했습니다. 이번에는 코드를 수정하여 도로 이미지를 배경으로 설정해 봅시다. 도로 이미지는 Images 폴더에 Road.png라는 이름으로 저장합니다. 수정 작업이 끝나면 게임 화면은 다음과 같이 바뀝니다.

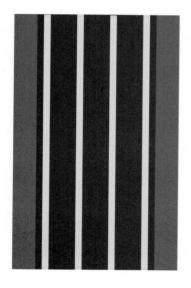

수정한 Main.py 파일은 다음과 같습니다.

Do it! 코딩해 보세요	🖥 파일 이름: 20/Main.py

```
# 불러오기
import sys, os
import pygame
from pygame.locals import *
```

```python
# 게임 색상 정의하기
BLACK = (0, 0, 0)
WHITE = (255, 255, 255)
RED   = (255, 0, 0)

# 게임 경로 설정하기
GAME_ROOT_FOLDER = os.path.dirname(__file__)
IMAGE_FOLDER = os.path.join(GAME_ROOT_FOLDER, "Images")

# 게임 시작은 이곳에서
# 파이게임 초기화하기
pygame.init()

# 프레임 매니저 초기화하기
clock = pygame.time.Clock()

# 프레임 레이트 설정하기
clock.tick(60)

# 제목 표시줄 설정하기
pygame.display.set_caption("Crazy Driver")

# 이미지 불러오기
IMG_ROAD = pygame.image.load(os.path.join(IMAGE_FOLDER, "Road.png"))

# 게임 화면 초기화하기
screen = pygame.display.set_mode(IMG_ROAD.get_size())

# 메인 게임 루프
while True:
    # 배경 두기
```

```
    screen.blit(IMG_ROAD, (0, 0))

    # 이벤트 확인하기
    for event in pygame.event.get():
        # 플레이어가 게임을 그만두는지?
        if event.type == QUIT:
            # 게임 끝내기
            pygame.quit()
            sys.exit()

    # 화면 업데이트하기
    pygame.display.update()
```

실행하면 도로를 배경으로 한 게임 창이 나타납니다. 코드를 살펴보면 import문이 달라졌습니다. 앞서 설명했듯이 os는 파일 경로를 다룰 때 사용하는 라이브러리입니다.

```
# 불러오기
import sys, os
import pygame
from pygame.locals import *
```

알아두면 좋아요!

import문 합치기

다음과 같이 라이브러리마다 import문을 사용할 수 있습니다.

```
import sys
import os
```

파이썬에서는 코드 여러 줄을 합쳐 다음과 같이 한 줄로 작성할 수도 있습니다. 결과는 같으므로 편한 방법을 선택하면 됩니다.

```
import sys, os
```

다음으로 게임 색상을 정의하고 폴더 변수 2개를 만듭니다. GAME_ROOT_FOLDER에는 게임 루트 폴더 경로를 저장하고 IMAGE_FOLDER에는 이미지 파일 폴더 경로를 저장합니다. 파이게임 초기화와 프레임 매니저, 프레임 레이트, 제목 표시줄 설정 등은 바뀌지 않았으므로 그대로 둡니다. 그리고 다음처럼 배경 이미지를 불러옵니다.

```
# 이미지 불러오기
IMG_ROAD = pygame.image.load(os.path.join(IMAGE_FOLDER, "Road.png"))
```

파이게임에서 이미지를 사용하려면 변수에 이미지를 담아서 게임 표면에 배치해야 합니다. 여기서는 Images 폴더에 있는 도로 이미지 Road.png 파일을 불러옵니다. 필요한 파일 경로는 os.path.join()을 이용하여 만듭니다. 이후 pygame.image.load()를 이용하여 지정한 파일 을 읽어 IMG_ROAD라는 이름의 표면에 저장합니다.

이미지를 불러왔다고 해서 화면에 바로 나타나는 것은 아닙니다. 실제 표시하려면 이 이미지 를 메인 게임 표면에 복사하고 화면을 업데이트해야 합니다. 이는 20-3절에서 살펴봅니다.

그다음, 게임 화면을 초기화합니다. 여기서는 한 가지 달라진 점이 있습니다. 앞에서는 set_ mode()의 인수로 하드 코딩한 창 크기(가로 500픽셀, 세로 800픽셀)를 전달했지만, 이제는 프로그래머답게 이 방법은 쓰지 않습니다.

```
# 게임 화면 초기화하기
screen = pygame.display.set_mode(IMG_ROAD.get_size())
```

앞서 Road.png 이미지를 IMG_ROAD에 저장했습니다. 이 IMG_ROAD에는 크기 등 이미지와 관련 한 모든 정보가 들었습니다. 그러므로 게임 창 크기를 하드 코딩하지 않고 IMG_ROAD.get_ size()를 이용하면 도로 배경 이미지 크기(가로 500, 세로 800)로 표시됩니다. 크기가 다른 이미지를 사용하면 창 크기도 그에 맞게 달라지는 것입니다.

이번에는 배경을 흰색으로 설정하는 코드는 삭제하고 게임 루프 안에 다음 코드를 넣습니다.

```
# 배경 두기
screen.blit(IMG_ROAD, (0, 0))
```

이 코드는 도로 이미지를 게임 화면에 얹힙니다. 그러므로 현재 게임 표면이 2개라는 점을 명심하세요. 하나는 이미지가 얹혀지기 전 살펴본 게임 표면(게임 화면)이고 다른 하나는 배경 이미지라고 할 수 있는 게임 표면(`IMG_ROAD`)입니다. `blit()` 함수는 전달한 게임 표면을 복사하여 다른 게임 표면에 붙여 넣습니다(블리트). 여기서는 `IMG_ROAD`를 게임 화면으로 복사합니다.

`blit()`에는 복사할 이미지와 복사할 곳 인수 2개를 전달합니다.

그렇다면 두 번째 인수인 `(0, 0)`은 왜 필요할까요? 게임 표면은 2차원이므로 사각형 또는 직사각형이라고 생각하세요. 이미지를 게임 표면에 복사할 때는 대상 표면의 위치를 숫자 2개로 나타낸 (x, y) 좌표를 이용하여 어디에 둘 것인지를 지정해야 합니다. `(0, 0)`은 화면의 왼쪽 위 끝을 가리키므로 이곳에 배경을 두면 전체 화면을 덮을 수 있습니다.

> 🏆 **새로운 용어**
>
> **블리트** 한 덩어리(block)의 정보를 다른 곳으로 복사(transfer)하는 것을 **블리트**(blit)라고 합니다.

> 🏆 **새로운 용어**
>
> **(x, y) 좌표** (x, y) 좌표는 (x, y) 축이라고도 하며 평면의 위치를 가리킵니다. 숫자 x는 왼쪽에서 시작하는 가로 위치를, 숫자 y는 위에서 시작하는 세로 위치를 나타냅니다. 파이썬에서 좌표는 0부터 시작하므로 (0, 0)은 왼쪽 위 끝을, (100, 50)은 왼쪽에서 100픽셀, 위쪽에서 50픽셀인 곳을 가리킵니다.

20-3
자동차 표시하기

배경 이미지를 설정했으므로 이제는 플레이어 자동차와 마주 오는 적 자동차를 화면에 표시해 봅시다. 자동차는 아직 움직이지 않고 배경과 마찬가지로 화면에 두기만 합니다. 다음 코드는 업데이트한 `Main.py` 파일입니다.

Do it! 코딩해 보세요　　　　　　　　　　　📁 파일 이름: 20/Main.py

```python
# 불러오기
import sys, os, random
import pygame
from pygame.locals import *

# 게임 색상 정의하기
BLACK = (0, 0, 0)
WHITE = (255, 255, 255)
RED   = (255, 0, 0)

# 게임 경로 설정하기
GAME_ROOT_FOLDER = os.path.dirname(__file__)
IMAGE_FOLDER = os.path.join(GAME_ROOT_FOLDER, "Images")

# 게임 시작은 이곳에서
# 파이게임 초기화하기
pygame.init()

# 프레임 매니저 초기화하기
clock = pygame.time.Clock()
```

```
# 프레임 레이트 설정하기
clock.tick(60)

# 제목 표시줄 설정하기
pygame.display.set_caption("Crazy Driver")

# 이미지 불러오기
IMG_ROAD = pygame.image.load(os.path.join(IMAGE_FOLDER, "Road.png"))
IMG_PLAYER = pygame.image.load(os.path.join(IMAGE_FOLDER, "Player.png"))
IMG_ENEMY = pygame.image.load(os.path.join(IMAGE_FOLDER, "Enemy.png"))

# 게임 화면 초기화하기
screen = pygame.display.set_mode(IMG_ROAD.get_size())

# 게임 객체 만들기
# 플레이어 초기 위치 계산하기
h = IMG_ROAD.get_width()//2
v = IMG_ROAD.get_height() - (IMG_PLAYER.get_height()//2)
# player 스프라이트 만들기
player = pygame.sprite.Sprite()
player.image = IMG_PLAYER
player.surf = pygame.Surface(IMG_PLAYER.get_size())
player.rect = player.surf.get_rect(center = (h, v))

# 적
# 적 초기 위치 계산하기
hl = IMG_ENEMY.get_width()//2
hr = IMG_ROAD.get_width() - (IMG_ENEMY.get_width()//2)
h = random.randrange(hl, hr)
v = 0
```

플레이어 자동차

적 자동차

```python
# enemy 스프라이트 만들기
enemy = pygame.sprite.Sprite()
enemy.image = IMG_ENEMY
enemy.surf = pygame.Surface(IMG_ENEMY.get_size())
enemy.rect = enemy.surf.get_rect(center = (h, v))


# 메인 게임 루프
while True:
    # 배경 두기
    screen.blit(IMG_ROAD, (0, 0))


    # 플레이어 화면에 두기
    screen.blit(player.image, player.rect)


    # 적 화면에 두기
    screen.blit(enemy.image, enemy.rect)


    # 이벤트 확인하기
    for event in pygame.event.get():
        # 플레이어가 게임을 그만두는지?
        if event.type == QUIT:
            # 게임 끝내기
            pygame.quit()
            sys.exit()


    # 화면 업데이트하기
    pygame.display.update()
```

실행하면 자동차 2대가 게임 화면에 놓인 것을 볼 수 있습니다. 플레이어 자동차는 아래쪽 가운데에, 그리고 적 자동차는 위쪽 무작위 위치에 둡니다.

화면은 다음과 같으며, 실행할 때마다 적 자동차의 위치는 달라집니다.

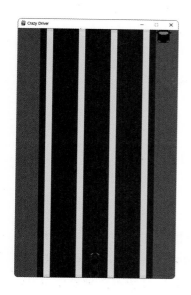

게임 모습을 갖추기 시작했네요. 코드에서 달라진 부분을 살펴봅시다. import문에서는 random 라이브러리를 추가로 불러옵니다. 이를 이용하여 적 자동차를 무작위 위치에 둡니다.

이미지를 불러오는 코드 역시 다음처럼 수정하여 자동차 이미지 2개를 추가합니다.

```
# 이미지 불러오기
IMG_ROAD = pygame.image.load(os.path.join(IMAGE_FOLDER, "Road.png"))
IMG_PLAYER = pygame.image.load(os.path.join(IMAGE_FOLDER, "Player.png"))
IMG_ENEMY = pygame.image.load(os.path.join(IMAGE_FOLDER, "Enemy.png"))
```

IMG_ROAD와 같은 방식으로 IMG_PLAYER에는 Player.png라는 플레이어 자동차 이미지를, IMG_ENEMY에는 Enemy.png라는 적 자동차 이미지를 저장합니다. 이것으로 게임 표면에서 사용할 수 있는 이미지 3개를 모두 준비했습니다.

이번에는 새로운 개념인 스프라이트를 만들어 봅니다. 스프라이트는 일종의 이미지 객체로, 게임 화면에서 움직임 등을 표현할 때 사용합니다.

🏆 **새로운 용어**

스프라이트 컴퓨터 그래픽에서 **스프라이트**(sprite)란 큰 이미지 위에 놓인 2차원 이미지를 뜻합니다. 스프라이트는 표시하거나 숨길 수도 있고, 움직이거나 회전하거나 다양한 방식으로 변형할 수도 있습니다. 게임에서 애니메이션과 움직임 등을 만드는 데 필요한 핵심 요소입니다.

자동차는 움직여야 하므로 스프라이트로 만듭니다. 다음 코드는 플레이어 자동차를 스프라이트로 만듭니다.

```
# 플레이어 초기 위치 계산하기
h = IMG_ROAD.get_width()//2
v = IMG_ROAD.get_height() - (IMG_PLAYER.get_height()//2)
# player 스프라이트 만들기
player = pygame.sprite.Sprite()
player.image = IMG_PLAYER
player.surf = pygame.Surface(IMG_PLAYER.get_size())
player.rect = player.surf.get_rect(center = (h, v))
```

복잡해 보이지만 내용은 그다지 어렵지 않습니다. 스프라이트를 게임 표면에 둘 때는 위치를 정확하게 지정해야 합니다. 여기서는 아래쪽 가운데에 플레이어 자동차를 둘 것이므로 스프라이트의 가운데 위치를 계산한 다음, 이를 이용하여 배치합니다. 이 방식은 배경을 고정된 위치에 두는 것과는 다릅니다. 가운데 위치를 알려면 몇 가지 계산을 해야 하는데, 이 코드의 첫 두 줄이 이를 수행합니다.

- 가로 위치는 도로 넓이(게임 화면 크기)의 절반이므로 IMG_ROAD.get_width()//2를 h 변수에 저장합니다.
- 세로 위치를 계산할 때에는 요령이 조금 필요합니다. 도로 높이를 세로 위치로 사용하면 화면의 가장 아래에 중심이 오므로 자동차의 반만 표시하게 됩니다(위쪽 절반). 그러므로 화면 아래쪽에 플레이어 자동차 전체를 표시하려면 IMG_ROAD.get_height() - (IMG_PLAYER.get_height()//2) 코드로 화면 높이에서 자동차 높이의 반을 빼야 합니다. 그리고 이 결과를 v 변수에 저장합니다.

h는 horizontal, v는 vertical의 머리글자입니다.

다음 그림을 보면 플레이어 자동차의 위치를 알 수 있습니다.

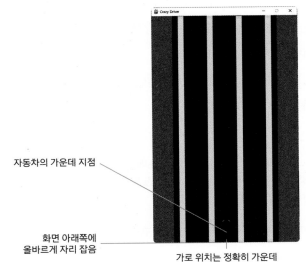

자동차의 가운데 지점

화면 아래쪽에
올바르게 자리 잡음

가로 위치는 정확히 가운데

이로써 가로 위치와 세로 위치를 저장한 변수 2개를 준비했습니다. 그다음으로 `player`라는 변수로 스프라이트를 만들고 방금 가져온 플레이어 자동차 이미지를 저장한 `IMG_PLAYER`를 지정합니다. 클래스를 초기화하는 코드와 비슷한데, 이는 `Sprite()`가 클래스를 만들기 때문입니다.

스프라이트 객체는 이미지 크기를 알아야 합니다. 하드 코딩보다는 배경 이미지의 크기에 따라 게임 화면을 설정했던 것처럼 `get_size()`를 이용하여 실제 이미지 크기를 구합니다. 마지막으로 스프라이트를 담을 직사각형을 정의합니다. 그리고 앞서 계산한 위치 변수 2개를 이용하여 원하는 게임 표면 위치에 둡니다.

적 자동차를 두는 것도 이와 비슷합니다.

```python
# 적 초기 위치 계산하기
hl = IMG_ENEMY.get_width()//2
hr = IMG_ROAD.get_width() - (IMG_ENEMY.get_width()//2)
h = random.randrange(hl, hr)
v = 0
# enemy 스프라이트 만들기
enemy = pygame.sprite.Sprite()
enemy.image = IMG_ENEMY
enemy.surf = pygame.Surface(IMG_ENEMY.get_size())
enemy.rect = enemy.surf.get_rect(center = (h, v))
```

적 자동차도 마찬가지로 스프라이트 위치부터 계산합니다. 여기에는 다음 계산이 필요합니다.

- 세로 위치는 계산하지 않아도 됩니다. 자동차의 반이 보이도록 적을 두면 되기 때문입니다. 즉, 적 자동차의 전체 모습은 플레이어를 향해 달려갈 때 나타납니다. v 변수가 세로 위치이므로 v = 0으로 설정합니다.
- 가로 위치는 좀 다릅니다. 가운데 두는 player 스프라이트와 달리 enemy 스프라이트는 무작위로 두면 됩니다. 알다시피 무작위로 숫자를 뽑으려면 범위의 최댓값과 최솟값이 필요합니다. 그러므로 가장 왼쪽 위치(범위 최솟값)를 계산하여 hl 변수에 저장하고, 가장 오른쪽 위치(범위 최댓값)를 계산하여 hr 변수에 저장합니다. 그다음에 randrange()를 이용하여 hl과 hr 사이의 무작위 숫자를 뽑아 h 변수에 저장합니다.

> hl은 horizontal left, hr은 horizontal right 의 머리글자입니다.

다음 그림을 보면 쉽게 알 수 있습니다.

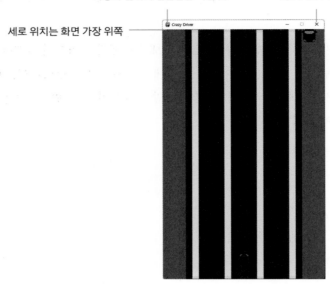

가장 왼쪽 위치는 왼쪽 끝에서
자동차 넓이의 절반만큼 더한 곳

가장 오른쪽 위치는 오른쪽 끝에서
자동차 넓이 절반만큼 뺀 곳

세로 위치는 화면 가장 위쪽

나머지 코드는 player 스프라이트 코드와 같으며 이미지만 적 자동차로 바꾸었습니다. 이로
써 사용할 스프라이트 2개를 준비했습니다.

마지막 차이점은 게임 루프 안에 있습니다.

```
# 플레이어 화면에 두기
screen.blit(player.image, player.rect)


# 적 화면에 두기
screen.blit(enemy.image, enemy.rect)
```

도로 이미지와 마찬가지로 플레이어 자동차와 적 자동차도 스프라이트 사각형에 지정한 스크린 위치로 블리트합니다. 이제 화면에는 이미지가 모두 3개 있습니다.

도전해 보세요

적 자동차를 바꿔 보세요

 Challenge 20.2.py

제공하는 적 자동차 이미지는 모두 3가지입니다. 이후 게임에 적 자동차 3개 모두 사용하겠지만, 지금은 이미지만 바꿔 보기 바랍니다. 코드를 수정하여 적 자동차 이미지 Enemy2.png나 Enemy3.png를 같은 방법으로 화면 위쪽에 놓아 보세요.

21장
표시한 자동차 움직이기

점점 게임다운 모습을 갖추어 갑니다. 그러나 아직은 이미지를 표시할 뿐 움직이지 않습니다.
이 장에서는 표시한 이미지에 움직임을 더해 봅니다.

21-1
적 움직이기

이제 게임 화면에는 배경 이미지와 플레이어 자동차, 위에서 무작위로 나타나는 적 자동차가 있습니다. 이제 적을 움직여 봅니다. 앞서 설명했듯이 적은 플레이어를 향해 달려와야 합니다. 적을 움직이려면 단순히 스프라이트를 아래로 움직이면 됩니다. 얼마나 빠르게 움직여야 할까요? 그건 여러분의 몫입니다. 매번 1픽셀씩 움직인다면 무척 느릴 것이고, 100픽셀씩 움직인다면 너무 빠를 겁니다. 여기서는 일단 매번 5픽셀씩 움직이도록 하고 게임 진행에 따라 점점 빠르게 움직이도록 합시다.

`Main.py` 파일을 열고 다음 코드를 게임 색상을 정의한 코드 앞이나 뒤에 추가하세요.

```
# 게임 변수 초기화하기
moveSpeed = 5
```

이 코드는 `moveSpeed`라는 변수를 5로 초기화하는데, 이 숫자는 한 번에 움직일 픽셀 수입니다. 이 변수를 이용하여 스프라이트를 움직입니다. 한 가지 알아 둘 것은, 이 변수는 바뀔 수 있다는 것입니다.

게임 루프로 가서 적을 화면에 블리트하는 코드를 찾으세요. 찾았다면 바로 뒤에 강조 표시한 다음 코드를 추가합니다.

```
# 적 화면에 두기
screen.blit(enemy.image, enemy.rect)

# 적을 아래쪽으로 움직이기
enemy.rect.move_ip(0, moveSpeed)          추가한 코드
```

`move_ip()`는 스프라이트를 움직이는 함수로, 이곳에는 인수 2개를 전달합니다. 첫 번째 인수는 수평으로 움직일 픽셀 숫자로, 수평으로는 움직이지 않으므로 0을 전달합니다. 두 번째 인

수는 수직으로 움직일 픽셀 숫자입니다. 이곳에는 5로 초기화한 moveSpeed를 전달하여 적이 5픽셀씩 움직이도록 합니다. 저장하고 실행하면 위쪽에서 무작위로 나타난 적 자동차가 플레이어 자동차를 향해 내려오는 모습을 볼 수 있습니다. 그런데 화면 아래 밖으로 나가 버리곤 끝이네요.

위, 아래, 오른쪽, 왼쪽 움직이기

여기서는 스프라이트를 수직 방향으로만 움직이고 수평 방향으로는 움직이지 않습니다. 물론 두 방향 모두 전달하면 대각선 방향으로 움직일 수 있습니다. 음수를 지정할 수도 있습니다. 예를 들어 첫 번째 인수로 –5를 전달하면 왼쪽으로 5픽셀, 두 번째 인수로 –5를 전달하면 위쪽으로 5픽셀 움직입니다.

이 문제를 어떻게 해결할까요? move_ip()는 코딩한 대로 적을 5픽셀씩 움직입니다. 스프라이트가 보이든 그렇지 않든 신경 쓰지 않습니다. 보이지 않는 공간으로 나가고 나서도 적은 계속 아래로 움직이고 있는 셈입니다. 화면 아래쪽으로 나간 적이 다시 위로 위치시켜, 자동차 하나가 지나가면 또 다른 자동차가 플레이어를 향해 마주 오는 것처럼 보이도록 만듭니다.

그러므로 이동하는 적의 위치를 확인하여 화면 밖으로 나갔는지 확인합니다. if문을 이용하면 간단하게 확인할 수 있습니다. 강조 표시한 다음 코드를 추가하세요.

```
# 적을 아래쪽으로 움직이기
enemy.rect.move_ip(0, moveSpeed)


# 화면 밖으로 나갔는지 확인하기
if (enemy.rect.bottom > IMG_ROAD.get_height()):      추가한 코드
    # 그렇다면 다시 위로 보내기
    enemy.rect.top = 0
```

코드를 실행하면 달려오던 적이 화면 바깥으로 나가자마자 이를 다시 위로 옮겨 계속 내려오도록 합니다. 이 코드의 원리는 무얼까요? 파이게임이 위치를 확인하는 데 사용하는 사각형으로 스프라이트를 감싼다는 것은 앞에서 배웠습니다. move_ip()를 호출할 때마다 파이게임은 이 사각형을 업데이트하여 enemy.rect에 정확한 enemy 스프라이트 위치를 저장합니다. 그중에 enemy.rect.bottom에는 enemy 스프라이트의 아래 위치를 저장합니다. 그리고 이 위치가 도로 이미지 크기를 벗어나는지 if문으로 확인합니다. 이미지 크기보다 크다면 밖으로 나갔다고 간주하고 다시 enemy.rect.top을 0으로 지정하여 화면 위로 옮깁니다. 간단하죠?

문제는 적이 다시 나타나는 화면 위쪽의 가로 위치가 항상 같다는 점입니다. 세로 위치와 달리 가로 위치는 변경하지 않았기 때문입니다. 이를 수정해 봅시다. 간단한 계산과 randrange()를 이용하면 적이 다시 출발하는 가로 위치를 무작위로 정할 수 있습니다. 맨 처음 적을 위쪽에 둘 때와 똑같습니다. 적을 위쪽으로 되돌리는 코드 enemy.rect.top = 0을 삭제하고 다음 코드로 대체합니다.

```
# 새로 무작위 위치 계산하기
hl = IMG_ENEMY.get_width()//2
hr = IMG_ROAD.get_width() - (IMG_ENEMY.get_width()//2)
h = random.randrange(hl, hr)
v = 0
# 화면에 두기
enemy.rect.center = (h, v)
```

이 코드는 처음 enemy 스프라이트 위치를 정하는 코드와 똑같습니다. randrange()를 이용하여 최댓값과 최솟값 사이의 무작위 값으로 가로 위치를 정하고, 세로 위치는 화면 맨 위를 가리키는 0으로 정합니다. 실행하면 이번에는 적 자동차가 화면 아래로 사라지면서 동시에 새로운 적 자동차가 위쪽에 무작위로 나타납니다.

적과 충돌하면 어떤 일이 일어날까요? 아직은 아무 일도 일어나지 않습니다. 심지어 플레이어를 움직일 수도 없습니다. 다음 절에서 플레이어를 움직이도록 수정하겠습니다.

알아 두면 좋아요!

중복 코드가 있는데요?

여러분이 무슨 생각을 하고 있는지 맞춰 볼까요? 지금까지 코드를 작성하면서 프로그래머는 중복 코드를 싫어한다고 거듭 이야기했는데, 적 위치를 다시 계산할 때 코드를 반복하고 말았습니다.

사실 지금 여기에서 만든 코드는 임시로 사용하는 것입니다. 23-3절에서 이 부분을 수정하여 여러 가지 적 이미지를 추가할 텐데, 그때 불필요한 코드를 정리하여 중복을 없애겠습니다. 여기서는 코드 확인을 위해 어쩔 수 없이 사용한 것이므로 예외라고 생각하세요. 거듭 말하지만, 원칙적으로 중복 코드는 없어야 합니다.

◉ 21-2
플레이어 움직이기

---

enemy 스프라이트는 프레임을 새로 고칠 때마다 화면 아래로 5픽셀씩 저절로 내려옵니다. 그러나 player 스프라이트는 플레이어가 명령을 할 때에만 움직여야 합니다.

이 게임은 플레이어가 오른쪽 또는 왼쪽을 이동할 때, 키보드의 오른쪽 화살표 키 →와 왼쪽 화살표 키 ←를 사용합니다. 그러므로 이 키를 눌렀는지 확인해야 합니다. 게임 루프에서 player 스프라이트를 블리트하는 부분을 찾아 바로 뒤에 강조 표시한 다음 코드를 추가합니다.

```
# 플레이어 화면에 두기
screen.blit(player.image, player.rect)

# 키보드를 눌렀을 때
keys = pygame.key.get_pressed()
# 왼쪽 화살표 키인지 확인하기
if keys[K_LEFT]:
    # 왼쪽으로 움직이기
    player.rect.move_ip(-moveSpeed, 0)
# 오른쪽 화살표 키인지 확인하기
if keys[K_RIGHT]:
    # 오른쪽으로 움직이기
    player.rect.move_ip(moveSpeed, 0)
```

key.get_pressed()는 사용할 수 있는 모든 키를 리스트로 반환하는데, 키를 누를 때는 True, 그렇지 않을 때는 False입니다. 반환한 리스트는 값을 확인할 수 있도록 keys라는 변수에 저장합니다. 그리고 keys[K_LEFT]가 True라면 ←를 눌렀다는 것을 알 수 있습니다.

알아 두면 좋아요!

키 조합을 확인하려면?

이미 살펴본 것처럼 key.get_pressed()는 누를 수 있는 모든 키를 True 또는 False로 설정한 리스트로 반환합니다. 이 게임에서는 →와 ←만 사용합니다. 그러나 다른 게임에서는 Ctrl + A 나 ← + ↑와 같은 키 조합이 필요할 수도 있습니다. 이럴 때에는 반환한 리스트에서 해당 키의 값을 동시에 조사하면 됩니다.

플레이어가 → 또는 ←를 누르면 어떻게 해야 할까요? 이때는 enemy 스프라이트를 움직였던 것처럼 move_ip() 함수를 이용하여 player 스프라이트를 움직이면 됩니다.

- →를 눌렀을 때는 오른쪽으로 5픽셀, 세로로 0픽셀 이동하는 player.rect.move_ip(moveSpeed, 0)을 실행합니다.

- ←를 눌렀을 때는 왼쪽으로 5픽셀 이동하도록 -moveSpeed를 지정합니다. 마이너스 기호를 썼다는 데 주목하세요. moveSpeed가 5이므로 -moveSpeed는 -5가 됩니다.

수정한 게임을 실행하면 플레이어를 오른쪽, 왼쪽으로 이동할 수 있습니다. 그런데 오른쪽으로 계속 움직이면 플레이어 자동차가 화면 밖으로 나가 버립니다. 즉, enemy가 밖으로 나갈 때와 같은 문제입니다. 어떻게 해야 할까요? 적일 때는 스프라이트를 다시 위쪽으로 옮겼습니다. 그러나 player 스프라이트에는 이렇게 할 수 없습니다. 그럼 player 스프라이트를 가운데로 옮기나요? 이것도 안 됩니다. 한쪽으로 나가면 다른 쪽에서 나타나는 팩맨 스타일을 적용하면 될까요?

가장 좋은 방법은 처음부터 player 스프라이트가 바깥으로 나가지 못하도록 하는 것입니다. 다음과 같이 if문으로 왼쪽 화살표 키를 확인합니다.

```
if keys[K_LEFT] and player.rect.left > 0:
```

이렇게 하면 if 구문은 ←를 눌렀는지, player 스프라이트의 left가 0보다 큰지 확인합니다. left가 0이라면 플레이어가 왼쪽 끝까지 이동했다는 뜻이므로 더 이상 움직이지 못하도록 합니다. 오른쪽 화살표 키는 어떻게 할까요? 마찬가지로 if문을 수정하면 됩니다.

```
if keys[K_RIGHT] and player.rect.right < IMG_ROAD.get_width():
```

이 코드는 player 사각형의 right가 도로 넓이(게임 화면 넓이)를 벗어나지 않았는지를 확인하고 화면을 벗어나지 못하게 합니다.

그러나 이것이 끝이 아닙니다. 프로그래머로서 이 코드가 어떻게 사용될지 모든 경우의 수를 생각해야 합니다. 보통은 일어나지 않겠지만 언젠가는 일어날지 모를 상황이 하나 있습니다.

플레이어가 →또는 ←를 누르면 player 스프라이트를 5픽셀씩 이동합니다. 그리고 화면 밖으로 벗어나지 않도록 했습니다. 그런데 현재 위치가 오른쪽 3픽셀 지점이라면 어떨까요? 이때 플레이어가 ←를 누르면 코드는 위치가 0보다 작은지 확인하고 그렇지 않다면 스프라이트를 이동합니다. 어디로 이동할까요? 3픽셀의 5픽셀 왼쪽은 −2픽셀이므로, 이는 자동차 이미지 일부가 화면 바깥으로 나갔다는 뜻입니다. 그리 바람직한 상황은 아니네요.

이를 방지하는 방법에는 여러 가지가 있습니다. 때에 따라서는 왼쪽으로 몇 픽셀 남았는지 확인하고 5보다 작은 픽셀을 이동할 수도 있습니다. 또는 player 스프라이트를 이동하되 너무 멀리 나간다면 이를 다시 밀어 넣을 수도 있습니다. 여기서는 두 번째 방법을 사용하여 혹시 있을지도 모를 상황에 대비합시다. 다음은 player 스프라이트 이동 부분을 업데이트한 코드입니다.

```
# 키보드를 눌렀을 때
keys = pygame.key.get_pressed()
# 왼쪽 화살표 키인지 확인하기
if keys[K_LEFT] and player.rect.left > 0:
    # 왼쪽으로 움직이기
    player.rect.move_ip(-moveSpeed, 0)
    # 너무 왼쪽으로 가지 않도록 하기
    if player.rect.left < 0:
        # 너무 갔다면 되돌리기
        player.rect.left = 0
# 오른쪽 화살표 키인지 확인하기
if keys[K_RIGHT] and player.rect.right < IMG_ROAD.get_width():
    # 오른쪽으로 움직이기
    player.rect.move_ip(moveSpeed, 0)
    # 너무 오른쪽으로 가지 않도록 하기
    if player.rect.right > IMG_ROAD.get_width():
        # 너무 갔다면 되돌리기
        player.rect.right = IMG_ROAD.get_width()
```

→또는 ←를 눌렀는지 확인하는 key.get_pressed()로 시작합니다. 왼쪽 화살표 키 ←를 눌렀으며 왼쪽으로 너무 가지 않았다면 move_ip()는 player 스프라이트를 왼쪽으로 5픽셀 이

동합니다. 이는 이전에 봤던 코드와 같습니다. 달라진 곳은 다음 줄입니다. if문을 이용하여 player 사각형의 왼쪽 끝이 0보다 작은지 확인하는데, 이는 너무 이동했다는 뜻입니다. 그렇다면 player.rect.left = 0로 설정하여 player 스프라이트를 왼쪽 끝에 맞춥니다.

오른쪽 화살표 키 →도 마찬가지입니다. player 스프라이트의 오른쪽 끝이 도로 너비보다 크다면 너무 멀리 이동한 것입니다. 이럴 때는 player.rect.right = IMG_ROAD.get_width()로 설정하여 오른쪽으로 이동할 수 있는 최댓값을 설정합니다.

이제 모든 자동차는 움직이며 갈 수 없는 곳으로는 이동할 수 없습니다.

알아 두면 좋아요!

게임 루프 마지막에서 화면을 업데이트하는 이유는?

자동차가 화면 밖으로 조금 나갔을 때 다시 밀려 들어오는 것이 플레이어가 보기에 이상하지 않을까요?

아니요, 전혀 이상하지 않습니다. 플레이어는 무슨 일이 있었는지도 모르기 때문입니다. 색을 바꾸거나 스프라이트를 추가·삭제하거나 아이템을 옮기는 등 화면을 다양하게 수정하더라도 플레이어는 이 변화를 보지 못합니다.

왜 그럴까요? 앞서 설명했듯이 파이게임은 pygame.display.update()를 호출할 때까지 화면 표시를 업데이트하지 않기 때문입니다. 이는 플레이어 모르게 스프라이트를 움직이고 조정하는 등 원하는 모든 것을 할 수 있다는 뜻입니다. 화면을 업데이트해야 비로소 이 변화를 볼 수 있습니다. 그리고 이것이 pygame.display.update()를 게임 루프 마지막에 둔 이유입니다.

도전해 보세요

게임 속도를 조절해 보세요   ⊞ Challenge 21.1.py

moveSpeed 변수를 이용하면 게임 속도를 조절할 수 있습니다. 이는 enemy 스프라이트가 한 번에 몇 픽셀을 전진하고, 화살표 키를 누를 때마다 player 스프라이트가 한 번에 몇 픽셀을 움직이는지를 결정합니다. 그럼 moveSpeed의 값을 바꿔 봅시다. 더 작거나 더 큰 숫자로 변경하여 이 값이 게임에 어떤 영향을 미치는지 확인해 봅니다.

도전해 보세요

키보드로 자동차를 움직여 보세요   ⊞ Challenge 21.2.py

→ 또는 ←를 이용하여 player 스프라이트를 움직였습니다. 그러나 반드시 이 화살표 키를 사용해야 하는 것은 아닙니다. 예를 들어 많은 게임에서 Ⓐ와 Ⓢ를 사용하는데, 이 게임에서도 Ⓐ와 Ⓢ를 사용하도록 수정해 보세요. K_a와 K_s를 확인하면 됩니다. 또는 화살표 키와 Ⓐ와 Ⓢ 모두 사용하여 ←나 Ⓐ를 누르면 왼쪽으로 이동하고, →나 Ⓢ를 누르면 오른쪽으로 이동하도록 해보세요.

if문에 and와 or를 같이 쓸 때는 괄호로 조건을 올바르게 묶어야 합니다.

22장
점수 기록하고
게임 난도 높이기

이로써 플레이할 수 있는 게임을 만들었습니다. 그러나 지금 상태는 영원히 지지도 이기지도 않는 게임이다 보니 그다지 재미없습니다.

이 장에서는 게임을 더욱 발전시켜 점수를 기록하고, 그에 따라 게임이 점점 어려워지도록 게임의 난도를 높여 보겠습니다.

◉ 22-1
게임 오버 처리하기

적이 여러분을 향해 돌진해 옵니다(아니면 여러분이 적을 향해 가는 건가요?). 그럼 좌우로 움직여 적을 피해야 합니다. 마주 오는 적과 충돌하면 어떻게 될까요? 지금은 아무 일도 일어나지 않지만, 적과 충돌하면 게임이 끝나야 합니다. 그리고 충돌을 탐지할 수 있어야 하는데, 이는 충돌이 일어나면 이를 처리해야 한다는 뜻입니다.

> **알아 두면 좋아요!**
>
> **충돌 탐지 이해하기**
>
> 이 게임에서 두 자동차가 만난다는 것은 충돌을 의미합니다. 그러나 이것이 충돌 탐지 자체를 뜻하는 것은 아닙니다. 게임 엔진에서 충돌 탐지란 객체의 경계가 겹치는지를 확인하는 과정을 말하며 이는 게임을 만들 때 아주 중요합니다.
>
> 예를 들어, 게임에서 폭탄을 떨어뜨렸을 때 이것이 목표물에 정확히 떨어졌는지를 알아야 합니다. 하지만 게임 엔진이 볼 때 중요한 것은 '떨어지는 동작'이 아니라 폭탄과 목표물의 위치가 겹친다는 것 즉, 접촉한다는 것입니다. 게임 엔진의 충돌 탐지 시스템은 사물이 서로 접촉했을 때를 판정하는데, 폭탄과 목표물의 경계가 겹쳤다면 이것을 충돌로 감지하고 게임 내에서 어떠한 변화가 생기도록 만들 수 있습니다.
>
> 파이게임을 사용하면 스프라이트 사각형이 겹치면 충돌이 일어난 것으로 봅니다. 물론 모양이 불규칙한 사물을 대상으로 충돌 탐지를 정교하게 수행하는 게임 엔진도 있습니다.

게임 코드 2곳을 수정하겠습니다. 충돌이 일어났을 때 실행할 코드부터 만듭시다. 먼저 사용자 정의 함수 GameOver()를 만듭니다. 여기서는 단순히 게임을 빠져나가는 것으로 합니다.

강조한 다음 코드를 Main.py 파일에 추가합니다. 사용자 정의 함수는 사용하기 전에 정의해야 하므로 이 함수는 게임 변수를 초기화한 후 본격적인 게임 구현이 이루어지는 코드 앞에 두어야 합니다.

```python
# 게임 끝내기 함수
def GameOver():
    # 게임 끝내기
    pygame.quit()      ◀ 추가한 코드
    sys.exit()
```

```
# 게임 시작은 이곳에서
# 파이게임 초기화하기
pygame.init()
```

이와 비슷한 코드는 이전에도 본 적이 있을 겁니다. 19장에서 게임을 중단하고자 메인 게임 루프 안에 사용한 적이 있습니다. 이 코드는 단순히 파이게임을 중지하고 운영체제 환경으로 돌아갑니다. 즉, GameOver()를 호출하면 게임은 끝납니다.

GameOver()를 호출하려면 다음 코드를 게임 루프에 추가합니다. 어디든 상관없지만, 스프라이트 움직임 다음에 두는 것이 좋습니다. 그러므로 QUIT 이벤트를 확인하는 코드 전후에 두면 됩니다. 먼저 충돌 탐지 기능을 추가해야 합니다. 코드는 생각보다 간단합니다.

```
# 충돌 확인하기
if pygame.sprite.collide_rect(player, enemy):
    # 충돌! 게임 오버
    GameOver()
```

> collide_rect() 함수로 플레이어와 적의 충돌을 탐지합니다.

테스트해 보면 마주 오는 자동차를 피하는 한 게임은 계속됩니다. 그러다 충돌하는 순간 게임은 끝날 수 있도록 collide_rect() 함수를 사용합니다. 이 함수에 두 객체를 인수로 전달하면 경계를 정의한 사각형을 비교합니다. 그리고 어떤 방식이든 두 사각형이 겹치는 순간, 이 함수는 True를 반환합니다. 물론 그렇지 않을 때는 False를 반환합니다.

여기서는 player와 enemy라는 스프라이트 2개를 collide_rect()에 전달했습니다. 마주 오는 자동차를 피하는 한 두 스프라이트가 겹치지 않으므로 충돌은 일어나지 않으며, 따라서 함수는 False를 반환합니다. 그러나 서로 부딪친다면 스프라이트가 겹치게 되고, 이 함수는 True를 반환합니다. 그러면 GameOver() 함수를 호출하여 게임을 끝냅니다.

이것이 게임 엔진의 장점입니다. 기본 내용만 갖추면 나머지는 게임 엔진이 알아서 처리합니다.

🎯 22-2

점수 기록하기

〈크레이지 드라이버〉 게임에서는 충돌하지 않고 마주 오는 차를 피하면 게임이 지속됩니다. 적 자동차를 피할 때마다 점수를 표시해서 게임을 좀 더 재미있게 꾸며 봅시다. 다음 3가지를 수정하면 됩니다.

- 점수를 기록하는 방법을 준비해야 합니다.
- 마주 오는 자동차를 피할 때마다 점수를 갱신해야 합니다.
- 점수를 표시할 방법이 필요합니다.

그럼 하나씩 살펴봅시다. 점수 기록은 간단합니다. 필요할 때마다 증가하는 변수만 있으면 되므로 기존 게임 변수에 변수 2개를 추가합니다.

```
# 게임 변수 초기화하기
moveSpeed = 5
maxSpeed = 10
score = 0
```

그럼 게임을 플레이하는 동안 점수는 어떻게 얻을까요? 마주 오는 자동차를 피할 때마다 늘리면 됩니다. 다른 말로 표현하면 마주 오는 자동차가 화면 맨 아래에 다다랐다면 피한 것으로 보고 점수를 늘립니다. 화면 맨 아래에 다다랐을 때 실행할 코드는 이미 있습니다. 게임 루프에 다음과 같은 if문이 있을 겁니다.

```
# 화면 밖으로 나갔는지 확인하기
if (enemy.rect.bottom > IMG_ROAD.get_height()):
```

if문 아래 코드는 enemy 스프라이트의 위치를 재설정합니다. 그리고 이 if문을 이용하면 점수를 늘릴 수 있습니다. 다음 코드를 if문 마지막에 추가합니다.

```
# 점수 업데이트하기
score += 1
```

이제 적 자동차가 화면 맨 아래에 다다를 때마다 다시 화면 위로 옮기고 score 변수를 1씩 늘립니다. 앞에서 배운 대로 score += 1은 score = score + 1을 간단히 한 표현입니다.

마지막으로 이 점수를 표시하는 일만 남았습니다. 처음 이 게임을 만들 때 다음과 같이 제목 표시줄을 설정했습니다.

```
# 제목 표시줄 설정하기
pygame.display.set_caption("Crazy Driver")
```

제목 표시줄은 언제든 업데이트할 수 있으므로 이를 이용해 점수를 표시하면 되겠죠?

다음 코드를 게임 루프에 추가합니다. 제목 표시줄은 화면 업데이트와 상관없으므로 이 코드는 게임 루프의 스프라이트 코드 앞에 두면 됩니다.

```
# 제목 표시줄 점수 업데이트하기
pygame.display.set_caption("Crazy Driver - Score " + str(score))
```

이 코드는 게임 루프를 반복할 때마다 제목 표시줄을 갱신합니다. 앞서 봤듯이 str(score)는 score를 문자열로 바꾸고 이를 제목 표시줄에 표시할 문자열을 만드는 데 이용합니다. 자동차를 피하기 전이라면 Crazy Driver - Score 0을 표시하고 점수가 변할 때마다 이를 갱신합니다. 실행하면 다음처럼 제목 표시줄에 점수를 함께 표시합니다.

22-3

점점 어렵게 만들기

플레이어 자동차가 적 자동차를 피할 때마다 점점 빨라지도록 해서 좀 더 도전할 만한 게임으로 만들어 봅시다. 게임 속도는 앞에서 moveSpeed 변수를 이용하여 조절했습니다. 처음에는 5로 초기화했으므로 게임을 시작하면 자동차는 한 번에 5픽셀씩 다가옵니다. player 스프라이트도 이와 비슷하게 좌우로 5픽셀씩 이동합니다.

그러므로 게임을 더 빠르게 진행하려면 moveSpeed 변수만 수정하면 됩니다. 적 자동차를 피할 때마다 점수가 올라가야 하므로 조금 전 score 변수를 늘렸던 if문 안에 필요한 코드를 두면 됩니다. 다음 코드를 score 증가 코드 바로 다음에 둡니다.

```
# 속도 올리기
moveSpeed += 1
```

그러면 적 자동차를 피할 때마다 속도가 빨라지는 것을 볼 수 있습니다. 어떤 원리일까요? moveSpeed는 5로 초기화했으나 적 자동차를 피하자마자 이 값은 6으로 늘어나므로 이제 마주 오는 자동차는 한 번에 6픽셀씩 움직이게 됩니다. 그다음은 7픽셀씩 이런 순서로 늘어납니다. 점점 빨라져 어느 순간에는 제대로 볼 수도 없을 만큼 빠르게 움직입니다. 이대로 괜찮을까요? 바라던 바라면 이것도 괜찮습니다. 그러나 여기서는 게임의 최대 속도를 제한하는 것이 좋을 듯합니다. 이것이 앞서 게임 변수에 다음 변수를 추가한 이유입니다.

```
maxSpeed = 10
```

그리고 moveSpeed가 maxSpeed보다 작을 때만 속도를 늘리도록 다음처럼 수정합니다. 바꿀 곳은 이것뿐입니다.

```
# 속도 올리기
if moveSpeed < maxSpeed:
    moveSpeed += 1
```

이로써 제법 플레이할 만한 게임을 만들었습니다. 자동차를 피할 때마다 점수와 속도는 올라갑니다. 그리고 충돌하면 게임은 끝납니다.

알아 두면 좋아요!

하드 코딩 없이 코딩하기

이 예제는 값을 하드 코딩하지 않은 좋은 예입니다. 앞에서 스프라이트 움직임을 추가하고자 move_ip() 함수를 호출할 때 하드 코딩한 값 5를 사용했습니다. 게임을 더 빠르게 진행할 필요가 없다면 이렇게 해도 괜찮습니다. 그러나 값을 하드 코딩하면 게임을 빠르게 만들기가 번거롭습니다. 설령 지금 당장 필요 없다 싶어도 게임 속도를 저장할 변수를 미리 만들어 두면 이후 기능을 수정하거나 추가하기가 쉬워집니다.

나만의 게임 만들기

코드를 이곳저곳 수정해 보세요. 예를 들어 score를 0.5씩 늘려 게임 빠르기 증가 속도를 좀 더 천천히 할 수도 있고, score를 moveSpeed *= 1.1로 설정하여 속도를 기하급수로 늘릴 수도 있습니다. 또는 maxSpeed를 다른 값으로 바꾸거나 maxSpeed 자체를 없앨 수도 있습니다. 단, 게임이 지나치게 빨라지면 이동하는 픽셀이 플레이어 자동차 높이보다 커져서 충돌하지 않고 점프해 버릴 수도 있다는 점에 주의해야 합니다.

도전해 보세요

어려울수록 점수가 높아지도록 해보세요   Challenge 22.1.py

게임이 빨라져 어려워질수록 그만큼 오래 플레이한 것이 됩니다. 그러나 아무리 자동차를 피하더라도 점수는 1로 고정입니다. 이를 수정하여 속도가 2배(여기서는 최고 속도와 같음)이면 얻는 점수도 적 자동차를 피할 때마다 2점이 되도록 해봅시다.

23장
게임 마무리하기

이로써 〈크레이지 드라이버〉 게임의 모든 기능을 갖추었습니다. 이 장에서는 마무리 작업으로 게임을 더 빛나게 해 보겠습니다.

게임 경험을 향상하고자 많은 부분을 업그레이드합니다. 'Game Over!' 화면을 추가하고 게임을 일시 정지할 수 있도록 합니다. 아울러 무작위로 더 많은 적을 나타나게 하고 얼음덩어리도 추가해 봅니다.

◎ 23-1
게임 오버 완성하기

게임이 끝날 때는 아무 메시지도 없이 창만 닫힙니다. 점수조차 확인할 수 없습니다. 앞에서 게임을 끝낼 때 호출하는 GameOver() 함수를 만들었으나 지금은 게임을 끝내는 것이 전부입니다.

```
# 게임 끝내기 함수
def GameOver():
    # 게임 끝내기
    pygame.quit()
    sys.exit()
```

여기서는 GameOver() 함수를 업데이트하여 게임을 끝내기 전에 다음 메시지를 표시해 보겠습니다.

그러려면 time 라이브러리에 있는 sleep() 함수를 이용하여 게임을 몇 초간 정지해야 합니다. 먼저 import문을 수정합니다.

```
# 불러오기
import sys, os, random, time
import pygame
from pygame.locals import *
```

파이게임으로 텍스트를 표시하려면 print() 함수가 아니라 그래픽 화면에 무언가를 표시하려면 이를 블리트할 수 있는 그래픽으로 바꿔야 합니다. 그리고 글꼴과 크기를 지정해야 합니다. 먼저 두 줄을 코드의 변수 선언 부분에 추가합시다.

```
textFonts = ['comicsansms', 'arial']
textSize = 48
```

textFonts는 텍스트를 표시하는 데 사용할 여러 글꼴을 정의한 리스트입니다. 파이게임에서는 컴퓨터에 설치된 모든 글꼴을 사용할 수 있습니다. 여기서는 〈크레이지 드라이버〉 게임과 잘 어울리는 Comic Sans 글꼴(comicsansms)을 사용합니다. 그런데 Comic Sans 글꼴이 설치되지 않은 컴퓨터에서 이 게임을 실행하면 어떻게 될까요? 이럴 때는 글꼴이 깨져 표시됩니다. 이에 대비하고자 컴퓨터 대부분에 기본으로 설치된 Arial 글꼴(arial)을 추가로 지정했습니다. 파이게임은 리스트에 있는 글꼴을 순서대로 시도하므로 comicsansms가 있다면 이를 이용합니다. 그러나 이 글꼴이 없다면 대비책으로 지정한 arial 글꼴을 이용합니다.

textSize는 글꼴 크기를 말합니다. 지금까지 살펴본 내용을 적용한 GameOver() 함수는 다음과 같습니다.

```
# GameOver 함수
# 메시지를 표시하고 정리하기
def GameOver():
    # 게임 끝내기 문자열 만들기
    fontGameOver = pygame.font.SysFont(textFonts, textSize)
    textGameOver = fontGameOver.render("Game Over!", True, RED)
    rectGameOver = textGameOver.get_rect()
    rectGameOver.center = (IMG_ROAD.get_width()//2,
                           IMG_ROAD.get_height()//2)
```

```
# 검은색 배경에 게임 오버 메시지 출력하기
screen.fill(BLACK)
screen.blit(textGameOver, rectGameOver)
# 출력 업데이트하기
pygame.display.update()
# 객체 없애기
player.kill()
enemy.kill()
# 일시 정지하기
time.sleep(5)
# 게임 끝내기
pygame.quit()
sys.exit()
```

> 파이썬은 이 코드가 없더라도 스스로 객체를 정리합니다.

이제는 자동차가 충돌할 때 검은색 배경에 빨간 글씨로 'Game Over!' 메시지를 표시합니다.

그럼 코드를 살펴봅시다. 먼저 `fontGameOver`라는 이름으로 글꼴 객체를 만들고 여기에 글꼴 이름과 크기 변수를 전달합니다. 그리고 `render()` 함수를 이용하여 `textGameOver`라는 이름의 새로운 게임 표면에 텍스트를 그립니다. `render()` 함수에는 그릴 텍스트, 글꼴 테두리를 부드럽게 표시하도록 안티에일리어싱 플래그 `True`와 앞서 정의해 둔 **RED**로 설정한 글꼴 색을 전달합니다. `render()`에는 글꼴 배경색도 전달할 수 있으나 여기서는 전체 창을 배경색으로 사용하고자 전달하지 않았습니다.

🏆 새로운 용어

안티에일리어싱 픽셀을 이용하여 선을 그으면 모서리가 울퉁불퉁해 보입니다. 텍스트를 그릴 때도 마찬가지입니다. 이런 모서리를 부드럽게 보이도록 하는 기술이 **안티에일리어싱**(antialiasing)입니다.

이미지나 스프라이트 객체 때와 마찬가지로 객체 사각형을 얻고 크기를 설정합니다. 자동차, 배경과 마찬가지로 그린 텍스트를 블리트하려면 이 과정이 필요합니다. 19장에서 한 것처럼 `fill()` 함수를 이용하여 검은색으로 채운 배경 화면에 텍스트 객체를 블리트합니다. 그리고 배경과 텍스트를 표시하도록 `display.update()`를 이용하여 화면을 업데이트합니다. 마지막으로 앞에서 만들었던 `player`와 `enemy` 스프라이트를 없애 화면을 정리합니다.

'Game Over!' 텍스트는 5초간 표시할 것이므로 다음처럼 sleep() 함수를 이용하여 게임을 일시 정지합니다. 그리고 파이게임을 빠져나옵니다.

```
# 일시 정지하기
time.sleep(5)
```

◎ 23-2
게임 일시 정지하기

게임을 하다가 잠시 숨을 돌릴 수 있도록 '일시 정지' 기능을 갖추기도 합니다. 어떻게 해야 할까요? moveSpeed를 0으로 설정하여 아무것도 움직이지 않도록 하면 일시 정지 효과를 만들 수 있습니다. 여기서 요령은 moveSpeed를 0으로 설정하여 일시 정지할 때 게임을 되돌릴 수 있도록 그전 속도를 기억해야 한다는 점입니다.

스페이스바 키 ⎡Space bar⎤를 사용하여 일시 정지하도록 코드를 추가해 봅시다. 즉, ⎡Space bar⎤를 누른 채로 있으면 게임은 일시 정지하고 손을 떼면 다시 실행합니다. 다음과 같이 paused라는 게임 변수를 만들고 이를 False로 초기화하면 되는데, 이는 게임이 일시 정지인지를 확인할 때 사용하는 변수입니다.

```
paused = False
```

이제 게임 루프를 수정합시다. ⎡Space bar⎤를 누르고 있으면 모든 움직임을 멈추고, 일시 정지 상태에서는 ⎡←⎤ 또는 ⎡→⎤를 무시합니다. 일시 정지 상태에서 플레이어 자동차를 움직여 마주 오는 적 자동차를 피하는 꼼수를 사용해서는 안 되니까요. 다음과 같이 키보드 입력을 처리하는 코드를 수정합니다.

```
# 키보드를 눌렀을 때
keys = pygame.key.get_pressed()

# 일시 정지인지?
if paused:
    # 스페이스 키 확인하기
    if not keys[K_SPACE]:    일시 정지일 때 스페이스 키에서 손을 떼면 게임을 계속합니다.
```

```
            # 일시 정지 끄기
            # 이전 속도로 되돌리기
            moveSpeed = tempSpeed
            # 일시 정지 아니라고 표시하기
            paused = False
    else:
        # 왼쪽 화살표 키인지 확인하기
        if keys[K_LEFT] and player.rect.left > 0:
            # 왼쪽으로 움직이기
            player.rect.move_ip(-moveSpeed, 0)
            # 너무 왼쪽으로 가지 않도록 하기
            if player.rect.left < 0:
                # 너무 갔다면 되돌리기
                player.rect.left = 0
        # 오른쪽 화살표 키인지 확인하기
        if keys[K_RIGHT] and player.rect.right < IMG_ROAD.get_width():
            # 오른쪽으로 움직이기
            player.rect.move_ip(moveSpeed, 0)
            # 너무 오른쪽으로 가지 않도록 하기
            if player.rect.right > IMG_ROAD.get_width():
                # 너무 갔다면 되돌리기
                player.rect.right = IMG_ROAD.get_width()
        # 스페이스 키 확인하기
        if keys[K_SPACE]:
            # 일시 정지 켜기
            # 게임 속도 저장하기
            tempSpeed = moveSpeed
            # 속도를 0으로 설정하기
            moveSpeed = 0
            # 일시 정지 중이라 표시하기
            paused = True
```

Space bar 를 누르면 게임이 일시 정지하고 키에서 손을 떼면 다시 플레이를 진행합니다. 이 코드는 먼저 게임이 일시 정지인지를 확인합니다. paused가 True일 때 코드가 반응하는 유일한 키는 스페이스(K_SPACE)입니다. keys[K_SPACE]가 False라면 스페이스 키에서 손을 뗀 것이므로 moveSpeed를 원래 속도로 되돌리고 paused는 False로 설정합니다.

일시 정지 상태가 아니라면 이전과 마찬가지로 게임은 계속됩니다. ← 또는 →를 눌렀는지 확인하고 이에 따라 플레이어를 이동합니다. 그리고 Space bar 를 눌렀는지 확인합니다. 누른 상태라면 일시 정지가 끝나고 나서 게임을 복원할 수 있도록 현재 moveSpeed를 임시 변수 tempSpeed에 저장하고, moveSpeed는 0으로, paused는 True로 설정합니다. 이것이 일시 정지 기능의 원리입니다.

> **도전해 보세요**
>
> ### 속도로 정지를 판단해 보세요   🖼 Challenge 23.1.py
>
> 여기서는 게임이 일시 정지 상태인지를 확인하고자 paused 변수를 사용했습니다. 즉, True이면 게임을 일시 정지한 상태이고, False이면 게임을 진행하는 상태입니다. 그런데 이럴 필요가 있을까요? 앞에서 본 대로 moveSpeed를 이용해 일시 정지 상태인지를 확인하면 되기 때문입니다. moveSpeed가 0이면 일시 정지를 뜻합니다. 그러므로 코드를 수정하여 paused 변수를 없애고 moveSpeed 변수를 이용하여 게임을 일시 정지하거나 다시 시작하도록 해보세요.

23-3
다양한 적 등장시키기

개선할 점이 하나 더 있습니다. 적 이미지가 똑같아서 조금 지루해 보입니다. 여러 종류의 적이 무작위로 등장한다면 훨씬 더 재미있을 것입니다. 또 적의 크기가 다양하다면 게임 플레이가 더 흥미롭고 박진감이 들겠죠.

이렇게 하려면 자동차의 종류가 다양해야 하므로 여기서는 3가지 자동차 이미지를 사용하겠습니다. 적이 여러 개 나타나도록 코드를 수정하기는 그리 어렵지 않습니다. 이미 앞에서 대부분 해보았기 때문입니다. 그러나 한 가지 다른 점이 있습니다. 여기서는 이 수정 내용을 살펴보고자 합니다. 물론 이전처럼 내려받은 코드를 참고해도 됩니다.

이 게임에서는 항상 사용할 수 있도록 게임 루프 앞에 enemy 스프라이트를 만들었습니다. 이제 이 부분을 변경하여 필요할 때마다 enemy 스프라이트를 만들거나 없앨 수 있도록 합니다. 그러려면 먼저 어떤 적 캐릭터가 있는지 확인하는 방법이 필요하므로 다음 게임 변수를 추가합니다.

```
eNum = -1
```

eNum은 활동하는 적 번호를 저장한 변수로, 0이면 첫 번째 적이고 1이면 두 번째 적이 됩니다. 즉, 0 이상의 값이면 유효한 적이므로 이에 해당하지 않는 -1을 사용하여 적이 없음을 나타냅니다. 다음으로 적 이미지를 가져옵니다. 지금은 한 가지만 불러온 상태입니다.

```
IMG_ENEMY = pygame.image.load(os.path.join(IMAGE_FOLDER, "Enemy.png"))
```

이제 이 코드는 지웁니다. 혹시 코드를 지우는 게 걱정되면 주석 처리해도 됩니다.

알아두면 좋아요!

코드 주석 처리하기

코드를 지우는 대신 다음처럼 맨 앞에 # 기호를 추가하여 해당 줄을 주석 처리할 수도 있습니다.

IMG_ENEMY = pygame.image.load(os.path.join(IMAGE_FOLDER, "Enemy.png"))

이렇게 하면 필요할 때 # 기호만 지우면 코드를 쉽게 되돌릴 수 있습니다. 테스트를 마치면 필요 없는 코드는 지우는 게 좋습니다.

IMG_ENEMY는 이미지 하나를 가져와 저장하는 단순한 변수였으나 이제 더 이상 그렇게 사용하지 않습니다. 여기서는 이미지를 여러 개 사용하므로 이를 리스트 자료형으로 바꿉니다. 다음 코드로 이 부분을 대체합시다.

```python
IMG_ENEMIES = []
IMG_ENEMIES.append(pygame.image.load(os.path.join(IMAGE_FOLDER, "Enemy.png")))
IMG_ENEMIES.append(pygame.image.load(os.path.join(IMAGE_FOLDER, "Enemy2.png")))
IMG_ENEMIES.append(pygame.image.load(os.path.join(IMAGE_FOLDER, "Enemy3.png")))
```

IMG_ENEMY 변수를 복수를 뜻하는 IMG_ENEMIES라는 변수로 바꾸었습니다. 처음에는 다음과 같이 빈 리스트로 시작합니다.

```python
IMG_ENEMIES = []
```

그리고 6장에서 살펴본 append() 함수를 이용하여 이미지 3개를 추가합니다. 이번에는 용기를 내어 더 많은 코드를 지워 봅시다. 이전에는 메인 게임 루프 앞에서 player와 enemy 스프라이트를 만들었습니다. 적 시작 위치와 스프라이트 관련 코드는 다음과 같았습니다.

```python
# 적
# 적 초기 위치 계산하기
hl = IMG_ENEMY.get_width()//2
hr = IMG_ROAD.get_width() - (IMG_ENEMY.get_width()//2)
h = random.randrange(hl, hr)
v = 0
# enemy 스프라이트 만들기
enemy = pygame.sprite.Sprite()
enemy.image = IMG_ENEMY
enemy.surf = pygame.Surface(IMG_ENEMY.get_size())
enemy.rect = enemy.surf.get_rect(center = (h, v))
```

이 코드 덩어리는 더는 필요 없으므로 지웁시다. 모두 지웠다면 다음 코드를 게임 루프 안에 넣어 enemy 스프라이트를 만듭니다. player 스프라이트를 블리트하는 코드 바로 뒤에 두면 됩니다.

```python
# 적이 있는지 확인하기
if eNum == -1:
    # 무작위로 적 발생시키기
    eNum = random.randrange(0, len(IMG_ENEMIES))
    # 적 초기 위치 계산하기
    hl = IMG_ENEMIES[eNum].get_width()//2
    hr = IMG_ROAD.get_width()-(IMG_ENEMIES[eNum].get_width()//2)
    h = random.randrange(hl, hr)
    v = 0
    # enemy 스프라이트 만들기
    enemy = pygame.sprite.Sprite()
    enemy.image = IMG_ENEMIES[eNum]
    enemy.surf = pygame.Surface(IMG_ENEMIES[eNum].get_size())
    enemy.rect = enemy.surf.get_rect(center = (h, v))
```

적이 없을 때만 새로운 적을 만듭니다. 이 코드는 if문을 사용하여 적이 있는지를 확인합니다. eNum이 -1이라면 적이 없다는 뜻이므로 새로운 적이 필요합니다. 적을 만들 때는 다음처럼 무작위로 하나를 고릅니다.

```python
# 무작위로 적 발생시키기
eNum = random.randrange(0, len(IMG_ENEMIES))
```

이 코드는 익숙한 randrange() 함수를 이용하여 0과 len(IMG_ENEMIES) 사이의 값 중에서 하나를 반환하고 이를 eNum에 저장합니다. IMG_ENEMIES에는 적이 3개이므로 eNum은 0, 1, 2 중에 하나입니다. 이것이 적이 없다는 것을 나타내는 데 -1을 쓴 이유입니다.

나머지 코드는 이전과 같으나 IMG_ENEMY를 IMG_ENEMIES[eNum]으로 바꾸어 변수의 값이 아닌 리스트 요소에 접근하도록 한 부분이 다릅니다. 이렇게 하면 무작위로 적을 선택할 수 있습니다. 무작위로 만든 적 역시 이름은 enemy입니다. 이렇게 하면 적을 움직이고 충돌을 탐지하는 나머지 코드는 수정하지 않고 그대로 사용할 수 있습니다.

그러나 마지막으로 한 가지는 수정해야 합니다. enemy 스프라이트가 화면 맨 아래에 도달하면 어떻게 될까요? 앞에서는 위쪽 무작위 위치로 되돌렸지만, 이번에는 이 부분을 수정하여 새로운 적이 나타나도록 합니다. if문으로 시작하는 다음 코드를 찾으세요.

```
if (enemy.rect.bottom > IMG_ROAD.get_height()):
```

enemy 스프라이트를 이동하는 모든 코드를 지우고 다음 코드로 대체합니다.

```
# 화면 밖으로 나갔는지 확인하기
if (enemy.rect.bottom > IMG_ROAD.get_height()):
    # enemy 객체 없애기
    enemy.kill()
    # 적 없음
    eNum = -1
    # 점수 올리기
    score += 1
    # 속도 올리기
    moveSpeed += 1
    # 속도 올리기
    if moveSpeed < maxSpeed:
        moveSpeed += 1
```

적이 맨 아래에 도달하면 이번에는 위로 다시 올릴 필요 없이 다음처럼 객체를 없애기만 하면 됩니다.

```
# enemy 객체 없애기
enemy.kill()
```

그리고 eNum을 -1로 되돌립니다.

```
# 적 없음
eNum = -1
```

알아두면
좋아요!

용도에 따라 불 자료형 변수와 숫자형 변수 사용하기

코드에서는 적이 있는지를 확인해야 합니다. 여기서는 eNum 변수를 이용하여 추적합니다. -1
은 적이 없다는 뜻이고 그 외 값은 사용할 적의 인덱스 번호입니다. 꼭 이렇게 해야 할까요?
불 자료형 플래그를 이용하여 적이 있으면 True를 설정하고 없으면 False로 설정하면 안 될
까요? 이렇게 하는 편이 더 간단해 보이기도 합니다.

맞습니다. 그렇게 하면 코드도 간단합니다. 그러나 프로그래머는 앞으로 일어날 일을 준비해야
합니다. 즉, 다음 업그레이드에서는 적이 있는지뿐만 아니라 정확히 어떤 적인지를 알아야 할
때도 있습니다. 그래서 앞날을 내다보고 불 자료형이 아닌 숫자형 변수를 선택했던 것입니다.

이것으로 끝입니다. 게임 루프에서는 eNum이 -1인지를 확인하고 앞서 만든 코드로 새로운
enemy 스프라이트를 무작위로 만듭니다. 참, 21-1절 마지막에서 약속했던 대로 적 위치를 계
산할 때 반복했던 코드도 이제는 모두 없앴습니다.

도전해 보세요

더 많은 자동차를 추가해 보세요

Challenge 23.2.py

이 게임에 자동차를 추가해 봅시다. PNG 파일을 직접 만들거나 인터넷에서 찾아 이를 Images 폴더
에 넣고 IMG_ENEMIES 리스트에 추가하세요.

23-4

장애물 만들기

플레이어는 자동차뿐만 아니라 다른 장애물들을 만날 수도 있습니다. 예를 들어 다음 그림처럼 도로에 무작위로 얼음덩어리가 굴러다니게 해볼까요?

얼음덩어리와 충돌하면 게임 속도가 시작할 때로 되돌아 갔다가 다시 빨라지게 해보겠습니다. 플레이어는 게임을 오랫동안 하려고 얼음덩어리와 충돌하려고 할 것입니다. 현재까지 만든 코드에 얼음덩어리를 추가하는 일은 간단합니다. 다음과 같이 적 이미지 리스트에 얼음덩어리를 추가합니다.

```
IMG_ENEMIES.append(pygame.image.load(os.path.
join(IMAGE_FOLDER, "IceCube.png")))
```

이로써 이미지 4개를 가져왔습니다. 이 상태로 게임을 실행하면 얼음덩어리는 화면에 나오지만 다른 적 자동차와 마찬가지로 충돌하면 게임이 끝납니다. 왜냐하면 충돌 탐지는 적 종류를 구분하지 않기 때문입니다. 플레이어 자동차가 얼음덩어리와 충돌해도 게임이 끝나지 않도록 수정해 봅시다. 먼저 다음 게임 변수를 변경해야 합니다.

```
moveSpeed = 5
```

이 코드를 다음과 같이 바꿉니다.

```
startSpeed = 5
moveSpeed = startSpeed
```

moveSpeed는 게임 진행에 따라 증가합니다. 얼음덩어리와 충돌하면 moveSpeed를 원래 속도로 되돌려야 하므로 여기서처럼 원래 속도를 저장할 겁니다.

한 가지 더 수정해야 합니다. 충돌 탐지 부분 코드를 찾으세요.

```
# 충돌 확인하기
if pygame.sprite.collide_rect(player, enemy):
    # 충돌! 게임 오버
    GameOver()
```

어떤 충돌이든 발생하면 GameOver() 함수를 실행하는 간단한 코드입니다. 그러나 얼음덩어리일 때는 다르게 처리해야 하므로 다음과 같이 업데이트합니다.

```
# 충돌 확인하기
if eNum >= 0 and pygame.sprite.collide_rect(player, enemy):
    # 적 번호가 3인지?
    if eNum == 3:
        # 얼음덩어리라면 속도 되돌리기
        moveSpeed = startSpeed
    else:
        # 충돌! 게임 오버
        GameOver()
```

이제 코드는 적일 때만, 즉 eNum이 0 이상일 때만 충돌을 확인합니다. 충돌이 발생했을 때 3번 적(리스트는 0부터 시작하므로 4번째 요소)이라면 이는 얼음덩어리이므로 게임 속도를 처음으로 되돌립니다.

실행하면 이전과 마찬가지로 적 자동차를 피할수록 게임은 빨라집니다. 그러나 얼음덩어리와 충돌하면 원래 속도로 되돌아갑니다. 물론 얼음덩어리를 피하면 아무 일도 일어나지 않습니다.

24장
그래픽 게임 업그레이드하기

지금까지 재미있고 다양한 기능을 갖춘 그래픽 게임을 만들었습니다. 그러나 프로그래머는 자신이 만든 결과물에 만족하지 않고 항상 새로운 무언가를 찾습니다.
이 장에서는 다음 단계로 넘어가는 데 필요한 몇 가지 아이디어와 함께 무엇부터 시작하면 되는지 힌트를 제시하고자 합니다. 또한 〈크레이지 드라이버〉 게임을 업그레이드하는 데 도움이 될 만한 아이디어와 함께 앞으로 나아가려면 무엇이 더 필요할지도 함께 제안합니다.

◎ 24-1
스플래시 화면 만들기

지금은 실행하자마자 〈드라이버 크레이지〉 게임을 시작합니다. 소개 글도, 경고 글도, 시작 버튼도 없습니다. 그러나 게임은 대부분 처음에 게임 이름과 함께 키 사용법 등의 소개 글과 제작자를 표시한 스플래시 화면을 둡니다. 물론 제작자는 여러분입니다.

그럼 스플래시 화면은 어떻게 만들까요? 시작할 때 `GameOver()` 함수를 이용하면 됩니다. `GameOver()` 함수에 스플래시 화면을 만들고 메인 게임 루프를 시작하기 전에 호출합니다. 똑같은 검은색 배경을 그대로 쓸 수도 있지만 다른 색을 써도 됩니다. 또는 게임 배경인 도로 이미지를 사용할 수도 있습니다.

그리고 스플래시 화면이 어떻게 사라지면서 게임을 시작할 것인가를 정합니다. 'Game Over!' 화면과 같이 일정 시간 정지 상태로 할지, 또는 키보드나 마우스 버튼을 눌러 게임을 시작할지 무엇이든 좋지만 방법은 정해야 합니다. 어떻게 하면 될지 감이 잡히나요?

24-2
점수와 최고 득점 표시하기

'Game Over!' 화면은 게임이 끝났다는 메시지만 표시하므로 좀 밋밋해 보입니다. 다음 그림처럼 적어도 점수 정도는 함께 표시하는 게 좋겠죠?

파이게임은 텍스트를 줄 바꿈 하여 표시할 수 없으므로 텍스트를 만들 두 번째 객체가 필요합니다. 그러므로 SysFont(), render(), get_rect() 등이 하나씩 더 필요합니다. 그리고 새로운 텍스트를 화면에 블리트합니다. GameOver() 함수를 정의한 부분에서 해당 코드 블록을 복사하고 객체 이름을 fontGameOver2, textGameOver2 로 바꿉니다. 이때 글꼴 크기와 함께 표시 위치도 조정하여 서로 겹쳐서 출력되지 않도록 합니다.

```
# GameOver 함수
# 메시지를 표시하고 정리하기
def GameOver():
    # 게임 끝내기 문자열 만들기
    (... 생략 ...)
    fontGameOver2 = pygame.font.SysFont(textFonts, textSize//2)
    textGameOver2 = fontGameOver2.render("Score " + str(score), True, RED)
    rectGameOver2 = textGameOver2.get_rect()
    rectGameOver2.center = (IMG_ROAD.get_width()//2,
                    IMG_ROAD.get_height()//2 + 80)

    # 검은색 배경에 게임 오버 메시지 출력하기
    (... 생략 ...)
    screen.blit(textGameOver2, rectGameOver2)
```

이렇게 점수도 함께 표시하면 종료 화면을 좀 더 완성도 있게 만들 수 있습니다.

이뿐만 아니라 다음과 같이 최고 득점도 함께 표시한다면 더 멋질 겁니다.

최고 득점은 다음 순서대로 구현하면 됩니다.

1. 플레이어가 게임을 시작합니다.

2. 게임이 끝나면 이전에 저장한 최고 득점을 확인합니다.

3. 저장한 최고 득점이 없다면 현재 게임 점수가 최고 득점이 됩니다.

4. 저장한 최고 득점이 있다면 이를 세이브 파일에서 읽어 현재 게임 점수와 비교합니다. 저장한 최고 득점보다 현재 게임 점수가 높다면 새로운 최고 득점이 됩니다.

5. 최고 득점을 화면에 표시합니다.

6. 다음 게임에서 사용할 수 있도록 최고 득점을 세이브 파일에 저장합니다.

최고 득점을 표시하는 방법은 현재 점수를 표시하는 것과 비슷합니다. 새로운 글꼴과 객체를 이용하여 화면에 그릴 텍스트를 만들면 됩니다. 게임 상태를 저장한 세이브 파일은 어떻게 읽어야 할까요? 18-5절을 참고해 이 문제를 해결해 봅시다.

◉ 24-3

기름 웅덩이에 미끄러지기

23장에서는 얼음덩어리를 이용하여 게임 속도를 처음으로 되돌리도록 했습니다. 이번에는 기름 웅덩이를 추가해 봅시다. 필자가 제공한 이미지 중 Oil.png라는 파일을 사용하겠습니다. 사용하는 방법은 다음과 같습니다.

- 적 리스트에 Oil.png 파일을 추가합니다. 얼음덩어리 다음에 추가한다면 요소 인덱스는 4가 됩니다.
- 충돌을 탐지하는 코드에서 eNum == 4(플레이어가 기름 웅덩이에 미끄러짐을 의미)인지 확인하고 어떤 결과가 나타나도록 합니다.

기름 웅덩이에 미끄러졌을 때 무엇을 할 것인지는 여러분 마음입니다. 예를 들어 보겠습니다.

- 플레이어를 무작위로 오른쪽이나 왼쪽으로 몇 픽셀 이동할 수도 있습니다. 얼마나 이동할 것인지 역시 무작위로 정할 수 있습니다.
- 몇 초 동안 ←와 →가 작동하지 않도록 할 수도 있습니다.

- 방향 키를 반대로 바꾸어 ←를 누르면 오른쪽으로, →를 누르면 왼쪽으로 이동하도록 할 수도 있습니다.
- 자동차 창에 기름이 튄 것처럼 몇 초 동안 전체 화면을 검게 표시할 수도 있습니다.

그리고 얼음덩어리와 기름을 피해도 점수가 쌓이고 속도도 빨라집니다. 모든 적을 피할 때마다 점수가 올라가는 게 아니라 적 자동차일 때에만 득점하도록 제어할 수도 있습니다. 적 자동차와 충돌할 때에만 점수와 속도를 변경하고 싶다면 if문과 필요한 코드를 충돌 탐지 코드 안에 넣으면 됩니다.

⊚ 24-4
한 번에 여러 적 등장시키기

이 게임에서는 적이 한 번에 하나씩 나타납니다. 게임이 어려워지려면 여러 적이 동시에 나타나게 해야 합니다. 도로 곳곳에서 서로 다른 시간에 말이죠. 모든 적으로부터 피하기란 쉬운 일이 아닙니다. 이렇게 하려면 과정이 조금 복잡한데, 여기에서는 참고할 내용과 요령만 소개합니다. 앞에서 배운 내용을 복습한다는 생각으로 여러분 스스로 코드를 수정해 보세요.

- 먼저 새로운 적이 얼마만큼 자주 나타나게 할 것인지를 정합니다. 무작위로 아니면 몇 초마다 나타나게 할 것인지를 정하고, 이와 함께 특별한 적의 자동차를 추가하여 점수가 5점씩 늘어나도록 할 수도 있습니다.

- 여러 개의 적 이미지를 이용하여 적 객체를 만들고 없애는 과정을 살펴보세요. 여기서도 같은 기법을 사용하면 됩니다.

- 각각의 스프라이트를 따로따로 다룰 수도 있으나 쉬운 일이 아닙니다. 이럴 때는 Group() 함수로 스프라이트 그룹을 만들어 이용하는 것이 효율적입니다.

```
enemies = pygame.sprite.Group()
```

- 그리고 새로운 적을 만들 때마다 다음처럼 add() 함수로 그룹에 포함합니다. 이렇게 하면 그룹 전체를 한 번에 화면으로 블리트할 수 있습니다. 그룹을 없애면 그 안에 속한 객체도 모두 사라집니다.

```
enemies.add(enemy)
```

- 그룹 안에 있는 적을 움직일 때는 다음처럼 for 루프를 이용합니다.

```
for enemy in enemies:
```

- 스프라이트 그룹을 이용하면 충돌 탐지도 간단합니다. 각각의 스프라이트가 아니라 spritecollideany() 함수를 이용하면 그룹에 포함된 적 가운데 어떤 적 하나와 충돌했는지 확인할 수 있습니다.

앞서 이야기한 것처럼 이런 기능을 적용하여 게임을 확장하기란 쉬운 일이 아닙니다. 그러나 지금까지 배운 내용을 잘 활용하면 충분히 할 수 있을 겁니다.

◎ 24-5
아이디어 보태기

지금까지 재미있게 즐길 수 있는 게임의 전체 뼈대를 만들어 보았습니다. 하지만 여러분의 창의성을 발휘할 곳이 여전히 많습니다. 어떤 기능을 새로 추가하면 좋을지 고민해 보세요. 게임에 추가하면 좋을 아이디어의 예입니다. 읽고 어떻게 코드를 작성할 수 있을지 한번 생각해 보세요.

- 도로에 버섯과 같은 사물을 두고 플레이어의 크기를 일시적으로 바꿔 보세요. 플레이어가 크면 마주 오는 차와 부딪히기 쉬우므로 작게 만드는 것이 좋겠네요.
- 플레이어를 무적으로 만드는 아이템도 생각해 볼 수 있습니다. 어떤 아이템을 얻으면 충돌해도 몇 초 동안 죽지 않습니다.
- 일정 시간 동안 다가오는 자동차를 막는 방패도 추가할 수 있습니다. 방패를 장착하면 다가오는 자동차를 옆으로 밀어내므로 충돌하지 않습니다.
- 대포를 추가하여 다가오는 적을 공격할 수 있도록 해보세요. 추가 점수를 얻을 수도 있습니다.
- 플레이어를 아래위로 움직이게 할 수도 있습니다. 처음부터 이 기능을 적용해도 되고, 특정 점수에 이르거나 특별한 아이템을 얻었을 때에만 적용할 수도 있습니다.
- 점프 버튼으로 다가오는 적 자동차를 피할 수도 있습니다. 이때는 점프를 어떻게 표현할 것인지 정해야 합니다. 자동차 이미지 자체를 점프하는 모양으로 바꾸거나 이미지를 크게 하여 마치 위에서 봤을 때 점프하는 것처럼 보이게 할 수도 있습니다.

이 밖에 적용할 수 있는 아이디어는 무궁무진합니다. 여러분만의 아이디어로 게임을 발전시켜 보세요!

부록

프로그래머 데뷔를 축하합니다. 파이썬 여행은 즐거우셨나요? 여기서는 여행을 준비하며 내디딘 발걸음이 올바른 방향인지 되돌아보는 2가지 방법에 대해 알아봅니다. 파이썬 인터프리터를 이용해 간단한 코드 테스트를 하는 방법과 작성한 코드에 잘못된 곳은 없는지 확인하는 데 필요한 도구인 디버거를 설명합니다.

더불어 여기서 멈추지 않고 더 먼 곳으로 코딩 여행을 떠나려면 무엇이 필요한지 알아보고, 더 멋진 프로그래머로 성장해 봅시다.

A1

테스트와 디버깅
좀 더 살펴보기

간단하게 코드를 테스트하는 데는 파이썬 인터프리터만한 것이 없습니다. 언제든지 코드를 테스트할 수 있도록 인터프리터에 익숙해지세요. 그리고 프로그래머라면 누구나 이용하는 '벌레 잡는 도구' 디버거도 함께 알아봅시다.
이 2가지 내용은 기술 못지않게 프로그래머에게는 빼놓을 수 없는 부분입니다. 함수, 식, 구문 등의 코드를 만져 보고 테스트하는 데 더할 나위 없는 도구인 파이썬 인터프리터를 시작으로, 코드를 실행하며 그 내부를 단계적으로 살펴보는 상호작용 디버거도 사용해 봅니다.

코드 테스트하기

지금까지 배운 것처럼 문제를 창조적으로 해결하는 것이 코딩입니다. 문제를 작게 분해하고 사용할 수 있는 자원(resource)을 이용하여 해결 방법을 생각해 내야 합니다. 사용할 수 있는 자원은 엄청납니다. 파이썬을 설치하면 200여 개의 라이브러리를 비롯해 수천 개의 함수와 메서드를 사용할 수 있습니다. 이와 함께 10만 개가 넘는 서드파티 라이브러리도 있으며 이 또한 수많은 함수와 메서드를 사용할 수 있습니다. 그러나 이 모든 것을 외우기는 불가능하며 그럴 필요도 없습니다. 이를 정리한 문서가 있고 인터넷에서 검색하면 모두 나오니까요.

대신 직접 만져 봐야 합니다. 즉, 인터넷에서 찾은 라이브러리, 함수, 샘플 코드를 이해하려면 실행해 봐야 합니다. 이 책에서 한 것처럼 테스트 프로그램을 실행해 원하는 결과인지를 직접 확인하는 것입니다. 파이썬은 코드를 테스트하는 아주 쉽고 재밌는 방법을 제공합니다. 바로 파이썬 인터프리터입니다. 파이썬 인터프리터를 사용하는 방법은 다음과 같습니다.

1. VS 코드에서 [터미널 → 새 터미널] 메뉴로 실행 결과를 확인할 때 사용했던 터미널 창을 엽니다.

2. 사용하는 운영체제에 따라 터미널 창의 프롬프트에 다음을 입력합니다.
- 윈도우 사용자: python
- macOS 사용자: python3

3. 파이썬 버전 정보와 함께 >>> 프롬프트가 나타납니다. 컴퓨터 환경에 따라 표시 내용은 조금 다를 수 있습니다.

```
PS D:\Python> python
Python 3.10.6 (tags/v3.10.6:9c7b4bd, Aug  1 2022, 21:53:49) [MSC v.1932 64 bit (AMD64)] on win32
Type "help", "copyright", "credits" or "license" for more information.
>>> █
```

4. >>> 프롬프트 다음에 파이썬 명령어를 입력할 수 있습니다.

5. 파이썬 인터프리터를 끝내고 터미널 창으로 돌아가려면 exit()를 입력합니다.

    📋 〈크레이지 드라이버〉 게임을 끝낼 때도 exit() 함수를 사용했습니다.

인터프리터에서는 무엇을 할 수 있을까요? 모든 파이썬 코드을 실행할 수 있습니다. 앞서 이야기한 방법 대로 파이썬 인터프리터를 시작하고 다음 예제를 입력해 봅시다.

```
>>> print("파이썬 인터프리터가 표시하는 Hello")
```

그리고 Enter 를 눌러 print() 함수를 실행하면 다음과 같은 화면을 표시합니다.

```
>>> print("파이썬 인터프리터가 표시하는 Hello")
파이썬 인터프리터가 표시하는 Hello
>>> █
```

파이썬 인터프리터는 다양한 변수를 테스트하는 데 무척 편리합니다. 예를 들어 다음과 같은 리스트를 만듭시다.

```
>>> fruit = ["apple", "pear", "orange", "kiwi"]
```

이제 다양한 코드로 이 변수를 테스트할 수 있습니다. 원하는 코드를 입력하고 Enter 만 누르면 바로 결과를 출력합니다.

```
>>> print(fruit)        한 줄 입력하고 Enter 를 눌러 결과를 확인하세요.
>>> print(len(fruit))
>>> print(fruit[2])
```

인터프리터에서는 라이브러리를 불러올 수도 있습니다.

```
>>> import random
>>> print(random.randrange(1, 101))
```

여기서 팁 하나! 인터프리터에서 화살표 키 ↑ ↓ 를 이용하면 이전에 실행했던 코드를 차례대로 표시하므로 원하는 줄을 찾아 수정하고 Enter 를 눌러 이를 실행할 수 있습니다. 이처럼 코드를 만지고 테스트하는 데는 파이썬 인터프리터가 가장 좋은 도구입니다.

A1-2
디버거 다뤄 보기

오류 없이 작동하는 코드를 만드는 데 디버깅은 필수입니다. 그럼 디버깅은 어떻게 해야 할까요? 코드 안에서 임시로 print() 함수를 추가하면 변수나 루프와 조건에 따른 실행 내용 등을 확인할 수 있습니다. 이처럼 print() 함수는 간단하고 효과적인 디버깅 방법 중 하나입니다.

코드를 디버깅하는 또 다른 방법이 있습니다. VS 코드의 디버거를 이용하면 코드를 한 줄씩 실행하면서 어떤 일이 일어나는지를 직접 볼 수 있습니다. 파이썬 자체에서 상호작용하는 디버깅을 지원하므로 VS 코드는 이 기능을 이용하여 알아보기 쉬운 사용자 인터페이스를 제공합니다.

참고로 1장에서 살펴본 것처럼 VS 코드는 모든 프로그래밍 언어를 지원하므로 비주얼 스튜디오 디버거 역시 모든 언어를 지원합니다. 그러므로 파이썬 디버거를 배우면 다른 언어도 디버깅할 수 있습니다.

그럼 시작해 봅시다. 다음은 무작위로 숫자 10개를 만드는 프로그램입니다.

Do it! 코딩해 보세요　　　　　📄 파일 이름: appx/random10.py

```python
# 무작위 숫자 10개 만들기

# 라이브러리 불러오기
import random

# 결과를 저장할 리스트 초기화하기
numbers = []

# 숫자 10개를 얻을 때까지 루프 반복하기
while numbers.count(10) < 10:    디버거로 이 줄의 오류를 찾아봅시다.
    # 무작위 숫자 만들기
    num = random.randrange(1, 101)
```

```
    # 이미 만든 숫자인지?
    if not num in numbers:
        # 아니요, 리스트에 추가하기
        numbers.append(num)

# 숫자 출력하기
print(numbers)
```

실행해도 되지만, 여기에는 심각한 오류가 있습니다. 그러나 이 코드는 결과는 물론 오류 메시지도 출력하지 않습니다. 그저 코드를 영원히 실행할 뿐입니다. 실행한 프로그램을 멈추려면 터미널 창을 종료해야 합니다.

문법에는 문제가 없는 코드이지만 내용에는 오류가 있습니다. 프로그래머가 원하는 대로 실행되고 있지 않습니다. print() 함수로 처리 과정을 살펴볼 수도 있지만 여기서는 디버거를 활용해 봅시다.

디버거 실행하기

디버거를 이용하려면 먼저 디버거 화면으로 바꿔야 합니다. VS 코드 화면의 왼쪽 ▷ 아이콘을 클릭하면 다음과 같이 [실행 및 디버그] 화면으로 바뀝니다.

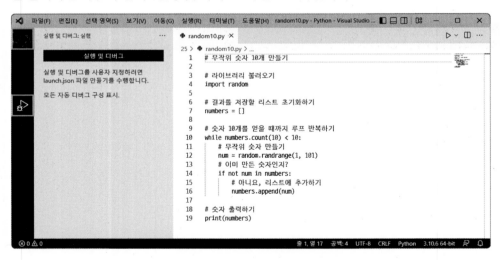

화면 왼쪽에 나타나는 창과 옵션은 잠시 후에 설명하므로 지금은 오른쪽에 있는 코드 창에 집중합시다.

중단점 설정하기

상호작용 디버거의 장점은 처리 과정이나 변수의 값 등을 직접 살펴볼 수 있도록 코드를 한 줄씩 실행하다 일시 정지할 수 있다는 것입니다. 디버거에 일시 중지할 곳을 알려 주기만 하면 이후에는 여러분이 통제권을 쥘 수 있는데 이때 중단점을 이용합니다. **중단점**(breakpoint)이란 코드가 한 줄 또는 여러 줄일 때 행 번호 왼쪽에 표시한 점을 말합니다. 디버거는 평상시처럼 프로그램을 실행하다가 중단점을 만나면 멈추고 여러분에게 통제권을 넘깁니다.

그럼 중단점은 어떻게 설정할까요? 간단합니다. 먼저 어디서부터 디버깅할 것인지를 정합니다. import random 구문은 아무런 문제가 없어 보입니다. 그리고 numbers = [] 줄도 마찬가지입니다. 그렇다면 while 루프부터 디버깅해 봅시다. 10번째 줄 번호 왼쪽에 마우스 포인터를 올리면 주황색 점이 나타납니다. 이 빨간색 점을 클릭하면 밝은 빨간색 점으로 바뀌는데, 이것이 바로 중단점입니다.

다음은 중단점을 설정한 모습입니다. 빨간색 점으로 10번째 줄이 중단점이라는 것을 알리고, 화면 왼쪽 아래에 있는 중단점 창에 중단점 목록을 보여 줍니다.

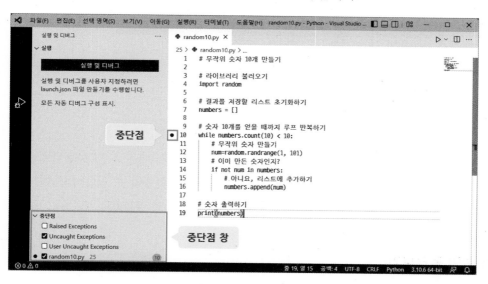

중단점 목록은 토글이므로 다시 클릭하면 중단점이 사라지고, 표시하고 싶으면 다시 클릭하면 됩니다. 중단점은 원하는 만큼 표시할 수 있습니다. 디버깅하려면 적어도 중단점이 하나 이상 있어야 합니다. 그렇지 않으면 실행만 할 뿐 어디서도 멈추지 않습니다. 그러면 while 줄에 설정한 중단점을 이용하여 디버깅을 시작해 봅시다.

디버깅 시작하기

디버거를 시작하는 방법은 VS 코드 설정에 따라 다릅니다. 여기서는 2가지 방법을 살펴봅니다.

먼저 아이콘 모음에서 실행 및 디버그 아이콘 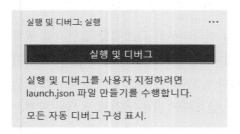을 클릭해 다음 창이 나타나면 [실행 및 디버그] 버튼을 클릭합니다.

실행 및 디버그를 사용자 지정하려면 launch.json 파일 만들기를 수행합니다.

모든 자동 디버그 구성 표시.

다음과 같은 옵션이 나타납니다. [Python 파일]을 선택하면 디버거를 시작합니다.

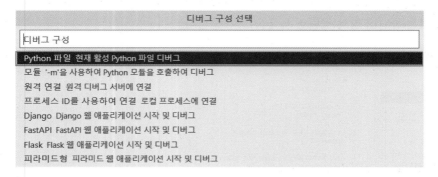

또 다른 방법으로, VS 코드에서 [실행 및 디버그] 버튼이 사라졌을 때는 화면 왼쪽 위에 있는 녹색 디버깅 시작 버튼 ▷을 누르면 새로운 디버깅 인스턴스를 실행할 수 있습니다. 어느 방법이든 이 순간부터 디버거 시작입니다. 그럼 지금부터 무엇을 해야 할까요?

디버거 화면 둘러보기

디버거를 열면 다음과 같은 사용자 인터페이스 화면을 볼 수 있습니다.

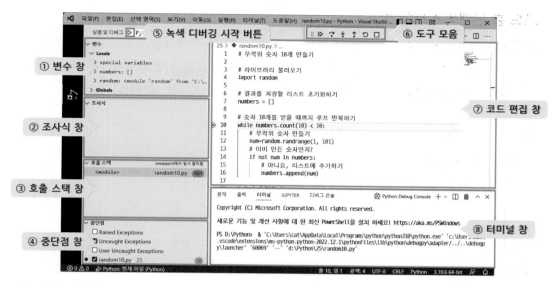

① **변수 창**: 코드를 실행하는 동안 사용한 변수와 그 값을 모두 표시합니다. 셋째마당에서 살펴본 `__file__`과 같은 내장 변수 등의 특별한 변수도 표시합니다. 중단점 이전에 정의한 `numbers` 변수도 이곳에서 확인할 수 있습니다. VS 코드는 `numbers` 변수가 값을 여러 개 저장한 리스트라는 것을 알므로 이를 확장하면 그 안에 든 값을 확인할 수 있습니다. 그리고 이 창에 표시한 변수는 코드에서 사용하는 변수를 실시간 반영하므로 항상 바뀝니다.

② **조사식 창**: 조사하고자 하는 파이썬 식을 입력할 수 있는 창입니다. 이는 변수 또는 함수일 수도 있으며, 코드 진행에 따른 변경 내용을 이곳에서 확인할 수도 있습니다. 잠시 후 '식 조사하기' 항에서 자세히 살펴보겠습니다.

③ **호출 스택 창**: 어느 곳을 실행하고 있는지, 어떤 함수를 호출했는지 그 순서 등을 표시하므로 어떤 줄의 코드를 살펴봐야 하는지 알 수 있습니다. 예제와 같은 간단한 프로그램을 디버깅할 때에는 그다지 쓸모없어 보일 수도 있지만 파일이 여러 개인 대형 프로그램을 디버깅할 때는 엄청난 위력을 발휘합니다.

④ **중단점 창**: 지정한 중단점과 관련한 정보를 표시합니다.

⑤ **녹색 디버깅 시작 버튼** ▷: 화면 오른쪽 위에 있는 실행 버튼 ▷과 같은 것처럼 보이지만 ▷ 버튼은 디버거 안에서 코드를 실행한다는 점에서 차이가 있습니다.

⑥ **디버거 도구 모음**: 디버깅을 제어할 때 사용하는 버튼 6개로 구성되는데, 어떤 작업을 하는지에 따라 비활성 상태가 되기도 합니다.

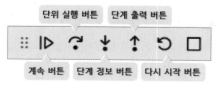

⑦ **코드 편집 창**: 입력한 코드는 언제나 화면 오른쪽 창 위에 표시합니다. 그리고 디버거가 중지한 코드 배경은 노란색으로 나타내는데, 여기에서는 앞에서 중단점을 설정했던 10번째 줄에 표시되었습니다.

⑧ **터미널 창**: 코드 결과를 출력하는 창입니다. 디버깅하는 동안 다양한 파이썬 명령어를 출력하는데, 대부분 무시해도 되는 내용입니다.

그 밖에도 다양한 기능이 있으나 여기서는 이 정도만 알아 두면 충분합니다.

코드 한 단계씩 실행하기

이제 디버거로 프로그램을 실행합니다. 프로그램을 중지하고 여러분을 기다린다는 것이 더 정확한 표현일 것 같네요. 디버거 도구 모음에서 단계 정보 버튼 ⬇️ 을 클릭해 봅시다. 그러면 코드를 한 줄씩 실행합니다. 이때 디버거는 해당 코드를 노란색으로 표시합니다.

```
  9        # 숫자 10개를 얻을 때까지 루프 반복하기
● 10       while numbers.count(10) < 10:
  11            # 무작위 숫자 만들기
▷ 12            num=random.randrange(1, 101)
  13            # 이미 만든 숫자인지?
  14            if not num in numbers:
  15                # 아니요, 리스트에 추가하기
  16                numbers.append(num)
```

코드를 한 줄씩 계속 실행해 봅시다. 이번에는 단계 출력 버튼 ⬆️을 클릭해 봅시다. 이 버튼은 현재 실행 중인 단계에서 빠져나올 때 사용합니다. if문 안이라면 if 처리를 끝낼 때까지 이를 실행합니다. 사용자 함수 안이라면 함수 실행을 끝내고 호출한 함수로 제어권을 넘긴 뒤 실행을 중지합니다. 예제처럼 루프 안이라면 for나 while의 평가가 끝날 때까지 실행합니다.

```
  9        # 숫자 10개를 얻을 때까지 루프 반복하기
▷ 10       while numbers.count(10) < 10:
  11            # 무작위 숫자 만들기
  12            num=random.randrange(1, 101)
  13            # 이미 만든 숫자인지?
  14            if not num in numbers:
  15                # 아니요, 리스트에 추가하기
  16                numbers.append(num)
```

첫 번째 계속 버튼 ▷은 단순히 다음 중단점까지 코드를 계속 실행하는데, 예제에서는 클릭할 때마다 while 루프를 실행하고 멈춥니다.

변수 조사하기

디버거를 사용할 때는 다음 2가지에 주목해야 합니다.

- 프로그램 흐름, 즉 루프가 언제까지 반복하며 if문을 평가할 때 무슨 일이 일어나는지를 살펴봐야 합니다.
- 변수의 값과 코드가 실행됨에 따라 이 값이 어떻게 달라지는지를 살펴봐야 합니다.

코드를 한 줄씩 따라가면 프로그램의 흐름을 볼 수 있습니다. 그럼 변수나 그 값은 어디서 확인할까요? 앞서 잠깐 설명한 변수 창을 이용하면 변수의 변화 모습을 확인할 수 있습니다. 예제를 한 줄씩 실행해 보면 while 루프를 반복할 때마다 다음과 같이 numbers 리스트의 요소가 하나씩 늘어나는 모습을 볼 수 있습니다.

📖 무작위 값이므로 여러분이 사용하는 창에는 다른 값이 표시될 겁니다.

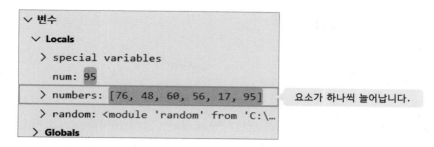

요소가 하나씩 늘어납니다.

여기서 변수를 더블클릭하여 값을 수정할 수도 있습니다. 이 프로그램에서는 그럴 필요가 없지만 앞으로 수정할 수도 있으므로 기억해 둡시다. 그리고 마우스 포인터를 올리기만 해도 값을 볼 수 있습니다. 예를 들어 num 변수에 마우스 포인터를 올리면 다음과 같이 random. randrange() 함수로 설정한 마지막 값을 볼 수 있습니다.

마찬가지로 numbers에 마우스 포인터를 올리면 리스트 요소를 볼 수 있습니다. 마우스를 올렸을 때 얻을 수 있는 정보는 변수나 함수 외에 다양합니다. 여기서는 당분간 계속 버튼 ▷을 클릭합니다. 그리고 디버거가 코드를 중지할 때마다 변수 창의 numbers 변수를 확인합니다. 이 코드는 numbers 변수의 값이 10개라면 루프를 끝내야 합니다. 그러나 계속 클릭해 요소가 10개를 넘어도 끝나지 않습니다. 이제 여러분도 프로그램이 계속되는 이유를 알게 되었나요? while 루프의 조건이 잘못되어 반복을 멈추지 않았던 것입니다.

식 조사하기

드디어 조사식 창이 등장할 차례입니다. 이곳에 조사하고자 하는 식을 입력하고 코드를 진행할 때마다 결과가 어떤지를 봅시다. 창 제목에 마우스 포인터를 올리면 나타나는 ➕ 아이콘을 클릭하고 조사식 창에 다음 식을 입력합니다.

```
numbers.count(10)
```

이 식은 while 루프에 사용하는데, numbers 리스트의 요소가 몇 개인지를 반환하고 10이 되면 반복을 끝내야 합니다. 그러나 이 식을 평가한 결과는 0입니다. 계속 버튼 ▷을 몇 번 클릭해 반복합니다. 이 값에 변화가 있나요?

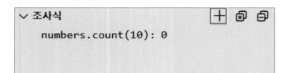

계속 0이 출력되는 것으로 보아 잘못된 함수를 사용했던 것입니다. count() 함수는 리스트에 있는 특정 요소 개수를 반환하므로 인수로 10을 전달하면 numbers 안에 10이라는 요소가 없는 한 계속 0을 반환하고, 하나가 있다면 1을 반환합니다. 다른 값은 반환하지 않아 항상 < 10 이므로 while 루프를 계속 반복했던 것입니다. 이번에는 조사식 창에 다음 식을 입력하고 테스트해 봅시다.

```
len(numbers)
```

그러고 나서 계속 버튼 ▷을 클릭하면 조사식 창의 len() 함수가 원하는 값을 출력합니다. 이것이 바로 while 루프 조건에 사용해야 하는 식입니다. 다행스럽게도 버그를 잡았네요.

디버깅 끝내기

이로써 문제를 찾았습니다! 그러나 코드를 수정하기 전에 반드시 디버거 세션을 끝내야 합니다. 왜냐하면 탐색기로 돌아가더라도 디버거는 여전히 백그라운드에서 실행되기 때문입니다. 디버거 세션을 끝낼 때에는 디버거 도구 모음의 가장 오른쪽에 있는 중지 버튼 □을 클릭합니다. 그러고 나서 코드를 수정합니다. 여기서는 while 루프의 조건을 다음과 같이 수정한 뒤 코드를 저장하고 실행하여 버그가 사라졌는지 확인합니다.

```
while len(numbers) < 10:
```

☞ A2

그다음은 뭘 배우죠?

여기까지 많은 경험을 했지만 우리는 이제 겨우 여행을 시작했을 뿐입니다. 프로그래머에게 도착지란 없습니다. 항상 배워야 한다는 마음가짐이 중요합니다. 그리고 기술은 늘 진화하고 있다는 사실을 잊지 마세요!

그래서 앞으로 무엇을 배워야 할지, 무엇을 해야 할지를 가볍게 살펴보고자 합니다.

그럼 또 다른 여행을 시작해 볼까요?

파이썬 더 파고들기

지금까지 파이썬에 관한 많은 내용을 배웠습니다. 그리고 이미 느꼈겠지만, 파이썬은 재밌고 직관적인 언어입니다. 시작하기는 쉬운 언어지만, 파이썬은 무척 강력하고 뛰어난 능력을 지 녔습니다. 세계에서 가장 많이 사용하는 언어가 된 것도 이 때문이죠. 그러므로 앞으로 계속 파이썬을 배우면서 더 파고들어 봅시다.

앞서 클래스를 잠시 살펴봤지만, 이것만으로는 충분하지 않습니다. 더 파고들어야 할 핵심 분 야 하나를 고르라면 주저하지 않고 클래스를 선택할 겁니다. 실제로 지금까지 만든 코드 대신 클래스를 이용하여 〈크레이지 드라이버〉 게임을 다시 작성해 보면 크게 도움이 될 것입니다. 작업할 코드 양은 늘어납니다. 그러나 이 작업을 끝내 고 나면 다양하고 복잡한 기능을 무척 쉽게 추가할 수 있다는 것을 알 수 있습니다.

📖 시작하는 데 도움이 되고자 내려받기 파일에 클래스 버전도 함께 실었으므로 참고하기 바랍 니다.

이 책에서는 데이터와 외부 데이터 파일을 활용하는 파이썬 프로그래밍을 주제로 다루지 못 했습니다. 이런 종류의 프로그래밍은 조금 지루할 수도 있어서 이 책에서는 제외했습니다. 그 러나 많은 데이터 과학자가 데이터를 다룰 때도 파이썬을 가장 많이 사용합니다. XML 파일, JSON 또는 다른 대규모 데이터 세트를 이용한 데이터 프로젝트를 찾아보세요. 수많은 자료 와 예제를 발견할 수 있을 겁니다.

A2-2
웹 앱 개발 도전하기

웹 사이트와 웹 애플리케이션을 개발한다는 것은 흥미로운 프로젝트이며, 어떤 언어와 기술을 사용하는지에 따라 도전 수준이 달라집니다. 그럼 웹 사이트와 웹 애플리케이션을 만들려면 무엇이 필요한지 알아봅시다.

웹 페이지와 HTML

웹 페이지는 HTML이라는 언어로 만들지만 여기에는 if문도, 루프도, 변수도 없으므로 프로그래밍 언어는 아닙니다. HTML은 웹 페이지의 레이아웃을 구성할 때 사용하는 마크업 언어이므로 크롬, 사파리, 엣지, 파이어폭스 등의 웹 브라우저는 HTML을 읽고 어떻게 표시할지를 결정합니다. HTML의 장점은 배우기 쉽다는 것이고, 단점은 HTML 자체로는 할 수 있는 일이 그다지 많지 않다는 것입니다.

CSS

CSS(cascading style sheets) 언어를 사용하여 웹 페이지와 HTML 요소의 디자인이나 형식을 꾸밀 수 있습니다.

자바스크립트

HTML, CSS와 달리 자바스크립트(JavaScript)는 프로그래밍 언어입니다. 이것 없이는 웹이 제 역할을 못하므로 웹과 그 역사를 함께했습니다. 자바스크립트는 웹 브라우저에서 실행하며 웹 페이지에 상호작용 기능을 추가합니다. 마우스 포인터를 올렸을 때 무슨 일이 일어난다면 이는 모두 자바스크립트 덕분입니다. 자바스크립트는 배우기도 그다지 어렵지 않은 언어입니다. 특히 짧은 코드를 이곳저곳에서 사용할 때 유용합니다. HTML과 마찬가지로 브라우저에서 실행되기 때문입니다. 아울러 웹 사이트나 앱에 더 정교한 기능을 추가하려면 서버나 클라우드 서비스를 이용해야 합니다.

웹 애플리케이션

웹 애플리케이션은 대부분 서버를 이용합니다. 서버는 전체 앱을 통합하는 수단으로, 웹 애플리케이션에서 큰 부분을 차지합니다. 그럼 웹 애플리케이션을 만들 때는 어떤 언어를 사용할까요? 반갑게도 파이썬을 즐겨 사용합니다. 파이썬 자체에는 웹에 사용할 수 있는 라이브러리나 기술이 없지만, 여러 커뮤니티가 만든 서드파티 라이브러리를 이용하면 됩니다. 대표적으로 쉽게 웹 페이지를 만들고 상호작용하도록 하는 플라스크(Flask)라는 유명한 웹 프레임워크가 있습니다. 파이썬은 물론 자바, PHP, .NET 등도 서버 개발에 이용할 수 있습니다.

데이터베이스와 SQL

웹 사이트 대부분은 데이터를 저장하고 이에 접근할 수 있어야 합니다. 로그인, 아이템 구매, 사용자 프로필 변경, 게임 점수 표시 등은 모두 데이터를 저장하거나 접근해야 이루어질 수 있는 일들입니다. 이런 종류의 데이터는 데이터베이스에 저장하며, 이를 다루는 데 필요한 언어를 SQL(structured query language)이라고 합니다. SQL을 완전히 익히려면 어느 정도 시간은 필요하지만, 상대적으로 쉽게 배울 수 있는 언어입니다.

모바일 앱 개발 도전하기

파이썬은 의외로 모바일 앱 개발 분야에서는 사용하기에 적합하지 않습니다. 그래서 모바일 앱 개발에서는 다음과 같은 언어를 사용하는 것이 좋습니다.

스위프트

아이패드나 아이폰과 같은 iOS용 앱을 만들려면 스위프트(Swift)라는 언어를 사용하는 것이 좋습니다. 다른 언어에 비해 비교적 최근에 생긴 언어로, 배우고 사용하기 쉬워 많은 개발자가 사용합니다. 또한 오브젝티브 C(Objective C)로 iOS 앱을 만들 수도 있습니다. 오브젝티브 C는 C 언어를 변형한 것으로, 강력한 언어이지만 배우기가 그리 쉽지만은 않습니다.

자바

안드로이드 앱을 만들 때는 프로그래머가 가장 많이 사용하는 프로그래밍 언어 중 하나인 자바(Java)를 이용합니다. 자바는 서버 프로그래밍 등에도 이용하는 등 활용 범위가 넓으며, 안드로이드 앱 개발에서도 자주 사용합니다.

android 🤖

웹 앱과 마찬가지로 모바일 앱 역시 서버가 필요합니다. 따라서 웹 개발에서 설명한 서버 관련 내용은 모바일 앱에도 마찬가지로 적용됩니다.

⊚ A2-4
게임 개발 도전하기

셋째마당에서는 파이게임을 이용하여 그래픽 게임을 만들었습니다. 파이게임은 사용하기도 쉽고 기능도 다양합니다. 그러나 완전한 게임 엔진은 아닙니다. 본격적으로 게임을 만들고 싶다면 가장 널리 사용하는 게임 엔진이자 플랫폼인 유니티(Unity)를 추천합니다. 유니티를 이용하면 주요 운영체제, 모바일 기기, 게임 플랫폼(예를 들어, 닌텐도 스위치, 소니 플레이스테이션, 마이크로소프트 엑스박스 등이 있습니다.)을 대상으로 게임을 개발할 수 있습니다. 유니티 게임은 C와 C++에 기반을 둔 프로그래밍 언어인 C#으로 만듭니다. 지금쯤이면 비주얼 스튜디오 코드에 익숙해졌을 텐데, 반갑게도 유니티 개발 역시 많이 격인 비주얼 스튜디오를 사용하므로 통합 개발 환경(IDE)이 그리 낯설지 않을 겁니다.

찾아보기

기초 단계

박응용 | 360쪽

김성엽 | 576쪽

김동형 | 856쪽

시바타 보요 저, 강민 역 | 408쪽

시바타 보요 저, 강민 역 | 452쪽

시바타 보요 저, 강민 역 | 424쪽

응용 단계

김창현 | 296쪽

강성윤 | 720쪽

김종관 | 564쪽

나는 어떤 코스가 적합할까?

A 파이썬 개발자가 되고 싶은 사람

- Do it! 파이썬 생활 프로그래밍
- Do it! 점프 투 장고
- Do it! 점프 투 플라스크
- Do it! 장고+부트스트랩 파이썬 웹 개발의 정석
- Do it! 점프 투 파이썬
  — 라이브러리 예제 편

B 자바·코틀린 개발자가 되고 싶은 사람

- Do it! 자바 완전 정복
- Do it! 자바 프로그래밍 입문
- Do it! 코틀린 프로그래밍
- Do it! 안드로이드 앱 프로그래밍
- Do it! 깡샘의 안드로이드 앱 프로그래밍 with 코틀린

기초 단계

문법부터 차근차근~

한 권으로 끝내는 웹 기본 교과서
HTML+CSS+자바스크립트 웹 표준의 정석
고경희 | 648쪽

필수 문법 실무 예제!

인터랙티브 웹 페이지 만들기
최성일 | 480쪽

한 권으로 끝내는 웹 개발 교과서
모던 자바스크립트 프로그래밍의 정석
고경희 | 704쪽

자바스크립트 +제이쿼리 입문
정인용 | 400쪽

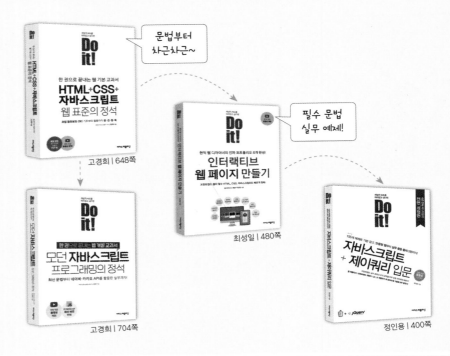

응용 단계

반응형 웹 페이지 만들기
김운아 | 344쪽

클론 코딩 줌 zoom
니꼴라스, 강윤호 | 296쪽

클론 코딩 영화 평점 웹서비스
니꼴라스, 김형태 | 248쪽

클론 코딩 트위터
니꼴라스, 김준혁 | 256쪽

나는 어떤 코스가 적합할까?

A 웹 퍼블리셔가 되고 싶은 사람

- Do it! HTML+CSS+자바스크립트 웹 표준의 정석
- Do it! 인터랙티브 웹 만들기
- Do it! 자바스크립트+제이쿼리 입문
- Do it! 반응형 웹 페이지 만들기
- Do it! 웹 사이트 기획 입문

B 웹 개발자가 되고 싶은 사람

- Do it! HTML+CSS+자바스크립트 웹 표준의 정석
- Do it! 자바스크립트 입문
- Do it! 클론 코딩 영화 평점 웹서비스 만들기
- Do it! 클론 코딩 트위터
- Do it! 리액트 프로그래밍 정석